全 世 界 无 产 者， 联 合 起 来！

毛泽东文集

第 三 卷

（一九四三年一月——一九四五年八月）

人 民 出 版 社

图书在版编目(CIP)数据

毛泽东文集　第3卷/中共中央文献研究室编.
-北京:人民出版社,1996.8
ISBN 978-7-01-002169-0

Ⅰ.毛…
Ⅱ.中…
Ⅲ.毛泽东著作-文集
Ⅳ.A41

毛　泽　东　文　集
MAO　ZEDONG　WENJI
第　三　卷
(一九四三年一月——一九四五年八月)

中共中央文献研究室编

人民出版社 出版发行
(100706　北京朝阳门内大街166号)

北京新华印刷有限公司印刷　新华书店经销

1996年8月第1版　2009年11月北京第11次印刷
开本:635毫米×927毫米 1/16　印张:29
字数:296千　印数:35,801—39,800册

ISBN 978-7-01-002169-0　定价:48.00元

目　录

争取在抗战胜利后与国民党建立和平局面

（一九四三年一月二十五日）

德怀[1]同志：

你十二月十八日电[2]最近才看到，兹复于下：

（一）在德、意、日打倒后，国际国内形势均会发生根本变化，这一形势是利于人民不利于独裁的。但蒋[3]在抗战中有功劳，同时人民心理厌恶内战，故我们应争取在抗战后与国民党建立和平局面，在民主、民生上做文章。去年七七宣言[4]是在这个基点上发的。争取边区与新四军合法化，并答应国民党在战后将黄河以南部队集中到黄河以北；两年来《解放日报》及新华社，根据和国方针，尽量避免刺激国民党；去年九月蒋约我见面，派了林彪[5]去，现尚未回，到适当时机，我准备出去见蒋，以期谈判成功。所有这些也都是从这个基点出发的。就是精兵简政，除当前作用外，也有这个作用。我们既不准备打内战，无须多兵，兵少又可减轻国民党的畏惧心理，求得和平，以待全国人民的觉悟。如果人家要打，我们也有恃无恐。

（二）民主政权的实质是改善人民的经济生活与提高人民的政治觉悟，二者均为抗战。改善生活的条件，一是减轻农民对地主的负担，即实行减租减息；二是减轻农民对政府的负担，即实行精兵简政与发展一部分公营经济；三是认真帮助农民发展农业生产及副业生产，增加农民的粮食收入及副业收入。各根据地上对这几件事都有很多工作可做。陕甘宁边区的中心工作是经济与教育二项，敌后各根据地的中心工作是战争、经济与教育三项。

（三）教育以对象分，有干部教育、国民教育等项，目前重点应放在干部教育上，而不应放在国民教育上（不是不要国民教育）。以内容分，有思想教育、政治教育、军事教育、文化教育等项，而对于干部，特别就目前时期说来，应着重思想教育，其办法就是整风学习与审查干部，这是建党的基本政策。延安去年四月起学了八个月，今年三月底可学完，收效极大。审查干部亦已开始（并有成绩），准备以今年一年审查完毕。延安以外陕甘宁边区各地党、政、军、民干部今年仍是整风学习，并进行审查干部。敌后各根据地对整风学习均未深入，审查干部还未认真着手，望加注意。整风，主要是整高级干部（犯思想病最顽固的也是这些干部中的人），将他们的思想打通，一个根据地大约有一百至二百人（包括各中央局、分局委员在内）；其次是中级干部，每一根据地有数百至数千人；再次才是下级干部。有些根据地把这个方向弄颠倒了。只有在认真的深刻的整风学习与展开自我批评的热潮中，审查干部才会彻底。过去对于审查干部，不论延安与外地，大都是形式的。如果能在今明两年（抗战胜利前），经过整风与审查，将多数高级及中级干部的思想打通，又能保存党与军的骨干，那我们就算是胜利了。保存骨干与教育骨干，这是今明两年的两个严重任务，高级负责人必须抓住这个方针。为这两件事必须进行各种对外对内的严重斗争。

毛 泽 东

一月二十五日

根据手稿刊印。

注 释

〔1〕德怀，即彭德怀(一八九八——一九七四)，湖南湘潭人。当时任中共中央北方局代理书记、八路军副总司令。

〔2〕指彭德怀一九四二年十二月十八日给毛泽东的电报。

〔3〕蒋，指蒋介石。

〔4〕指一九四二年七月七日发表的《中共中央为纪念抗战五周年宣言》。

〔5〕林彪(一九〇七——一九七一)，湖北黄冈(今黄州市)人。抗日战争时期任八路军第一一五师师长。一九四二年九月作为中共谈判代表动身赴重庆，一九四三年七月回到延安。

请各地总结整风学习的经验

（一九四三年二月十日）

恩来、德怀、小平、荣臻、林枫、朱瑞、荣桓、漱石[1]同志：

为了总结去年整风学习，确定今年学习计划起见，请你将你处去年学习经验扼要电告我们，特别是下面几项：

（一）大多数同志对于整风学习是否有正确的认识，有无偏向和误解？

（二）在哪些干部中收效最大？有无把整风对象轻重倒置，只整下级不整高级？

（三）是否根据具体环境及各种不同干部订立学习计划，有无不顾战争环境、不管干部程度的毛病？

（四）学习方法，是否能使整风学习与实际工作密切联系，是否学用一致，有无教条主义的学习态度？

（五）各级负责同志是否以身作则，亲身负责领导学习，有无放弃职责，将学习领导交给秘书或他人管理之事？

以上问题望予速复为盼。

毛　泽　东

二月十日

根据中央档案馆保存的抄件刊印。

注　　释

〔1〕德怀，即彭德怀，当时任中共中央北方局代理书记、八路军副总司令。小平，即邓小平，一九〇四年生，四川广安人，当时任中共中央太行分局书记、八路军第一二九师政治委员。荣臻，即聂荣臻（一八九九——一九九二），四川江津人，当时任中共中央晋察冀分局书记、八路军晋察冀军区司令员兼政治委员。林枫（一九〇六——一九七七），黑龙江望奎人，当时任中共中央晋绥分局代理书记、八路军晋绥军区政治委员。朱瑞（一九〇五——一九四八），江苏宿迁人，当时任中共中央山东分局书记。荣桓，即罗荣桓（一九〇二——一九六三），湖南衡山人，当时任八路军第一一五师政治委员。漱石，即饶漱石（一九〇三——一九七五），江西临川人，当时任中共中央华中局代理书记、新四军代理政治委员。

祝贺苏联红军成立二十五周年[1]的电报

（一九四三年二月二十一日）

斯大林同志、联共中央和红军的将士们：

中国共产党中央委员会代表全党同志与中国人民热烈地庆祝红军成立的二十五周年与红军反攻的伟大胜利。

经过了二十五年的奋斗，特别是经过了二十个月的反法西斯侵略的奋斗，红军节已经由国际劳动群众的“狂欢节”发展为全人类的“狂欢节”。五大洲一切民族爱好自由的人民，都已由亲身的经验，一致公认红军和苏联人民是抵抗法西斯暴力的中流砥柱，是创造新的和平世界的急先锋。红军近三个月来的攻势，在全世界到处都引起欢呼和赞美。全世界到处都在研究着红军胜利的军事和政治教训。红军的攻势，无疑是历史上空前的，并且其规模和速度还在不断加大。红军从十一月十九日在伏尔加河上的危城[2]发动反攻，三个月后就一跃而至六百多公里以西的第聂伯河附近。红军将希特勒匪徒完全驱出国境，只是时间问题了。自从红军开始对德战争，世界形势就已经发生了显著的变化，现在由于红军的胜利，新世界的未来面目也更加明朗，更加确定了。一切形式的法西斯制度和法西斯思想，已经在全世界永远失去存在的余地。民族的自由、政治的民主已经成为新世界的确定不移的原则，我们中国人民欢迎这个新时代的到来，我们欢迎全世界一切反法西斯力量为争取这个新时代的团结和努力。与红军的胜利同时，英、美在北非，美国在太平洋，也都得到了重要的胜利。英、美正在积极准备实践欧陆第二条战线〔3〕的诺言。对于中国，美、英都废除了不平等条约。中国人民对于这个新时代的首要任务就是更加团结自己，准备像红军驱逐德国侵略者一样地驱逐日本侵略者。我们相信，由于中国人民的团结奋斗，由于苏联、英、美的胜利和对于中国的援助，我们也一定能够转入反攻并取得最后胜利的。

红军和红军的最高统帅斯大林万岁！

反法西斯侵略战争的胜利万岁！

中、苏、英、美的团结万岁！

中国共产党中央委员会　毛泽东

根据一九四三年二月二十二日《解放日报》刊印。

注　释

〔1〕苏联红军是一九一八年二月二十三日建立的。

〔2〕指斯大林格勒，即今伏尔加格勒。

〔3〕欧陆第二条战线，指第二次世界大战中英、美在欧洲大陆开辟反法西斯德国的战场。一九四一年七月十八日，苏联人民委员会主席斯大林在给英国首相丘吉尔的信中，正式提出在欧洲大陆的西部或北部开辟第二战场问题。后经苏、英、美三国政府多次协商，于一九四二年六月达成协议，英、美两国同意在一九四二年开辟欧洲第二战场。此后，由于英、美两国的一再拖延，直到一九四四年六月，英、美军队才在法国西北部诺曼底地区登陆，正式开辟了欧洲第二战场。

妇女工作者应参加经济工作[1]

（一九四三年二月）

妇女工作者本身必须学得农村经济知识，了解妇女生产内容，才能真正成为农村群众生产的组织者与指导者。许多有能力的女同志必须到合作社去工作。再则许多女党员、女干部必须到公营经济机关中去工作，使公营经济发展起来。那些浮在上层，空闲无事，不以为耻，反以为荣的观点是完全错误的。

根据毛泽东手稿刊印。

注　释

〔1〕这是毛泽东在审阅《中共中央关于各抗日根据地目前妇女工作方针的决定》稿时加写的一段话。

在中央政治局会议上讲话的要点

（一九四三年三月十六日）

一　时　　局

日本最近从满洲[1]调兵入关，对华采取攻势。最近国民党电台与延安联络，这是国共关系好转的表示。国民党在去年冬天估计日本一定会进攻苏联，但今年二月后认为日本不会进攻苏联。由于日本新的进攻，国民党因外援不到，就想到内援。现在谈判仍然未停，说谈判要以何、白皓电[2]为基础。如果日本继续进攻，国民党政府可能迁都成都，还不会投降。在日本新的进攻中投汪[3]的增多，日本已决定扶汪打蒋[4]的方针，现将华北、华中等伪政权统一起来。

德国是今年被打坍还是明年？首先是第一种可能性，第二种可能性（今年不能打坍，没有开辟第二条战线[5]等）也要估计到。这两种可能性中现在还不能完全确定是哪一种。

总的估计：日本是扶汪打蒋的方针。国民党在日本进攻下，外援不至，要求内援。国共关系有好转可能。中国抗战有打七八年的可能。我们仍要坚持两年到两年半。

整个世界形势和历史的发展对国民党不利，而对我们有利，但要有真正的马列主义才能战胜国民党。

二 工作方针

中央的工作方针，是研究与指导，要达到保存骨干、准备将来之目的。

研究问题：

（一）国际

英、美、苏、德、意、日六大国，主要是研究六大国的政治、军事、经济三大项。

去年对日本的研究最有成绩，其他无成绩，今年要有成绩。

（二）国内

国民党统治区，主要是研究它的政治、军事、经济、文化。

根据地，研究政治、军事、经济、文教。政治主要是政权，军事是军事建设、民兵建设，经济是公营经济与民营经济。

去年研究成绩最好的是中央研究院与政治研究室。

（三）历史

中国近百年历史的研究：政治（范文澜〔6〕），军事（总参谋部、总政治部），经济（陈伯达〔7〕），文化（艾思奇〔8〕作哲学史，周扬〔9〕作文学史）。

中共党史开始研究：二十二年的路线问题；政治局同志座谈；在一年内应有确定的收获。

（四）对干部要保存他教育他。教育包括业务教育和理论、思想教育，后一种教育今年要继续努力。

中央直属机关干部要进行理论、思想教育，读马、恩、列、斯的四十本书。干部各种教育中主要是整风教育与思想教育，在各种干部中主要是高级干部的教育。

指导问题：

方式——报纸、电报、党务广播、口头报告。

报纸是很重要的一种方式。中央同志要善于利用报纸，要有一半的时间用在报纸上。《解放日报》自去年四月改版后有进步，摸到了从群众中来、到群众中去的工作方法，报纸材料的来源就无穷了。马克思主义的灵魂（本质），是具体地分析具体问题。

党务广播，是党内教育干部的一种方式。

去年工作有成绩，今年要有更大的成绩，经过报纸与党务广播传到全国去。

今年要准备开第七次代表大会〔10〕。

方针中还要增加一条：我们的领导要联系群众。现在财经、妇委、职委、文委的工作方针都在转变。审查干部也要领导与群众相结合。方法是要从下层总结经验，然后再加以指导，就是从群众中来，到群众中去，或者说集中起来，坚持下去。唯一的来源、唯一的出路是群众。

我去年与许多部门工作同志很少接触，今年要多接触，多接触才能有知识。

三　工作任务

中央机关的任务是工作、生产与教育；前方是战争、生产与教育；后方是生产与教育。这种方针要向全体同志说明。公开说克服困难，迎接光明，但在我党高级干部中要说明保存骨干，积蓄力量。现在华北正送大批干部到陕甘宁边区学习。保存骨干不仅保存地方干部，而且要保存军队的骨干。现在要瘦一点，就是精兵简政。为了保存骨干必须坚决实行精简政策，反对敌人的“蚕食”政策。这就是战争的任务，这是第一个任务。

第二就是干部教育与国民教育。干部教育是第一，过去干部进步很慢，而战士进步很大，陇东马夫中还出了一个木刻家。过去干部学习没有时间，没有经费和课本。中央对干部教育的决定〔11〕要切实实行。

第三就是生产的任务。

用这些方法来达到保存骨干，准备将来。

根据中央档案馆保存的讲话记录稿刊印。

注　释

〔1〕满洲，这里指中国东北地区。

〔2〕皓电，指蒋介石以国民党政府军事委员会正副参谋总长何应钦、白崇禧的名义于一九四〇年十月十九日（皓）发出的给第十八集团军正副总司令朱德、彭德怀和新四军军长叶挺的电报。该电对坚持敌后抗战的八路军、新四军大肆诬蔑，

并根据同年七月十六日国民党“中央提示案”，强令黄河以南的八路军、新四军在一个月内撤到黄河以北。

〔3〕汪，指汪精卫（一八八三——一九四四），浙江绍兴人。当时是日本帝国主义扶植的南京伪“国民政府”主席。

〔4〕蒋，指蒋介石。

〔5〕第二条战线，见本卷第7页注〔3〕。

〔6〕范文澜（一八九三——一九六九），浙江绍兴人。当时任中央研究院副院长兼历史研究室主任。

〔7〕陈伯达（一九〇四——一九八九），福建惠安人。当时任中央政治研究室副主任兼毛泽东的学习秘书。

〔8〕艾思奇（一九一〇——一九六六），云南腾冲人。当时任《解放日报》副刊部主任。

〔9〕周扬（一九〇八——一九八九），湖南益阳人。当时任中共中央文化工作委员会主任兼鲁迅艺术文学院院长。

〔10〕中国共产党第七次全国代表大会后来推迟到一九四五年四月二十三日至六月十一日在延安举行。

〔11〕指一九四二年二月二十八日《中共中央关于在职干部教育的决定》。

致印度国民大会的信

（一九四三年四月五日）

印度国民大会诸先生：

中国抗日战争开始后，贵会派遣了一个援华医疗队来华参加中国的抗战，表示对华的极大友谊。这个医疗队五人均在八路军工作，四年以来，医疗队诸同志不避艰险，辗转北方战地，他们的艰苦努力和极有价值的工作，使无数中国军民亲睹印度人民的援华热忱。医疗队五人中除已先后返印的三人外，柯棣华大夫因病逝世于晋察冀边区，我国军民失一良友，印度人民失一优秀战士，至堪悼惜。现巴思华大夫返印，特向贵会及印度人民敬致谢意！当此全世界反法西斯战争正在努力争取最后胜利之际，我们希望印、华两大民族团结得更加坚固，以便与其他一切反法西斯国家配合作战，借以达到打倒法西斯，解放一切被法西斯压迫的人民，同时即借以解放印、华两大民族，获得两大民族的独立。

谨致

热烈的敬礼！

毛泽东　朱　德

一九四三年四月五日

根据中央档案馆保存的原件刊印。

给何凯丰[1]的信

（一九四三年四月二十二日）

凯丰同志：

从前你有几封信我还未回复，兹复于下：（一）小资产自由主义问题，今年五五来说，还不相宜，就全党来说，目前还是让自由主义暴露的时候，还不宜于就作总论。惟今年五五，中宣部或可发表一个一般整风学习的总结性的东西，以推动全党的整风，请加考虑。（二）生日决定不做。做生的太多了，会生出不良影响。目前是内外困难的时候，时机也不好。我的思想（马列）自觉没有成熟，还是学习时候，不是鼓吹时候；要鼓吹只宜以某些片断去鼓吹（例如整风文件中的几件），不宜当作体系去鼓吹，因我的体系还没有成熟。（三）高、中两级干部教育计划，依你昨日主张暂停为好，先做肃奸教育，配合此次肃奸工作，昨信已复。（四）中宣部今年业务集中于干部教育、国民教育、文艺运动三项，同意此种意见。惟译、著方面（译是马列，著是历史），须集几个人来干，期于有些成绩。以上请考虑。

明日拟开一次宣委会议。

敬礼！

毛　泽　东

四月二十二日

根据人民出版社一九八三年出版的《毛泽东书信选集》刊印。

注　　释

〔1〕何凯丰（一九〇六——一九五五），又名何克全，江西萍乡人。当时任中共中央宣传部副部长、代理部长。

中共中央关于何时打败日本问题的宣传工作的指示[1]

（一九四三年五月一日）

各中央局、中央分局：

关于何时打败日本问题：

（一）当苏联提出一九四二年打败德国时，是以英、美约定于一九四二年建立第二条战线[2]为根据的，在当时不但可以而且应该提出此种口号以为动员努力之目标。但当英、美没有开辟第二条战线，又无新的约定时，就没有继续宣传此种口号。这是情况变化宣传必须随之变化的实例。

（二）当苏联根据英、美约定提出上述口号时，我党亦提出一九四三年打败日本的口号，这也是不但可以而且应该的。但当英、美没有履行诺言因而去年打败德国没有实现时，我党即不应继续宣传此种口号，而应向群众解释今年所以还不能打败日本的原因，鼓励群众坚持努力争取胜利。关于此点，中宣部过去宣传要点曾有解释，去秋以来的《解放日报》亦已改变论调。

（三）但有个别根据地上的领导同志至今还不了解此种意义，不但不去作正当解释，反而机械地继续宣传今年打败日本的口号，以致引起人们怀疑、提出询问，仍然不知道如何解释，屡电中央询问。这是不知道宣传应随情况变化而改变的原故。

（四）今年英、美是否开辟第二条战线，或苏联是否能于今年独立打败希特勒，此时都还不能断定。苏联现在已提出准备决战口号，红军实力已极大增加，故今年打败希特勒有极大的可能性，但也有要待明年才能打败的可能性。如果今年能打败德国，则明年自有可能打败日本，否则还要推迟时间。各地宣传，在目前几个月内不要去强调打败日本的时间，等到欧洲形势充分明朗时，中央及《解放日报》自有指示。

（五）对于过去口号，在疑问者多、需要公开解释地方则公开解释之，仅有个别同志询问者则个别答复之，无疑问地方则不作解释。

（六）各中央局及分局须作长期坚持打算，准备再作两年至三年的极端艰苦斗争，并须准备或有的意外变化。如胜利早临，我们并不吃亏；如胜利延迟，我们早有精神准备及工作准备。

中央书记处

五月一日

根据中央档案馆保存的抄件刊印。

注 释

〔1〕这是毛泽东为中共中央书记处起草的党内指示。

〔2〕第二条战线，见本卷第7页注〔3〕。

关于共产国际解散问题的报告[1]

（一九四三年五月二十六日）

共产国际的解散，正如外国通讯社所报道的，是一件划时代的大事。从四天以来全世界各国，不论是反法西斯阵营中的还是法西斯侵略者阵营中的，不论何党何派，对此问题都加以极度注意，就可以证明这一点。

共产国际为什么要解散呢？难道它不是为全世界工人阶级谋解放和为反法西斯战争尽力的吗？

是的，它是这样的。共产国际是列宁手创的。在它存在的整个历史时期中，在帮助各国建立真正革命的工人阶级政党上，在组织反法西斯斗争的伟大事业上，有其极巨大的功劳。共产国际在中国人民中的影响，是很大的。其原因就在于，中国虽然是一个经济落后的国家，却在二十二年中连续不断地进行了三次伟大的革命运动，这就是北伐战争、土地革命战争和抗日战争，而共产国际对于这三次革命运动都给予了很大的帮助。在北伐战争前夜，共产国际帮助了孙中山先生及其领导下的国民党，促使国民党在一九二四年实行改组，并缔结了国共两党的合作。当时蒋介石先生曾衔中山先生之命到过莫斯科，国民党的代表还曾列席过共产国际的会议。这些就足以证明共产国际对中国革命的援助和在中国人民中的影响是何等巨大，再不必说对以后的土地革命战争和近年的抗日战争的援助了。

革命是不能输出也不能输入的。虽然有共产国际的帮助，但中国共产党的产生及其发展，乃是由于中国本身有了觉悟的工人阶级，中国工人阶级自己创造了自己的党——中国共产党。中国共产党虽然还只有二十二年的历史，但却进行了三次伟大的革命运动。

既然共产国际对中国以及各国有很大的功劳，那末，为什么又要宣布解散呢？按照马列主义的原则，革命的组织形式应该服从于革命斗争的需要，如果组织形式已经与斗争的需要不相适合时，则应取消这个组织形式。现在，共产国际这个革命的组织形式已经不适合斗争的需要了，如果还继续保存这个组织形式，便反而会妨碍各国革命斗争的发展。现在需要的是加强各国民族共产党，而无须这个国际的领导中心的必要了。其所以如此，主要的是由于以下三个理由：第一，因为各国内部以及各国之间的情况，都比过去更为复杂，其变化也更为迅速，统一的国际组织已无法适应这种非常复杂而且变化迅速的情况。正确的领导需要从仔细研究本国情况出发，这就更加要由各国共产党自己来做。远离各国实际斗争的共产国际，在过去情况比较单纯，变化比较还不很迅速的时候是适合的，现在就不适合了。第二，法西斯强盗在法西斯阵营和反法西斯阵营各民族之间划分了深刻的鸿沟，反法西斯国家中有社会主义的、资本主义的、殖民地的、半殖民地的各种类型的国家，法西斯国家及其附庸国中也有很大的差别，此外还有各种情况的中立国。为了迅速地和有效地组织一切国家的反法西斯斗争，国际性的集中组织早已感到不大适宜，这种情况至近来乃特别显著。第三，各国共产党的领导干部已经成长起来，他们在政治上已经成熟。以中国共产党为例可以说明这一点。中国共产党经过三次革命运动，这些革命运动是连续不断的，是非常复杂的，甚至比俄国革命还更复杂。在这些革命运动中，中国共产党已经有了自己的身经百炼的优秀干部。自一九三五年共产国际第七次代表大会以来，共产国际即没有干涉过中国共产党的内部问题，而中国共产党在整个抗日民族解放战争中的工作，是做得很好的。

四天来各国对于解散共产国际的舆论，综合起来看是：反法西斯同盟各国的一切正义人士，对此举动都交口称誉。但法西斯国家却不同，一切血腥的侵略者，过去曾经订立过反对共产国际协定的，现在却似乎不愿意共产国际的解散，你们看奇怪不奇怪呢？他们都异常狼狈地在拼命指责共产国际的解散。在同盟国〔2〕中，例如斯德哥尔摩与伦敦两地社会民主党中的顽固派分子，从前以“受共产国际指令”为理由，拒绝本国共产党加入该党，现在却又不欢迎共产国际的解散，也算一件小小的怪事。

现在全世界一切反法西斯国家的任务，在于使工人运动归于统一，以便有力地迅速地打败法西斯。此种工人运动中的顽固派，因为共产国际的解散使他们失去了借口，他们就很不高兴，甚至说各国共产党也应该解散。中国也许会有这一类毫无常识的议论出现，我们且看一看吧。但是我相信：全中国大多数正义人士是不会附和这种议论的，其理由就是因为这种议论缺乏任何起码的常识。共产国际的解散，不是为了削弱各国共产党，而是为了加强各国共产党，使各国共产党更加民族化，更加适应于反法西斯战争的需要。我党近年的整风运动，反对主观主义、宗派主义和党八股这些不好的东西，就正是为了使中国共产党更加民族化〔3〕，更加适合抗战建国的需要。

现在共产国际没有了，这就增加了我们的责任心。每个同志都要懂得自己担负了极大的责任。从这种责任心出发，就要发挥共产党人的创造力。我们正处在艰难的民族解放战争中，八路军、新四军在敌人后方抗拒着极其强大的敌人，我们的环境很艰苦，战争的时间还很长。但是这种长期的艰苦的斗争，正好锻炼我们自己，使我们用心地想一想，绝不粗枝大叶，自以为是；使我们认真去掉主观主义、宗派主义以及老一套的党八股作风，而拿出完全的负责的态度与高度的创造力来。

有两种团结是绝对必要的：一种是党内的团结，一种是党同人民的团结。这些就是战胜艰难环境的无价之宝，全党同志必须珍爱这两个无价之宝。第一，全党同志必须团结在中央的周围，任何破坏团结的行为都是罪恶，只要共产党人团结一致，同心同德，任何强大的敌人，任何困难的环境，都会被我们战胜的。第二，全党同志都要善于团结人民群众，这里我想要请同志们学习近日《解放日报》报道的陈宗尧、左齐两位同志的榜样。陈宗尧同志是八路军第七一八团的团长，他率领全团走几百里路去背米，他不骑马，自己背米，马也驮米，全团指战员为他的精神所感动，人人精神百倍，无一个开小差。左齐同志是该团的政治委员，他在战争中失去了一只手，开荒时他拿不了锄头，就在营里替战士们做饭，挑上山去给战士们吃，使战士们感动得不可名状。我们全体党的干部，都要学习这两位同志的精神，和广大群众打成一片，克服一切脱离群众的官僚主义。我们共产党人不是要做官，而是要革命，我们人人要有彻底的革命精神，我们不要有一时一刻脱离群众。只要我们不脱离群众，我们就一定会胜利。

根据一九四三年五月二十八日
《解放日报》刊印。

注　释

〔1〕这是毛泽东在中共中央书记处召集的延安干部大会上的报告。会议主要是传达共产国际执行委员会主席团《关于提议解散共产国际的决定》和《中国共产党中央委员会关于共产国际执委主席团提议解散共产国际的决定》。共产国际即第三国际，一九一九年三月在列宁领导下成立。一九二二年中国共产党参加共产国际，成为它的一个支部。一九四三年五月二十日，共产国际执行委员会总书记季米特洛夫致电毛泽东，通报共产国际执委会主席团将于五月二十二日公布关于解散共产国际的提议，请中共中央急速讨论这一提议，并将意见告知。五月二十一日，中共中央政治局会议决定：由毛泽东复电季米特洛夫，表示赞成共产国际执委会主席团的提议。五月二十六日，中共中央政治局通过《中国共产党中央委员会关于共产国际执委主席团提议解散共产国际的决定》。六月十日，共产国际执行委员会决定共产国际正式宣告解散。

〔2〕同盟国，指第二次世界大战期间共同对德、意、日轴心国作战的中、苏、美、英、法等国家。

〔3〕一九四三年五月二十六日《中国共产党中央委员会关于共产国际执委主席团提议解散共产国际的决定》中指出："中国共产党近年来所进行的反主观主义、反宗派主义、反党八股的整风运动，就是要使马克思列宁主义这一革命科学更进一步地和中国革命实践、中国历史、中国文化深相结合起来。"

在今后三年中应力求巩固，屹立不败

（一九四三年六月一日）

德怀〔1〕同志：

（一）有电〔2〕悉，同意对太南处置办法。（二）国民党对敌、对外（英、美）、对共、对民、对党（中央与地方、西西〔3〕与复兴〔4〕）五方面均无妥善办法，危机日渐增长。彼方对东条〔5〕扶汪〔6〕倒蒋〔7〕新政策毫无对策，投降者增多，战力大损。英、美仍是集中对德，援华甚少，口惠实不至，彼方无丝毫办法。对我疑忌甚大，不愿解决问题，天天宣传我党"罪状"，打击我党威信，厉行特务政策，图从内部破坏我党，此外亦无办法。甘、黔、川、陕民变四起，规模甚大，除镇压外，无他办法。党内纷争不绝，有增长趋势。凡此均使抗战局势，处于日益困难地位。抗战还须准备三年，彼时中国情况如何，深堪注意。（三）我党应在此三年中力求巩固，屹立不败。对敌应用一切方法坚持必不可少之根据地，反"扫荡"反"蚕食"之军事斗争与瓦解敌伪之政治斗争均须讲究最善方策。对国民党应极力避免大的军事冲突，使彼方一切力量均用在对敌上。对人民除坚持"三三制"〔8〕外，应以大力发展农业、手工业，如人民（主要是农民）

经济趋于枯竭，我党即无法生存。为此除组织人民生产外，党政军自己的生产极为重要。对党内政策，一是整顿三风（应坚持一年计划）；二是审查干部（清查内奸包括在内）；三是保存干部（送大批干部来后方学习）。如能实施上述各项，不犯大错，我党即可立于不败之地。

毛　泽　东

六月一日

根据手稿刊印。

注　　释

〔1〕德怀，即彭德怀，当时任中共中央北方局代理书记、八路军副总司令。

〔2〕指彭德怀一九四三年五月二十五日给毛泽东的电报。电报中说，对太南的处置办法是：（一）对归马法五指挥的庞炳勋残部，争取其坚持抗战，以免为敌利用。其放弃之安阳、林县地区，我应去建立政权。（二）刘进派特务与我谈判，我采取共同合作，逐步取得优势而巩固之。（三）对孙殿英及其残部，目前不宜正面利用他，但可经过他去做伪军工作。

〔3〕西西，即“CC”，是国民党内的法西斯组织中央俱乐部的简称，其首领是陈果夫、陈立夫。

〔4〕复兴，指“中华民族复兴社”，是国民党内的法西斯组织，一九三二年春成立，一九三八年四月宣告解散，主要骨干是贺衷寒、戴笠等。

〔5〕东条，即东条英机（一八八四——一九四八），当时任日本内阁首相。

〔6〕汪，指汪精卫，当时是日本帝国主义扶植的南京伪“国民政府”主席。

〔7〕蒋，指蒋介石。

〔8〕“三三制”，是中国共产党在抗日战争时期的统一战线的政权政策。这一政策规定，抗日民主政权中人员的分配，共产党员大体占三分之一，左派进步分子大体占三分之一，中间分子和其他分子大体占三分之一。

给彭德怀[1]的信

（一九四三年六月六日）

德怀同志：

你在两月前发表的关于民主教育谈话，我们觉得不妥。兹将我的意见列下：例如谈话从民主、自由、平等、博爱等的定义出发，而不从当前抗日斗争的政治需要出发。又如不强调民主是为着抗日的，而强调为着反封建。又如不说言论、出版自由是为着发动人民的抗日积极性与争取并保障人民的政治经济权利，而说是从思想自由的原则出发。又如不说集会、结社自由是为着争取抗日胜利与人民政治经济权利，而说是为着增进人类互助团结与有利于文化、科学发展。又如没有说汉奸与破坏抗日团结分子应剥夺其居住、迁徙、通信及其他任何政治自由，而只笼统说人民自由不应受任何干涉。其实现在各根据地的民主、自由对于某部分人是太大、太多、太无限制，而不是太小、太少与过于限制，故中央在去年十一月曾发布关于宽大政策的解释，强调镇压反动分子之必要，你在谈话中没有采取此种方针。又如在现在各根据地上提倡实行复决权，不但不利，而且是做不到的。又如说法律上决不应有不平等规定，亦未将革命与反革命加以区别。又如在政治上提出“己所不欲，勿施于人”的口号是不适当的，现在的任务是用战争及其他政治手段打倒敌人，现在的社会基础是商品经济，这二者都是所谓己所不欲，要施于人。只有在阶级消灭后，才能实现己所不欲，勿施于人的原则，消灭战争、政治压迫与经济剥削。目前国内各阶级间有一种为着打倒共同敌人的互助，但是不仅在经济上没有废止剥削，而且在政治上没有废止压迫（例如反共等）。我们应该提出限制剥削与限制压迫的要求，并强调团结抗日，但不应提出一般的绝对的阶级互助（己所不欲，勿施于人）的口号。又如说西欧民主运动是从工人减少工作时间开始，亦不合事实等。你前说的《党内生活》〔2〕已收到，俟研究后如有意见再告你。

毛　泽　东

六月六日

根据手稿刊印。

注　　释

〔1〕彭德怀，当时任中共中央北方局代理书记、八路军副总司令。

〔2〕《党内生活》，是中共中央北方局一九三九年十一月十五日出版的党内刊物。

英勇斗争的二十二年[1]

（一九四三年七月一日）

今天是纪念中国共产党的二十二周年和抗日战争的六周年。现在，全世界全中国一切反法西斯力量，全世界各国共产党和我们中国共产党，任务都只有一个，这就是打败人类公敌——德、意、日法西斯侵略者。

中国的抗战已经六年，就时间来说比别国都更长些。一年以来，世界战争的形势已经有了根本的改变。过去是全世界各国被法西斯进攻，法西斯主动地进攻世界的一切国家，并且在进攻中打胜仗和压迫反法西斯国家。这就是过去的情况，就是说是一种不利的、艰难困苦的情况。现在的情况就根本不同了，起了根本的变化了。这个变化是在过去一年中发生的。苏联冬季攻势的胜利，英、美在北非的胜利，太平洋上英、美的胜利，和中国抗战的坚持六年，就是造成这个根本变化的原因。其中特别是斯大林格勒的大胜利[2]，起了转变形势的主要决定作用。过去，法西斯侵略者非常猖獗，主动权握在他们手里；现在，法西斯侵略者已经丧失了主动权，主动权转到了同盟国[3]的手里了。今后的问题，是要彻底打败法西斯侵略者。这要分为两步，首先打败德国，然后打败日本。今后的一年，很可能是欧洲决战的一年。去年我们曾经说过，欧洲在一九四二年即可进行决战，但是后来因为欧陆第二条战线[4]没有开辟，因此没有实现。今年的关键还是这个欧陆第二条战线，它愈早建立起来，胜利也就愈早到来。

我们共产党过去时时指出趋势，指出可能性，为的是使大家在困难中看到光明的前途。现在同盟国的被动状况已经结束，转到了主动，所以过去只是可能性的东西，今天就要转变为现实的东西了。今天欧洲还没有开辟第二条战线，但此事成为现实，一定是不会很久的了，这是今天全世界人类努力的目标。

对于中国战场，如果打倒了大头子希特勒，那末二头子日本法西斯也一定被打倒。大后方有一部分人弄不清楚这一点，不赞成先打倒希特勒，这是不对的。现在全世界结成了整个的反法西斯战线，任何国家都不是孤立地作战，所以在决定战略的时候，不应只从一个国家的眼前利益来看，而要看先打败哪一个法西斯国家对于整个反法西斯阵线最为有利。这样来看，就可以知道，打倒了希特勒，解决日本便会是很顺利的了。

这样比较了过去六年抗战与目前形势之后，可以断定，过去我们所指出的光明前途，现在接近实现了。

总结中国共产党的二十二年，可以把第一次世界大战时的世界和第二次世界大战时的世界作一比较，把二十二年前的中国和现在的中国作一比较。从这种比较中得出的结论，就会使我们对光明的新世界和光明的新中国增强信心，我们就知道世界将向哪个方向发展，中国将向哪个方向发展，是否世界将很快成为光明的世界，中国将很快成为光明的中国。

首先比较两次世界大战。三十年来世界上爆发了两次空前规模的战争，这是世界经济发展的必然结果。第一次世界大战曾被列宁正确地预见了，而预见第二次世界大战的是斯大林，他们的正确预见，证明马列主义是真正的科学真理。

第一次世界大战是非正义的战争，是帝国主义战争。那时世界上还只有一个俄国的布尔什维克党和别国的很少数的真正的共产主义者，而那时各国社会民主党的领袖都是赞成帝国主义战争的，其党员则绝大多数是还不觉悟的。这是三十年前的情形。

第二次世界大战时期，世界的面貌全变了，反法西斯的同盟国中有社会主义国家，有资本主义国家，有殖民地半殖民地国家，这些国家的共产党都参加了这个反法西斯战争，这是一个正义的战争。

仅在第一次世界大战爆发后的第三年，才由俄国的布尔什维克党建立了社会主义国家——苏联，相隔不过二十多年，现在它变成了全世界人类反法西斯战争的主角。没有苏联红军、苏联人民和苏联领导者斯大林，没有斯大林格勒一战，人类的命运就还在不可知之数。有了一个列宁、斯大林所领导的布尔什维克党，旧的俄国经过革命变成社会主义的苏联。世界上有了这一块社会主义国家的领土，就影响整个世界，以至现在成为全世界人类反法西斯战争的主角。

再就全世界共产主义运动来说，一九一七年十月革命胜利之后，一九一九年共产国际成立，于是在东方，中国共产党于一九二一年成立，日本共产党于一九二二年成立，印度共产党于一九二〇年成立。我们中国共产党在二十二年前举行第一次代表大会，到会的只有十二个代表，现在却已经成了这样的大政党。

中国共产党在其自己经历的二十二年中，进行了三次大的革命运动，其中第三次就是联合全国人民组织统一战线，集中力量对付日寇。我们现在绝非只是孤立的一个党，而是有全国的人民、全世界的人民和我们一起反对法西斯，有其他国家的共产党和我们一起反对日本帝国主义。日寇匪首东条〔5〕爱说什么“十亿民众”，但这十亿民众即中国的四万万五千万人，印度的四万万人，南洋的一万万人，日本、朝鲜以及台湾〔6〕的一万万人，实际上都是反对日本法西斯的。

现在的中国同第一次世界大战时的中国相比较也发生了很大变化。那时的中国没有共产党，人民不觉悟到这样的程度，以致对外国人有好坏两种还分不清，不知道将外国人区分为帝国主义者与善良的工农大众。那时马克思主义已经产生了七十年，但中国一般人还不知道它，学校里教员讲哲学、经济学、社会学时，往往连马克思的名字也不知道。那时中国已经有了旧民主主义的文化，但新民主主义的文化、新民主主义的文学艺术则还没有，那时甚至还不承认白话文。第一次世界大战，中国也是参战国之一，可是只替帝国主义者帮了忙，自己的半殖民地地位却不但没有改变，反而加深了。

现在的中国则是抗战的中国，人民觉悟到参加反法西斯的国际阵线来同法西斯作战。有了共产党，文化方面也进步了。我们常常把眼前的许多进步事情当作家常便饭，其实比起从前来，乃是改朝换代似的大变化。

由此可见，不仅在抗战的问题上，六年来起了根本的变化，而且就三十年前后的世界与中国来说，也有着两种根本不同的情景，那是翻天覆地的大进步。这种进步，是人类用自己的双手创造出来的。这一次的反法西斯战争，必然要创造出一个更加进步的世界、一个更加进步的中国来。法西斯想拉着世界往后退，那是不行的。向前进步，这就是我们的大方向。

有了大方向还需要有政策。我们的政策可分全国的和陕甘宁边区及敌后抗日根据地的两部分。关于全国的政策，即将发表的我党中央纪念抗战六周年的宣言〔7〕中，提出了向政府的四条建议，这就是“加强作战”、“加强团结”、“改良政治”、“发展生产”。至于抗战胜利之后怎么办，我党中央去年发表的“七七”宣言〔8〕中已经说得很清楚，在战后我们希望与各党各派继续合作，共同建国。

我国的抗战，现在有正面与敌后两个战场，敌后战场的斗争非常残酷，我们共产党在那里做了很大的努力，几年以来，我们创造了许多新东西，例如反“扫荡”、反“蚕食”、精兵简政、拥政爱民、拥护军队、生产运动、整顿三风等等。对于别的地区，我们看见什么缺点，只有提建议，但在边区与敌后则不然，我们可以自己动手来改正，所以我们应当把工作做得更好些。

抗战六年来我党在敌后与边区的政策，可以分做两个时期来总结，第一个时期是抗战开始后的四年半（到一九四一年底为止），第二个时期是最近的一年半。

在第一个时期中，党的注意力放在下列问题上：如何组成抗日民族统一战线，如何发动群众，如何与友军抵抗日军的战略进攻，如何创造敌后抗日根据地，以及制定各种政策如土地政策、劳动政策、“三三制”〔9〕政策等等。这些都是那时迫切需要解决的问题。在这四年半的靠后的一年半中，还曾被迫去对付反共分子所发动的两次大磨擦。

在第二个时期即最近的一年半中，除了继续进行上述各项工作而外，又进行了整顿三风、精兵简政、拥政爱民与拥军运动。整顿三风这件事保证了党在思想上政治上的一致，和党的组织成分的纯洁。这些工作仍须继续不懈地进行下去，借以保证抗战的胜利。一切为了战胜敌人，为了克服现在的困难，迎接将来的光明。

根据一九四三年七月三日
《解放日报》刊印。

注　释

〔1〕这是毛泽东在中共中央办公厅举办的纪念中国共产党成立二十二周年和抗战六周年干部晚会上的讲话。

〔2〕一九四二年七月十七日，德国侵略军开始猛攻斯大林格勒（今伏尔加格勒），前后共使用一百五十万以上的兵力，企图占领该城。苏军先后以三个方面军的兵力同广大人民一起艰苦奋战，在顽强的防御战中消灭了大量的敌人。十一月十九日转入反攻，二十三日包围了三十三万德军。一九四三年二月二日将被包围的德军全部歼灭。从此，迫使德军停止了战略进攻，苏军转入战略反攻。

〔3〕同盟国，指第二次世界大战期间对德、意、日轴心国作战的中、苏、美、英、法等国家。

〔4〕欧陆第二条战线，见本卷第7页注〔3〕。

〔5〕东条，即东条英机，当时任日本内阁首相。

〔6〕台湾自古以来就是中国领土不可分割的一部分。一八九五年四月十七日，日本帝国主义迫使清朝政府签订《马关条约》，强占了台湾及澎湖列岛。一九四五年日本投降后，当时的中国政府根据《开罗宣言》和《波茨坦公告》于十月二十五日在台北举行接受驻台日军投降仪式，宣布“从今日起，台湾以及澎湖列岛正式重入中国版图”。

〔**7**〕《中共中央为抗战六周年纪念宣言》于一九四三年七月二日在《解放日报》发表。见本卷第36—47页。

〔**8**〕指一九四二年七月七日《中共中央为纪念抗战五周年宣言》。

〔**9**〕“三三制”，见本卷第25页注〔8〕。

防奸工作的两条路线[1]

（一九四三年七月一日）

防奸工作的两条路线。

正确路线是：“首长负责，自己动手，领导骨干与广大群众相结合，一般号召与个别指导相结合，调查研究，分清是非轻重，争取失足者，培养干部，教育群众。”

错误路线是：“逼，供，信。”

我们应该执行正确路线，反对错误路线。

根据毛泽东手稿刊印。

注　释

〔1〕这段文字，毛泽东要康生在《防奸经验》第六期上登载。

中共中央为抗战六周年纪念宣言[1]

（一九四三年七月二日）

我中华民族团结起来反对万恶的日本法西斯帝国主义的神圣战争，已经过去了整整六年了，当此抗战六周年纪念的伟大节日，正值全世界反法西斯同盟与法西斯侵略同盟两大阵线发生了力量对比的巨大变化之际，中国共产党中央委员会愿向我全国同胞全体将士发表自己的意见。

自从万恶的法西斯各国发动侵略战争以来，我们中国以及全世界一切反法西斯侵略的国家，久经艰苦斗争，但是一向处于劣势地位的这种不利情况，现在已经根本改变了。这是一个国际范围内的有决定意义的变化。这个变化是由苏联第二个冬季攻势的胜利，英、美在北非的胜利，中国的六年抗战与英、美过去一年在太平洋上对于日寇的打击所造成的，其中特别是红军在斯大林格勒的胜利[2]起了转变整个战争形势的主要决定作用。由于这些伟大的胜利，就在过去一年中造成了极端有利于反法西斯同盟国[3]与极端不利于法西斯侵略国的世界局面。

在反法西斯同盟国方面，现在是处在空前有利的形势中。这就是：

第一，苏、英、美三国的团结，由于苏联在斯大林格勒与英、美在北非的第一个有计划的联合作战，而更加巩固了，法西斯侵略国想用和平诡计离间苏、英、美团结的企图已经完全失败。这是在整个反法西斯战争中最具有历史意义与最值得庆幸的。

第二，苏、英、美战胜德、意法西斯的决战，将在今后一年中展开起来。这个决战，本来在过去一年中就有可能实现的，因为英、美未能实行开辟欧洲第二战场[4]的决定，所以推迟了一年。目前则是在苏、英、美三国第一个联合作战取得了伟大胜利的时候，在苏、英、美三国的陆军空军与英、美两国的海军已经发展成为无敌力量的时候，苏联从东线、英美从西线举行第二个第三个更伟大的联合作战，给予德、意法西斯以最后决定性的打击的时机，是已经成熟了。只要欧洲大陆上能够迅速开辟第二战场，则在今后一年中打败德、意法西斯是毫无疑义的。过去一年中已经建立了打败德、意法西斯的一切先决条件，今后的一年就将是一个决战的年头了。

第三，苏、英、美团结的巩固与对德、意法西斯决战的实现，将不但是德、意法西斯的失败，也是日本法西斯的失败。因为侵略国的首领是希特勒，希特勒的失败就是一切法西斯的失败。有些中国人不希望同盟国先打败希特勒，或者是因为头脑不清醒，或者是因为不愿意希特勒法西斯制度归于失败，也就是不愿意日本法西斯失败，否则是不能解释的。

第四，太平洋上的形势，也因美国力量的增强，英、美联军的几次作战胜利与中国的坚持作战，而转变为对同盟国有利，对日本法西斯不利。美国力量还在猛烈地增长着，日本法西斯虽然企图用其短腿和美国赛跑，但无论如何是要被打倒的。日本法西斯对于美国在一年中制造飞机十二万五千架，坦克十二万辆，大小军舰二千艘与船舶二千万吨的生产计划，表示极大的恐慌，正是很自然的道理。

在法西斯侵略国方面，则有如下的显著的变化：

第一，是法西斯侵略国已经陷入国际上完全孤立的地位。过去一年中，由于苏、英、美三国对于德、意匪军的第一个胜利的联合打击，由于美国军事力量的增长对于日寇的威胁与中、英、美三国在太平洋上及中国战场上对于日本匪军的打击与合围，使得所有这些法西斯国家均感到死亡的威胁。于是他们就施行和平诡计，企图离间英美与苏联的神圣的同盟关系，妄想有一方能够和他们订立苟且的和平，以便他们先击破另一方，达到挽救他们自己，并整个灭亡全世界的目的。但是，此种诡计已经遭到英美与苏联一致的坚决的打击，于是不论德、意法西斯，或日本法西斯，就均只剩下“无条件投降”一条死路了。法西斯国家又企图拉拢现在尚未加入战争的各中立国家。但是某些被希特勒们原来希望拉入侵略集团的中立国，现在看见侵略国大势已去，不愿加入了。某些原来倾向同盟国，但因畏惧侵略国的攻势而表现犹疑与动摇的中立国，现在也已经结束或正在结束这种犹疑与动摇。和平诡计既已破产，拉拢中立国的阴谋又不成功，这样就使一切法西斯侵略国在国际上处于完全孤立的地位。

第二，是法西斯侵略国内部的团结亦已发生危机。在反侵略同盟国的军事胜利与外交胜利的打击下，就使法西斯侵略国内部的不和生长起来，并已造成了危机。这个危机，不但生长在德、意两国之间，也不但生长在德国与其各附庸国之间，而且也生长在德、日两国之间。由于希特勒的战争失败与外交失败，希特勒维系意大利、日本及各附庸国的威信已经突然下降。意大利内部正在生长着一种要求退出战争的力量。日本内部的极端亲德派亦已受到其他派别的排挤，只要希特勒再遭遇一二个如同斯大林格勒与北非那样的打击，日本统治阵营内的任何派别都将不敢再依靠希特勒，不敢再依靠法西斯同盟了。到了这种时候，法西斯侵略同盟不但在其外部处于完全的孤立地位，即在其内部亦将处于各个孤立的地位。这种对于日本法西斯在国际上陷入完全孤立地位的威胁，使得日本法西斯匪首东条[5]在过去一年中，不得不向中国沦陷区及南洋各占领地的民族叛徒们提出了一种所谓"新政策"的无耻诡计，给这些叛徒们挂上"独立"的假面具，以壮自己的声势，并妄想欺骗坚决抗日的中国人民与印度人民。匪首东条的所谓"新政策"，不是任何什么有利于日本法西斯的情况的反映，而仅仅是日本法西斯在国际地位上已陷入完全孤立状态这一种情况的反映。

第三，过去一年反法西斯同盟的伟大胜利，又造成了法西斯侵略国家的军事危机。不管希特勒参谋部中还有一部分人不愿放弃再一次向苏联进攻的冒险计划，也不管日本参谋部中还有一部分人不愿放弃向苏联进攻或向其他方面进攻的冒险计划，但是"大势已去"的感觉是笼罩着一切法西斯国家的军队与人民，总的主动权是已经落入同盟国之手而离开了侵略国之手，这是毫无疑义的了。成为战争基础的物质力量，例如人力资源、军备资源与生活资源，同盟国方面在过去一年中已经极大规模地动员起来，对于侵略国已经占了优势；加上今后一年的动员，毫无疑义，同盟国将占到压倒的优势。而在侵略国方面，则德、意的资源已经变到接近枯竭的阶段，日本在生产上亦快要达到它的顶点，这样就更加造成了一切侵略国的严重的军事危机。

第四，一切法西斯侵略国，由于它们的国际孤立、内部不和、军事危机这样许多的因素，再因为它们的残酷的惨无人道的统治，就造成了在它们国内与在它们占领区内的政治危机。一切侵略国家，统治者与人民之间、将军与士兵之间的裂口，正像火山的裂口一样，一天一天地扩大起来，酝酿着巨大的爆炸。这是一支从法西斯脚底下轰掉法西斯的大军，其爆炸的时间，必然在法西斯的内外危机达到其顶点的时候，突然地轰发开来。我们只要回想一下一九一八年德、奥帝国主义所处的情境，就会相信这一点。我们也只要看一看过去一年中国沦陷区的民心与日寇军队的兵心曾经发生何等样的变化，就可以推断，这样继续下去，日寇的政治危机的成熟是不可避免的了。日寇的本国人民是一座火山，日寇所统治的中国人民、南洋各地人民、朝鲜人民与台湾〔6〕人民，又是许多的火山，只要反法西斯同盟国（中国在内）给予日寇几个严重的军事打击，这些火山是会爆发起来的。

同胞们！将士们！中国抗战已经六年了，我们的抗战是在极端艰苦的情境中实行的。我们与苏、英、美诸同盟国是不同的，他们是先进的工业国家，我们是落后的农业国家。但是我们仍然艰苦地进行了整整六年的抗战，超过任何国家的抗战时间，这是由于全国人民与全军将士的努力。在抗战第六年中,我们遇到了同盟国与侵略国的力量对比发生了决定性的变化,变到于我们及同盟国极端有利、于侵略国极端不利的局面。在抗战第七年中,我们又将遇到新的有利的变化,各同盟国对于西方法西斯的最后决定性的打击实现之时,就是整个法西斯失败与世界各民族解放大部分实现之时。到了那时,东方法西斯的失败与东方各民族的解放,也就接着会要实现了。

毫无疑义,不论西方与东方,战胜敌人与实现解放还须给出绝大的努力,如果没有这种努力,胜利与解放是不可能的。我们中国是反对法西斯同盟的一员,处在现在这样极端有利的国际环境中,我们应该怎样努力呢?我们是一个农业国,比不上工业的先进国,但是我们有广土众民的优点,我们的人民又是富于斗争的坚忍性的,六年的抗战就是明显的证明。在这种情况下,我们应该怎样努力才算是很好地配合苏、英、美各同盟国的作战,尽到我们应尽的职责呢?六年抗战中我们积累了许多的经验,这些经验是什么呢?抗战第七年中,我们应该怎样利用这些经验,求得比较过去更多的成绩,借以克服现有的许多困难,并在将来对敌反攻时准备好我们的力量呢?

中国共产党中央委员会认为:

应该加强作战。整个中国战场上,六年来的作战,实际上是被划分为正面与敌后两大战场,这两个战场的作用,是互相援助的,缺少一个,在目前就不能制止法西斯野兽的奔窜,在将来就不能驱逐这个野兽出中国,因此必须增强这两个战场互相援助的作用。特别是因为处在敌后战场上的抗日军民,他们抗击了日本匪军的半数以上,而其处境则较之正面战场要困难百倍,因此加强对于他们的援助是义不容辞的。我们认为只有加强这两个战场的互相援助与特别加强对于敌后抗战军民的援助，才是加强整个中国战场作战努力的具体办法。而在过去数年中，对于敌后战场上的绝对大多数抗战军民是没有什么援助的，正面战场作战的积极性也是很不够的，我们希望政府对于这种现象能够有所改进。在日寇与汪〔7〕逆的阴谋勾引之下，最近数年中，高级将领率部投敌叛卖祖国者，竟达三十三人之多，未闻政府通令讨伐，由是伪军突增，日汪所谓“新政策”的欺骗，得以到处宣传，肆无忌惮。我们希望政府对于这种现象，能够有所处置，以振军心而利抗战。为了加强作战，兵役制度的改革是急不容缓的。现行兵役制度中存在着的许多严重缺点，例如捉人、捆绑、贿买与完全缺乏政治动员等，极大地妨碍着动员广大人民上前线的要求，我们希望政府能够迅速加以改革。

应该加强团结。我们现在不来详说过去数年中以及最近时期中在中国抗日阵线内部曾经发生的许多不应有的磨擦、冲突、妨碍、限制等等不良现象，而只希望政府能够于今后改革这些现象。我们共产党人是始终坚持抗日民族统一战线与支持政府抗战的，为了克服今后抗战中的更大困难与准备配合同盟国实行对敌反攻起见，我们准备与中国国民党及其他党派继续进行协商，解决已经存在的问题，改善各党派间的关系。抗日战争应该是始于团结，终于团结，团结是全国人民抗日的基础，也是全世界人民反法西斯的基础。如何加强这个基础，巩固这个基础，以利抗日，以利配合各同盟国打倒整个法西斯，实在是一切任务中的最重要的任务。

应该改良政治。我们共产党人对于中国政治应该如何改良才能适应抗日的需要，曾经发表过许多次的意见了，现在来说这个问题，也还是和过去一样，认为唯一的方针是实际执行孙中山先生的三民主义。日本侵华军队总共不过三十几个师团，何以我们以四万万五千万人的大国还不能战胜它或取得更大的胜利呢？难道工业不发达是唯一的理由吗？不是唯一的理由，也不是主要的理由，而是中国没有民主政治，因而没有发动全国人民的抗战积极性。中国和苏、英、美各国是不同的，苏、英、美各国是抗战时间愈长久，人民的抗战积极性愈增长，中国则反之，大部分地方人民的抗战积极性受到了完全不应该的打击与限制，大大低落了，抗战第一二年中蓬蓬勃勃的新气象，在后来的四年中逐渐看不见了。这种政治上壅蔽抑塞的情形，如不实行必要的改革，则其对于抗战的妨碍将是不可计量的。这种情形，就产生国内各阶级间、各党派间、各民族间的许多不和睦现象，而抗战是极端需要这种和睦的。我们希望政府能于抗战第七年中，按照三民主义原则，实行若干必要的政治上的改革，借以达到各阶级、各党派、各民族间较之现状进一步的和睦关系，能够为准备反攻发动人民的积极性。

应该发展生产。这个问题我们也已经说过多次了。现在经济的严重困难已经发生，如果没有适合时宜的改革，要应付今后愈加困难的抗战与准备有力的反攻将是不可能的。经济改革的基本方针，我们认为应该是为着发展生产，而实行一个调节各阶级经济利益的民主集中的经济政策。动员全国的军队一面抗战，一面生产；动员全国一切机关学校一面工作、学习，一面生产；动员全国农民增加生产，同时坚决实行减租减息政策；动员全国工人增加生产，同时增加工人的工资；保护中小工业的生产，使之不受官僚资本与投机商业的打击。在实行这些新的经济政策时，必须首先废除一切妨碍公私生产积极性的现行财政经济政策。这些就是我们对于发展生产借以克服经济危机的意见。

为了争取抗战胜利而应该改革的事情是很多的，我们现在只指出上述四项，以供政府的采择。至于战后合作建国的主张，本党在去年纪念抗战五周年的宣言中已经明白申述，并已获得各界同胞的赞成，这里就不多说了。

抗战愈益接近胜利，困难将愈益严重，这就愈益加重了政府与人民的责任，也愈益加重了共产党员的责任。特别是在敌后战场上作战的共产党员，他们的责任是超越寻常地加重了。

在六年抗战中，证明中国共产党对于保卫祖国的神圣战争是无限忠诚的，八路军、新四军与敌后人民的艰苦奋斗是史无前例的。侵华敌军的半数是由他们之手抗击了六年，并且还要继续抗击下去，直至驱逐敌军出中国。他们是没有任何弹药与军饷的援助，但凭自己的忠诚与创造力达到了这样的奇迹。他们从敌人手中夺回了广大的土地，建立了民主的抗日根据地，坚决地实行了三民主义，实行了联合各抗日阶层的“三三制”〔8〕政策，实行了减租减息同时又交租交息的土地政策，实行了奖励生产同时又保护工人的劳动政策，实行了鼓励人民爱国心与发扬人民抗战积极性的文化政策。因此引起了日寇与汪逆汉奸群的深仇大恨，誓死要消灭他们。残酷的“扫荡”，阴险的“蚕食”，堡垒如林，沟墙遍地，“三光”政策与所谓“治安强化”运动的无止息的推行，“剿共委员会”的普遍设立，都是为了要消灭他们的。敌后战场上的斗争是如此的残酷，大后方同胞或尚有不明此种情形者。

共产党员们！八路军、新四军的指挥员战斗员们！敌后的男女同胞们！加强你们的团结，团结得如像一个人一样吧！残酷的战争只会把你们锻炼得特别勇敢、特别坚强，敌人要想把你们屈服是不可能的。

共产党员应该紧紧地和民众在一起，保卫人民，犹如保卫你们自己的眼睛一样，依靠人民，犹如依靠自己的父母兄弟姊妹一样。认真地实行精兵简政、拥政爱民与拥护军队的政策，彻底地达到官兵一致，军民一致，军政一致的目的。

更好地将敌后战场上的一切主力军、游击队与民兵的配合作战组织起来，加强对于主力军、游击队与民兵的技术训练、战术训练与政治工作训练，加紧打击敌人，粉碎敌人的“扫荡”。发展武装工作队，加强反“蚕食”斗争，使一切军事干部与政治工作干部学会善于总结战争经验，把反“扫荡”、反“蚕食”的艺术提到更高级的程度上来。你们是游击战与运动战的能手，你们在六年爱国战争中表现了令人钦佩的成绩，全国人民都是关心你们与寄托极大希望于你们的，因此你们要更加努力提高你们的军事艺术与政治工作艺术，以便配合正面战场上的作战，驱逐敌人出中国。

十分注意争取日军的士兵与伪军，协同日本共产党进行破坏敌伪军的工作，使这个工作极大地加强起来。组织日本工农学校，发展日人反战同盟与日本共产主义同盟，发展朝鲜人民的抗日武装队伍及抗日团体，使这一切力量变成中国人民反对日本法西斯的强有力的友军。

发展公营生产，一切军队，一切机关学校，在不妨碍作战的条件下，都要进行生产自给运动，用自己动手的方法，达到改善自己生活、减轻民众负担的目的。发展民营生产，共产党员深入农村，学会帮助农民做按家计划，学会帮助农民组织劳动互助团体，学会帮助农民组织合作社，达到改善群众生活的目的。陕甘宁边区及敌后许多根据地上卓著成效的公私生产运动，应该不疲倦地坚持发展下去。奖励劳动英雄，发展生产竞赛，反对贪污浪费，惩治懒惰分子，克服脱离群众的官僚主义，一切为着战胜敌人而努力。

共产党员还要虚心学习文化，学习业务，学习政治，学习理论。继续整风学习运动，发展自我批评，坚决地、彻底地、毫不客气与毫不容情地克服自己队伍中的主观主义、宗派主义与党八股。任何残酷的战争与繁重的工作，不应该放松你们的学习，你们应该在艰苦的长期的战争中学出超人的本领来。

敌人总是每时每刻地、千方百计地想要从你们的外部与内部破坏你们、消灭你们的，你们要十倍、百倍、千倍地提高你们的警觉性，你们要学会同敌人特务机关作斗争的一切新办法。

抗战的第六周年，同时即是中国共产党诞生的第二十二周年。中国共产党在其诞生之时，即在中国历史上破天荒第一次向中国人民提出了反帝反封建的纲领，并根据此种纲领在各个时期规定了各种具体实施的政策。二十二年中，全体党员和全国广大的人民群众在一道，为着实现此种纲领与政策，为着反对帝国主义及其在中国的走狗，为着民族解放与社会解放，流血牺牲，前仆后继，举行了轰轰烈烈英勇顽强的斗争。不管敌人如何强大，道路如何艰难，他们总是坚决前进，绝不徘徊，绝不畏缩，终于使全国人民从黑暗中找到光明，从绝路中找到生路。二十二年的历史实践已经证明，我党奋斗的方向，是使中华民族起死回生的完全正确的方向，并将在今后的历史实践中继续坚持下去，直到完全胜利而后已。共产党员是一种特别的人，他们完全不谋私利，而只为民族与人民求福利。他们生根于人民之中，他们是人民的儿子，又是人民的教师，他们每时每刻地总是警戒着不要脱离群众，他们不论遇着何事，总是以群众的利益为考虑问题的出发点，因此他们就能获得广大人民群众的衷心拥护，这就是他们的事业必然获得胜利的根据。当此中国抗日战争与世界反法西斯战争进到决定胜负的时期，中国共产党中央委员会相信，全体共产党员必能巩固地团结在以毛泽东同志为首的中央的周围，坚决地认真地执行中央的政策，加强自己的责任心，发扬自己的创造力，坚持抗日民族统一战线，尽一切可能与一切努力和全国一切抗日党派、抗日人民团结一致，支持国民政府与蒋委员长，战胜日本帝国主义。

中华民族解放万岁！

根据一九四三年七月二日
《解放日报》刊印。

注　释

〔1〕这个宣言是毛泽东起草的。

〔2〕斯大林格勒的胜利，见本卷第33页注〔2〕。

〔3〕同盟国，指第二次世界大战期间共同对德、意、日轴心国作战的中、苏、美、英、法等国家。

〔**4**〕欧洲第二条战场，见本卷第 7 页注〔3〕。

〔**5**〕东条，即东条英机，当时任日本内阁首相。

〔**6**〕见本卷第 33 页注〔6〕。

〔**7**〕汪，指汪精卫，当时是日本帝国主义扶植的南京伪“国民政府”主席。

〔**8**〕“三三制”，见本卷第 25 页注〔8〕。

关于公布《评〈中国之命运〉》一文

（一九四三年七月二十一日）

必武[1]：

此次反共高潮之近因，一由于国际解散[2]，二由于相信日将攻苏，故蒋[3]企图以宣传攻势动摇我党，以军事压迫逼我就范。乃事机不密，为我党揭穿，通电全国，迎头痛击，于是不能不竭力否认（如胡、徐[4]等复电），尽量敷衍（如对周、林[5]），并稍示和缓（边境已有两个师后撤）。但实际上目前军事准备决不会放松，政治压迫亦必会加紧（如七七封锁新华[6]，日前检查渝办[7]）。我为彻底揭穿其阴谋并回答其自皖变[8]以来的宣传攻势计，除已发之通电及解放社论[9]外，并于本日公布陈伯达驳斥蒋著《中国之命运》[10]一书，以便在中国人民面前从思想上理论上揭露蒋之封建的买办的中国法西斯体系，并巩固我党自己和影响美英各国、各小党派、各地方乃至文化界各方面。为此目的，望注意执行下列数事：

一、收到此文广播后，设法秘密印译成中、英文小册子，在中外人士中散布。

二、在渝办、报馆[11]中，以此文作为课本，进行解释讨论。

三、搜集此文发表后的各方面影响，并将国民党回驳此文的文章择要电告，并全部寄来。

四、新华尤其群众〔12〕可用其他迂回办法揭露中国法西斯的罪恶（思想、制度、特点和行为）。

五、其他技术问题由恩来电告。

毛 泽 东

马

根据中央档案馆保存的抄件刊印。

注　释

〔1〕必武，即董必武（一八八六——一九七五），湖北黄安（今红安）人。当时任中共中央南方局副书记兼宣传部部长、统战部部长。

〔2〕参见本卷第23页注〔1〕。

〔3〕蒋，指蒋介石。

〔4〕胡，指胡宗南（一八九六——一九六二），浙江孝丰（今属安吉）人，当时任国民党军第一战区第三十四集团军总司令。徐，指徐永昌（一八八七——一九五九），山西崞县（今原平）人，当时任国民党政府军事委员会军令部部长。

〔5〕周，指周恩来。林，指林彪，抗日战争时期任八路军第一一五师师长，一九四二年九月作为中共谈判代表动身赴重庆，一九四三年七月回到延安。

〔6〕一九四三年七月六日晚至七日上午，国民党当局为禁止《新华日报》刊登《中共中央为抗战六周年纪念宣言》，派军警包围了报馆。

〔7〕渝办，指八路军驻重庆办事处。

〔8〕皖变，即皖南事变。一九四一年一月，新四军皖南部队九千余人在北移过程中，遭到国民党军队八万余人的包围袭击，经七昼夜浴血奋战，除二千余人突出重围外，其余大部壮烈牺牲，军长叶挺被扣押。

〔9〕通电，指一九四三年七月九日延安民众纪念抗战六周年大会发出的《关于呼吁团结反对内战通电》。社论，指一九四三年七月十二日《解放日报》发表的毛泽东起草的社论《质问国民党》（《毛泽东选集》第3卷，人民出版社1991年版，第

903—909页）。

〔10〕陈伯达，当时任中央政治研究室副主任。他写的《评〈中国之命运〉》于一九四三年七月二十一日在《解放日报》刊出。

〔11〕指新华日报社。

〔12〕指《群众》杂志。

关于审干的九条方针和在敌后的八项政策

（一九四三年七月三十日）

德怀[1]同志：

（一）周、林[2]返延，七大准备开会，请你及罗、薄、聂、吕[3]来延参加大会，希预为布置。太行、太岳、北岳各区须重选代表若干，中央另有通知。

（二）敌后整风有进步，可于七月九日北局关于整风经验及关于思想意识二文[4]见之（已交广播）。敌后整风请督促务于今年切实办完，以便从明春起开始全面审查干部，明年一年办完。

（三）审查干部之方针为：一、首长负责；二、自己动手；三、领导骨干与广大群众相结合；四、一般号召与个别指导相结合；五、调查研究；六、分清是非轻重；七、争取失足者；八、培养干部；九、教育群众。必须拿这种实事求是的方针去和内战时期曾经损害过党的主观主义方针完全区别开来，这种主观主义方针就是逼、供、信三个字。其详另有说明。

（四）蒋、胡[5]进攻边区计划，被我及时揭破，见我有备，被迫暂时停止，争取一年和平已有希望，但我军事防御准备绝不松懈。

（五）望将延安民众大会通电、解放报社论〔6〕，及陈伯达、范文澜评《中国之命运》等文〔7〕多印广发，借此作一次广大深入的有计划的阶级教育，彻底揭破国民党的欺骗影响，不要把此事的重要性看低了。国民党思想在我们党内是相当严重地存在的。

（六）前电所述六项政策，在敌后应加对敌斗争（反“扫荡”、反“蚕食”），再加阶级教育，成为八项政策，其次序是：一、对敌斗争；二、整顿三风；三、精兵简政；四、统一领导；五、拥政爱民；六、发展生产；七、审查干部；八、阶级教育（在陕甘宁边区，对敌斗争改称军事教育作为第八项）。

（七）在群众中普遍的经常的任务则是战争、生产、教育三项。

（八）阶级教育，即是统一战线中又团结又斗争的教育，不是离开统一战线的孤立的阶级教育，对外不提“阶级教育”名称。

此电并告各中央局、中央分局及几个区党委负责同志。

毛　泽　东

午三十

根据手稿刊印。

注　　释

〔1〕德怀，即彭德怀，当时任中共中央北方局代理书记、八路军副总司令。

〔2〕周，指周恩来。林，指林彪，抗日战争时期任八路军第一一五师师长，一九四二年九月作为中共谈判代表动身赴重庆。一九四三年七月十六日，周恩来、林彪一行回到延安。

〔**3**〕罗，指罗荣桓，当时任八路军第一一五师政治委员兼代师长、山东军区司令员兼政治委员。薄，指薄一波，一九〇八年生，山西定襄人，当时任中共中央太行分局副书记。聂，指聂荣臻，当时任中共中央晋察冀分局书记、晋察冀军区司令员兼政治委员。吕，指吕正操，一九〇五年生，辽宁海城人，当时任八路军第三纵队司令员兼冀中军区司令员。

〔**4**〕指中共中央北方局《关于整风经验的介绍》和第十八集团军总部直属机关学习委员会《关于思想意识问题》两文，分别发表在一九四三年八月二日和四日《解放日报》。

〔**5**〕蒋，指蒋介石。胡，指胡宗南，当时任国民党军第一战区第三十四集团军总司令。

〔**6**〕通电和社论，见本卷第50页注〔9〕。

〔**7**〕陈伯达，当时任中央政治研究室副主任。他写的《评〈中国之命运〉》一文，载一九四三年七月二十一日《解放日报》。范文澜，当时在中共中央宣传部工作，他写的评《中国之命运》的文章题为《谁革命？革谁的命？》，发表在一九四三年八月一日《解放日报》。

在中央党校第二部开学典礼上的讲话

（一九四三年八月八日）

中央党校第二部今天开学。同志们大多是从前方来的，从战场上回来的；一部分是从边区各地来的，从工作中来的；还有一部分是在延安的，离开工作来学习的。现在大家在一个学校里学习，要有一个一致的意见、统一的思想，要达到一个统一的目的。否则，有人要学经济学，有人要学哲学，有人想看小说，有人想学外国文，那末，我们的学校就不好办，也办不好。我们全党要统一，学校里的学习和各种活动也要统一，要有一致的意见。今天开学，我主要地来做这样一个宣传。

我们要执行什么统一的意见，达到什么统一的目的呢？就是刚才彭真〔1〕同志说的季米特洛夫在共产国际第七次代表大会上所讲的关于干部标准的四条：无限忠心，联系群众，独立工作能力，遵守纪律。〔2〕我们要按着这四条来学习，学校里的学生、工作人员统统要为达到这样的目标而努力。

你们各位很长的时间都在工作中，没有机会学习和研究，身体有的还不大好。这次到党校来，不仅得到学习和研究的机会，同时也可以使长期工作疲劳的同志有一个休养的机会。休养好了，学习好了，将来出去做事情。

在你们现在学习的时候，正是世界处在很大变动的时候。世界的变动各个时期都有。中国的社会已经有过几次大的变动，由原始社会进到奴隶社会，再由奴隶社会进到封建社会，又由封建社会进到半殖民地半封建社会，我们的社会的性质已经改变了三次，现在要改变第四次。

中国革命要完成什么任务呢？中国共产党到底要办什么事情呢？就是要办两件事，要换两回朝。

第一，要把半殖民地半封建社会改变为民主主义社会，即新民主主义社会。这同过去法国、英国及任何其他国家（苏联的二月革命除外）由封建社会改变成民主主义社会是不相同的。以前各国的那种旧民主主义革命，是由资产阶级领导的，发动群众不彻底，生怕群众觉悟起来，超出资产阶级控制的范围。我们要建立的新民主主义社会，它的基本性质仍是资本主义的，破坏了封建秩序，推翻了帝国主义和封建制度的压迫，而在无产阶级的领导下，人民群众充分地发动起来了。

中国进入封建社会已经有三千多年了。直到现在，我国还是半封建的社会，封建关系仍占统治地位。现在我们要把这个社会改变成民主主义社会。在完成这一转变的民主革命中，无产阶级无论如何不要放弃领导权。

我们的党校里也有争夺领导权的一种斗争，就是用无产阶级思想去克服小资产阶级思想及其他非无产阶级思想。各种非无产阶级思想中，主要的是小资产阶级思想，例如个人主义、自由主义、散漫性、自发性这样一些东西。党校第一部的同志从去年一直学到现在，在一年半的时间里，整顿三风，接受路线教育和马列主义教育，这是无产阶级同小资产阶级及其他阶级在思想上争领导权。

最近国民党出了一本书，是蒋介石著的，名叫《中国之命运》。他在这本书中说没有国民党就没有中国，不知他是从哪里考证出来的。各位有看过历史书和小说的，《三国志》、《水浒传》、《封神榜》、《红楼梦》上都没有国民党，还不是照样有中国。国民党有五十年的历史，它在中国旧民主主义革命时期做过一些好事，但是，中国革命的第一步由半殖民地半封建社会转变为民主主义社会的任务它并没有完成。一九二四年，孙中山领导的国民党在广州开第一次代表大会，这是接受了中国共产党和苏联的意见。那时国民党中的一些人赞成国共合作，是为了达到他们的目的。到了一定的时候，他们便要打击共产党，打击群众。果然，孙中山逝世以后，蒋介石逐渐掌了权，一九二七年他一到南京就明令"清党"，镇压共产党，打击工农群众和革命军队。抗战时期是在国民党反动十年之后，打内战十年之后。抗战是不是革命呢？抗战是革命。可是抗战时期国民党又搞法西斯。中国的法西斯同外国的法西斯不同，外国的法西斯是侵略的、帝国主义的；中国的法西斯是买办的、封建的，它没有力量向外侵略，所以没有侵略的性质，但它是反对人民的。抗战一开始，国民党就不愿意人民起来抗战，奉行片面抗战的方针。他们认为抗战是政府的事，老百姓只要出兵出钱就行了。中国共产党奉行的是全面抗战的方针，认为只有发动和依靠人民群众，抗战才能取得胜利。在这个问题上，我们同国民党是对立的，我们同他们斗争。你不要老百姓起来，我们要他们起来，一个要，一个不要，便有斗争。

国民党也需要老百姓，也讲"爱民"。不论是中国还是外国，古代还是现在，剥削阶级的生活都离不了老百姓。他们讲“爱民”是为了剥削，为了从老百姓身上榨取东西，这同喂牛差不多。喂牛做什么？牛除耕田之外，还有一种用场，就是能挤奶。剥削阶级的“爱民”同爱牛差不多。我们不同，我们自己就是人民的一部分，我们的党是人民的代表，我们要使人民觉悟，使人民团结起来。在这个问题上，我们同国民党是对立的，一个要人民，一个脱离人民。

中国的人口百分之八十是农民，我们讲的人民主要就是农民。我们是要农民还是不要农民？如果同大地主、大资产阶级的政治方向一致，就是说完全做大地主、大资产阶级的俘虏，把老百姓当牛去挤奶汁，有这样的共产党吗？可能有，但不应当有。那末，事实上有没有呢？有的。在我们党内就曾经有一部分人离开过农民，牺牲农民群众的利益去迁就大地主、大资产阶级，他们不仅脱离了农民，甚至连中等资产阶级也脱离了，我们要同这种现象作斗争。我们当前的敌人主要是日本帝国主义，它妨害中国由半殖民地半封建社会转变为民主主义社会，我们主要的口号是打倒日本帝国主义。同时，国民党天天反对我们动员人民，它还千方百计地破坏我们，对这些我们就要斗就要争，其中就包含着争夺领导权。中国几万万农民到底跟谁走？如果跟大地主、大资产阶级走，中国仍是一个存在剥削和压迫的半殖民地半封建社会；如果跟无产阶级、跟共产党走，就可以由半封建社会进入民主主义社会，由半殖民地变为独立的国家。我们办党校也是为了要换这个朝。

第二，共产党还要办一件事，还要换一个朝，就是由资产阶级民主主义社会转变为无产阶级社会主义社会。有些同志，包括有些老干部，只知道头一个换朝，不知道第二个换朝。头一个换朝他们有经验，叫做打土豪、分田地，他们赞成；现在打倒日本帝国主义，他们赞成；反特务斗争，他们赞成；不让胡宗南〔3〕进攻边区，他们赞成。但这些都是属于刚才讲的那个头一个换朝。中国革命已经经过了三个时期，即北伐战争、十年内战和抗日战争，这三个时期的革命都属于头一个换朝。头一个换朝在抗战胜利以后是不是马上就完成了呢？还不会。日本帝国主义被打出去了，但中国新民主主义社会的建立还没有完成，就是在我们的抗日根据地新民主主义的实施也还是不充分的。

中国的民主革命是艰难的。旧民主主义革命孙中山搞了四十年，没有成功。后来我们搞新民主主义革命，也是艰难曲折的。国共合作从一九二四年到一九二七年，搞了三年多；接着是国民党的十年反革命；现在抗战，国民党搞两面政策，一面抗战，一面反共。所以要取得中国民主革命的胜利，必须要有共产党的领导。什么叫中国民主革命的胜利？就是建立起新民主主义的中国。无产阶级领导的，有全国广大人民参加的，基本上不破坏私有财产制度的资产阶级性质的民主革命，就是我们现在干的头一步的革命。

但是，只有这一步是不够的。我们的干部还必须懂得将来要废除私有财产制度。当然，那需要具备一定的条件，有经济的条件，有政治的条件，包括全国大多数人民相信共产党的领导。领导权不是向人能要来的，更不是强迫就能实现的，而是要在实际利益上、在群众的政治经验上，使群众懂得哪一个党好，跟哪一个党走他们才有出路，这样来实现的。当然，我们共产党也要进行宣传，要根据群众的实际情况去讲，不要犯教条主义，这样才能收到好的效果。

现在是新民主主义革命，将来是社会主义革命，这就是我们说的两个革命。

干这两个革命，就需要学习季米特洛夫讲的四条。你是不是无限忠心，要用客观的标准来衡量。季米特洛夫讲得好，这要在战斗中，在监狱中，在法庭上经受考验的。整顿三风、审查干部、反对胡宗南进攻、六年抗战以及十年内战都是斗争，反对机会主义、反对小资产阶级的思想也是斗争，就是要从这些斗争中来考验你是不是无限忠心。联系群众这一条，也要用客观标准来衡量。比如，一个人死了开追悼会，群众的反映怎样，这就是衡量的一个标准。有些人高高在上，官位很大，称首长，好像老百姓都拥护他，其实这不能说明问题，要看最后的盖棺论定，要看开追悼会那一天老百姓落不落泪。有些干部死了，我看老百姓就不见得落泪，他是自封的群众领袖。因为你做了官，老百姓不得不和你打交道，其实公事一办完，人家就掉头而去，不大理睬你了。真正的群众领袖，到开追悼会那一天，老百姓会觉得他死了很可惜，至少不会觉得死了也好，可以省下小米。刘志丹〔4〕同志牺牲后，陕北的老百姓伤心得很，这说明他是真正的群众领袖。群众领袖是群众封的呢？还是我们自己封的呢？季米特洛夫说，是要群众封的，是群众根据自己的经验来确认的。

刚才讲了两个革命，而要完成这两个革命，就要造就一个真正符合这四条标准的革命政党。我们党成立二十二年了，经历了三个革命时期，但还没有造就好，我们党还不统一，水平也还低。如果我们的党更统一了，水平更高了，那末可以断定，中国革命就不是像今天这个样子。二十二年的历史已经过去了，我们要从今天做起。我们办党校，就是要使我们同志的政治水平和理论水平提高一步，使我们党更加统一。中国的社会经济情况使得我们党里有很多的“剧团”，说得粗一点就是有好多“戏班子”。在一个班子里，不论是唱主角的，唱配角的，跑龙套的，他们都是很亲热的，并且有个原则：我这个班子可以批评你那个班子，但是你那个班子不可以批评我这个班子。这就叫宗派主义。我们党内有两种宗派主义，一种是教条主义的宗派主义，搬洋教条，夸夸其谈；还有一种是经验主义的宗派主义。我们在山头上斗争的时间很长了，十年内战时期共患难，现在又有六年抗战，这便结成了班子，各个班子的活动是不统一的，而且水平较低。但是我们的任务很艰巨，要进行两个革命，都要在我们手里完成。我们要把政治水平和理论水平提高，使我们党更统一，不结班子，结成一个大党。每一个人都能够不怕牺牲，能够无限忠心，能够联系群众，能够独立工作，能够遵守纪律，团结一致地坚决地向敌人斗争。我们这一辈子就干这两个革命。

同志们！完成这两次革命不是像煮一顿饭或造一所房子那样简单，而是要推翻我们的阶级敌人。外国的帝国主义，中国的大地主大资产阶级，他们要压迫我们，我们就非推翻他们不可。但是今天我们主要是打倒日本帝国主义，还不是推翻什么大地主大资产阶级，因为他们今天还在抗战，就是日本帝国主义被打倒以后，我们也不愿意同他们打仗。但是，看样子国民党是下决心要同我们打了，他们没有一时一刻不是在想要消灭我们。因此我们要警惕，不要像第一次国共合作时上了他们的大当。在座的很多人都是经历过那一次的，不仅有我，还有周恩来同志和别的一些同志。我们都和国民党人在广州开过会，那时候他们对革命的道理不懂得，什么力量也没有，是苏联政府和中国共产党帮助他们搞起来的。搞起来以后，就一脚把我们踢开了。在一九四三年三月，蒋介石的那本书上还在骂共产党。这次国共合作，我们可不要再上当了。

在党校的两年中，你们要参加整顿三风、审查干部，学习党的历史和马、恩、列、斯的著作。此外，军事班还要学军事课，文化班还要学文化课。一共是六门课。今天开学以后，你们就要开始整顿三风、审查干部。有的人已在前方参加过整风了，但是还没有在延安参加过整风。你们参加整风以后，一只眼睛就亮了；参加审查干部以后，另一只眼睛也亮了。两只眼睛都亮了，还有什么革命不可能胜利呢？另外，还要学党的历史，党的二十二年的历史都要学习，进行分析和研究。关于学习的方法，季米特洛夫讲过，在党校中有两种培养教育干部的方法，一种是教条主义的、抽象学习理论的方法，另一种是联系斗争实际学习理论的方法。过去的方法属于第一种，把人都学笨了。我们现在采用的是后一种方法，能使你们把问题搞通，可以保证你们在两年之内提高一步。

今天开学，我就是讲清楚这个方向，使同志们可以安心，这样学下去对你们有帮助，对全党有帮助。我们要干两个革命，要使两个革命在我们手里取得胜利。作为一个共产党员，作为一个共产党的干部，我们要有这样的自信心，并且要学好本领，为劳苦大众办好这两件事。

根据中央档案馆保存的讲话记录稿刊印。

注 释

〔1〕彭真，一九〇二年生，山西曲沃人。当时任中共中央党校副校长。

〔2〕共产国际执行委员会总书记季米特洛夫一九三五年八月在共产国际第七次代表大会上作的《工人阶级统一起来反对法西斯(对大会讨论的答复)》中提出正确选择干部的四项条件：第一，要无条件地献身于工人阶级的事业，忠实于党，并且在敌人面前——在战斗中、在监狱中、在法庭中——受过考验的；第二，要极密切地接近群众；第三，要能独立地自觅方向，不怕担负决策的责任；第四，不但在对一切违背布尔什维克路线的现象作不调和的对抗时，而且在对阶级敌人作斗争时，都要守纪律，受布尔什维克的锻炼。

〔3〕胡宗南，当时任国民党军第一战区第三十四集团军总司令。

〔4〕刘志丹(一九〇三——一九三六)，陕西保安(今志丹)人。一九二五年加入中国共产党。一九二八年四五月，同谢子长等领导渭华起义。一九三二年至一九三三年，创建中国工农红军第二十六军，开辟陕甘边革命根据地。一九三五年九月任红十五军团副军团长兼参谋长。同年十月中央红军到达陕北后，任中共中央革命军事委员会西北办事处副主任、红二十八军军长和红军北路军总指挥等职。一九三六年三月东渡黄河参加东征，四月在山西中阳县三交镇战斗中英勇牺牲。

关于发动反对中国法西斯主义的宣传运动给董必武[1]的电报

（一九四三年八月十一日）

董：

甲、边区军事虽稍缓和，但国民党的武装准备并未放松，其宣传斗争则更加紧，各地参议会，新闻、文化、妇女等团体请解散中共电，已有十多处，中央社更发反共社论、专电动员舆论。不知重庆月来舆论如何？望电告。

乙、此间除继续广播评《中国之命运》各文外，拟于八、九两月发动反中国法西斯主义的运动，通电全国，主张取消各种特务组织，严禁传播法西斯主义思想，以揭穿蒋[2]记国民党实质，并教育自己。不久将有通电、文章广播，请预为准备。

丙、渝、桂文化界反压迫抗议事可行，惟望注意：一、除少数知名之士外，不要暴露隐藏的文化人。二、发表的形式可采取多样的。三、尽量争取中间人，在中间刊物发表抗议。四、译成英文向美、英出版界揭露。五、新华、群众[3]多登反法西斯主义文章，以开展思想斗争。

毛泽东 周恩来

真延

根据中央档案馆保存的抄件刊印。

注 释

〔1〕董必武，当时任中共中央南方局副书记兼宣传部部长、统战部部长。

〔2〕蒋，指蒋介石。

〔3〕指《新华日报》和《群众》杂志。

抗日根据地的十大政策[1]

（一九四三年十月一日）

此指示主要地说明今年减租、明年生产及明春举行拥政爱民运动的重要性。其他各项政策，迭有指示，现不重述。但应知道：我党在各根据地所实行的各项政策中，举其现时最切要的，共有十项。这十项政策就是：第一，对敌斗争；第二，精兵简政；第三，统一领导；第四，拥政爱民；第五，发展生产；第六，整顿三风；第七，审查干部；第八，时事教育；第九，“三三制”[2]；第十，减租减息。这十大政策是互相联系不可分割的。今年秋冬，各中央局、中央分局、区党委及地委，须对十大政策作出今年一年的总结（不须开很大很长的会议，只就十大政策加以逐个检讨）。同时必须将十大政策联系一致的思想向党内作普遍的宣传，使全党首先使干部认识，只有是全部地而不是残缺不全地（如说某地不须实行拥政爱民及吴满有[3]生产方法等）、认真地而不是粗枝大叶地实行这个联系一致的十大政策，才能达到克服困难迎接光明之目的。但是只要全党同志认真地实行了十大政策，我们就一定能够造成许多有利条件，达到克服困难迎接光明之目的。我们是有一切把握克服困难的，我们的前途是无限光明的，我们一定要打倒日本帝国主义，建立自由平等的新中国！

根据中央档案馆保存的原件刊印。

注　释

〔1〕这是毛泽东起草的《中共中央政治局关于减租、生产、拥政爱民及宣传十大政策的指示》的第四部分。这个指示的前三部分已编入《毛泽东选集》第三卷，题为《开展根据地的减租、生产和拥政爱民运动》。

〔2〕“三三制”，见本卷第25页注〔8〕。

〔3〕吴满有，陕西横山人，逃荒到延安务农，一九四二年在大生产运动中努力开荒生产，成为陕甘宁边区的劳动英雄。

切实执行十大政策[1]

（一九四三年十月十四日）

我们党在抗战中提出的各种政策，都是行之有效的，都证明是正确的。现在切要的有十条政策，这十条政策要联系起来执行。

一、对敌斗争。陕甘宁边区要准备对胡宗南、对国民党顽固派、对蒋介石的磨擦进行斗争，即军事上要作准备，使军队在政治上更巩固，在军事上更提高。今年冬季要开展大练兵，全体官兵都要紧张地转到大训练的运动中去，训练得一个人能打两个敌人。边区现有五万军队，都训练好了，还不能打仗吗？须知红军三个方面军会合时只有二万五千人，红军改编时只有四万五千人，现在边区有了五万兵而且训练精了，还不好办事吗？大练兵要认真实行首长负责、亲自动手，领导骨干与广大士兵群众相结合，一般号召与具体指导相结合的办法。高干会议以后，就是各旅的团长、政委的责任了。要学习六旅的一个连长关心士兵半夜查寝室查岗哨的办法，学习陈宗尧团长与士兵一同背米、开荒的精神。我们的同志，不管有什么毛病，只要肯改，只要有马列主义精神，就好办事。凡是能同群众打成一片的即是马列主义者，即能成为群众的领袖，要在军队中努力提倡这种作风。过去一个时期，部队中的有些同志对党、对政府、对人民采取霸道、蛮横的态度是不好的。用霸道对敌人是正确的，对敌人就是要狠，但用霸道对人民、对党、对政府则是错误的，对人民对群众应讲王道。我们要有两种态度，对敌人用霸道，对人民用王道。这一条要记得非常牢固。今年阴历过年要再开展一次拥政爱民运动，再颁布一次公约，首先从军队做起，然后是党政，双方都作自我批评。要把军队同人民打成一片的作风传开来、传下去，这是无产阶级军队同资产阶级军队的根本区别。我们拥护人民，为人民打敌人，对人民讲王道，采取自我批评态度，反对军阀主义倾向。我们的武器就是批评与自我批评，干部间，官兵间，军民间，将问题摆出来，开展批评与自我批评，就可以把错误的东西清除掉，就能真正地团结了。

二、精兵简政。这是重要的一条，已在实行。

三、统一领导。实行一元化的领导很重要，要建立领导核心，反对"一国三公"〔2〕。如果有的领导同志心里有气，就应向大家谈出来，加以分析，实行批评与自我批评，从而达到团结和统一。凡是对这一条执行得还不够的，应当立即搞好。

四、拥政爱民。每年来一次，检查一年的缺点、错误，向人民作自我批评，要每年颁布公约。中央准备颁布一个统一的各地都实行的拥政爱民与拥军的各十条的公约。一切问题的中心是老百姓问题，武装的人民（军队）与非武装的人民要打成一片，必须要有政策才能实现，只要军队能拥政爱民，政府和人民是会爱护军队的。

我们的军队和军队中的干部是"闯州过府"的，是经过二万五千里长征的，是见闻广博而有经验的。我们的军队是中国人民的组织者与宣传者，是最有觉悟的。军队中的党是最先进的，它应创造地方的党和政府，爱护地方的党和政府，爱护人民。只要军队对人民的态度好，人民的态度是没有不好的。过去留守兵团有的负责人，总是说边区人民不好，不爱护军队。但是我们要问问我们军队对人民的态度如何？替人民干了些什么事？首先应当检查自己，责备自己，所谓“偏听则暗，兼听则明”，我们就是要实行这种方法。

五、发展生产。要做到农业生产“耕三余一”〔3〕，备战，备荒。

我要特别讲讲组织劳动力的问题。边区今年来了一个革命，全区三十五万个全劳动力，经常组织在集体劳动的变工队、扎工队〔4〕中的有三万余人，即占全劳动力总数的十分之一。临时性组织的，就延安县说有百分之七十，明年一年还会有所发展和提高。边区绝大多数的县，应向延安县看齐，要将劳动力组织在集体劳动的形式中，其中临时组织的占大多数，经常组织的要根据各县情况由十分之一提高到十分之二、三，达到十万人左右。此外还有半劳动力，这也是一支劳动大军。

边区束缚生产力发展的是过去的封建剥削关系，这种封建剥削关系，在有一半的地方经过土地革命已经完全破坏，另一半的地方经过减租减息也受到打击。这就是土地革命，是第一个革命。但是，如果不进行从个体劳动转到集体劳动的第二个生产关系即生产方式的改革，则生产力还不能进一步发展。将个体经济为基础的劳动互助组织即农民的农业生产合作社加以发展，生产就可以大大提高，增加一倍或一倍以上。如果全边区的劳动力都组织在集体互助的劳动组织之中，全边区一千四百万亩耕地的收获就会增加一倍以上。这种方法将来可推行到全国,在中国的经济史上也要大书特书的。这样的改革,生产工具根本没有变化,但人与人之间的生产关系变化了。从土地改革到发展劳动互助组织两次变化,这是生产制度上的革命。

部队、机关、学校要大力提倡合作社,提倡合作的生产方式,例如一个连队就可以作为一个合作社的形式。根据杨家岭的经验,将运输队改为合作社,采取二八入股、二八分红制,即公家以八辆大车,二十二个驮骡和全部用具,作为八十股,二十二个运输队员作为二十股,按斤由公家发运输费。其结果是运输力由每月只运十九万斤提高到三十八万九千余斤,增加了百分之百,而且工具节省了,牲口受到爱护,替公家节约了大量经费。这个办法在中直军直各机关学校中普遍运用,都收到很大效果。中央管理局的运输营一百头牲口二十辆大车,在未组成合作社以前每月运输一百二十万斤,改组为合作社后每月运输力提高到一百八十五万斤,增加了百分之五十。因此,请大家考虑这种合作办法是否可以广泛运用于工厂、农场。我们的农场按伙种〔5〕的办法实际上就是合作社性质的办法,当然不按伙种而用自种的办法也可以采取。

合作社问题基本上是一个群众观点问题,要想到群众。有无群众观点是我们同国民党的根本区别,群众观点是共产党员革命的出发点与归宿。从群众中来,到群众中去,想问题从群众出发就好办。部队中的负责同志要替士兵着想,机关、学校的负责同志要替大厨房着想,替杂务人员着想,所有的共产党员要替人民着想。

六、整顿三风。边区做得有成绩，还要继续做。

七、审查干部。反特务斗争要继续开展。

八、阶级教育。阶级教育即时事教育，这次大规模地进行了三个月，还要继续做，灭他人的志气，长自己的威风。

九、减租减息。许多根据地开展得不彻底，边区有些地方也没有做好，还要继续搞。如果国共关系破裂了，我们还是实行减租减息，不实行土地革命。

十、“三三制”〔6〕。要认真实行，如果国共关系破裂了，十大政策不变，“三三制”政策也不变。

以上十大政策，坚持贯彻下去，就能对付日本帝国主义的侵略，就能对付国共关系可能的破裂。当前各根据地最重要的任务是四项：第一，对敌斗争，即打敌人，挤地方；第二，发展生产，即弄饭吃；第三，整顿三风，即整歪风；第四，审查干部，即反特务斗争。这四件做好了，党就可以巩固，现在还只是相当巩固，而不是十分巩固。

对敌斗争，挤地方，是一个很重要的问题。如果不挤，我们生了两只脚就无立足之地。据聂荣臻〔7〕同志回来说，晋察冀挤了一些地方回来，晋东南挤了一百四十万人口的地方回来。六年的抗战，在敌后我们被敌人挤得好似由茶壶底到茶壶腰，再挤到茶壶顶，现在我们一定要从茶壶顶往下挤一些才行。蒋介石如果要挤我们，要挤边区，我们就准备非同他挤不可。

讲到生产，弄饭吃，全党干部非学会这一套不可，只要半年就可以学会。过去这是总务处长、财政厅、建设厅的事，现在各部队首长、各机关负责同志、各学校校长都非学会不可，连文人学士如周扬、陈伯达、范文澜〔8〕等也都学会了。

部队生产，今年二月王震[9]同志订计划时，计划每人开荒六亩，当时还有很多人反对，但实际发展的结果，平均每人开荒十八亩。这种群众的创造，解决了革命的大问题。军队自己可以发饷，我们养千万的军队都有办法了。

每一个旅应当建立一个后方。国民党以前不是常说我们"窜回老巢"吗，过去我们并没有"巢"。在陕北这个地方，靠着桥山山脉的确可以建立一个又深又好的"巢"，敌人进不来，里面有工农商业，有牛羊鸡犬，有女子和娃娃，有生产班。这要好好计划一下，要像朱总司令所讲的好好地搞一个革命家务。

抗战以来，国民党用特务政策企图从内部破坏我们，我们的反特务斗争，破坏了国民党的这一计。

要实施对敌斗争、发展生产与审查干部这三项工作，就要开展批评与自我批评，就是整顿三风的方法。去年的高干会议[10]分清楚了两条路线，克服了干部中存在的思想错误，但对我们的工作也有两种态度要分清。要学习马列主义的方法，有些同志自以为马列主义很多，其实一接触到实际工作，可以说连马列主义的气味都未闻到一点。马列主义的方法，基本的是分析的方法，要讲老实话，才能纠正错误，求得进步。如果自以为是，对整个工作不加分析，只讲成绩，怕讲缺点、错误，就无法使工作进步。工作是一个整体，如加以分析，指出其成绩和缺点，开展批评与自我批评，这是分析的方法。对工作还要做结论，即是说要综合。不作分析就无法综合，综合是分析的结果，分析是综合的手段，对事物要有解剖，才能总结。有些犯主观主义的同志，就不懂得分析的方法。去年高干会议、军政干部会议和一二〇师小干部会等，都是实行了批评与自我批评，做了正确的分析，把统一的东西加以解剖，研究了各个侧面，才得出了正确的结论。又如财经问题，不作分析工作，问题是不能解决的。马克思、恩格斯、列宁、斯大林都要做详细占有材料与详细分析的工作，何况我们呢？

对工作要有谦逊的态度，要认识到自己的不足，不要得浮肿病，不要以为自己是首长就了不得，要自觉不足。要同他人交换意见，诚意地听取对方的意见。要经常想到自己有缺点，有错误，有不足，这样才能有进步。

语言、文字、思想是反映客观实际的，但是，客观实际的规律要反映成观念形态的规律，需要有千百次的反复，才能比较正确。要反对主观主义，反对妄自尊大。我们看同志有一个标准，就是看他有无谦逊的态度。

马列主义的方法论，批评与自我批评是一条，反对自发论的思想是又一条。在去年高干会议以前，自发论的思想是很流行的，例如财政经济非常困难，就是不去想办法解决，而是让各种学说自流，让工作自流。在政治上组织上的自由主义也很多，不作批评，不作斗争，对工作不加严厉的督促等。我们共产党员不能有自由主义，要力争上游，反对消极倾向，要批评错误，以斗争求团结，要同人民打成一片，克服困难，改造世界，这才是马列主义。

以斗争求团结的原则，要运用到四个范畴。第一是无产阶级对资产阶级。要从斗争中把资产阶级提高到赞同抗日纲领的地位，无产阶级是可以领导资产阶级的。我们要按实际办事，不是按书本办事，而王明〔11〕则反对无产阶级领导资产阶级，说列宁没有讲过。第二是无产阶级对农民。这是与第一个范畴完全不同的范畴。农民是小生产者，是小资产阶级，是我们最可靠的同盟军，对农民要采取同志态度，以斗争求团结，把农民提高到接受共产党的纲领的水平。第三是在无产阶级自己队伍内。以斗争求团结，反对一切分裂无产阶级的落后思想，反对无产阶级队伍中的孟什维克思想。第四是在无产阶级先锋队的共产党内。要发展批评与自我批评，反对一切机会主义思想，以斗争求团结。

马列主义的方法有三条，一是理论同实际相联系，二是反对自发论，三是批评与自我批评。批评有两种，一种是正确的批评，结果是使党团结；一种是不正确的批评，如四中全会〔12〕、五中全会〔13〕的那种批评，结果是使党分裂。我们要发扬正确的批评，反对不正确的批评，这就是整风。要继续将歪风整掉，我相信，大家一定能团结一致地干，并且一定能干得好。

根据中央档案馆保存的讲话记录稿刊印。

注　释

〔1〕这是毛泽东在中共中央西北局高级干部会议上讲话的一部分。

〔2〕“一国三公”，比喻事权不统一，令人无所适从。语出《左传·僖公五年》：“[士芳]退而赋曰：‘狐裘龙茸，一国三公，吾谁适从？’”三公，指春秋时晋献公和公子重耳、夷吾。毛泽东在这里引用这一典故，强调当时抗日根据地的党、政、军三方面应当有统一的领导，不要政出多门，工作上应当互相协调、配合。

〔3〕耕三余一，即耕种三年，余一年粮食。《礼记·王制》：“三年耕，必有一年之食；九年耕，必有三年之食。”抗日战争时期，中国共产党领导的大生产运动中提出“耕三余一”的口号，号召农民积极生产，厉行节约，做到每家一年有四个月的

余粮。

〔4〕“变工队”、“扎工队”，都是陕甘宁边区建立在个体经济基础上的农业劳动互助组织。“变工”即换工，是农民相互间调剂劳动力的方法，有人工换人工、畜工换畜工、人工换畜工等等。参加变工队的农民，各以自己的劳动力或畜力，轮流地给本队各家耕种，结算时，多出了人工或畜工的由少出了的补给工钱。“扎工队”一般是由土地不足的农民组成。参加扎工队的农民，除相互变工互助以外，主要是集体受雇于需要劳动力的人家。

〔5〕“伙种”，或称“朋伙种庄稼”，是一种变工形式。参加伙种的一般是人力、畜力、土地等生产条件相差不多的具有亲族或亲戚关系的两家农户，他们把全部人力、畜力、农具、土地合作起来，统一耕作，收成平均分配。有的“伙种”是共同开荒，收成平均分配。还有的“伙种”是共同租佃地主的土地，一同耕作，收成在完租后平均分配。

〔6〕“三三制”，见本卷第25页注〔8〕。

〔7〕聂荣臻，当时任中共中央晋察冀分局书记、八路军晋察冀军区司令员兼政治委员。

〔8〕周扬，当时任中共中央文化工作委员会主任兼鲁迅艺术文学院院长。陈伯达，当时任中共中央政治研究室副主任。范文澜，当时在中共中央宣传部工作。

〔9〕王震（一九〇八——一九九二），湖南浏阳人。当时任八路军第一二〇师第三五九旅旅长兼政治委员。

〔10〕指中共中央西北局一九四二年十月十九日至一九四三年一月十四日在延安召开的高级干部会议。

〔11〕王明，即陈绍禹（一九〇四——一九七四），安徽金寨人。自一九三一年一月中共六届四中全会起，任中共中央委员、政治局委员，是第三次“左”倾路线的主要代表。一九三一年十一月到莫斯科担任中共驻共产国际代表。一九三七年十一月回国，随后任中共中央长江局书记。在抗日战争初期，他提出许多右倾投降主义的主张。他相信国民党超过相信共产党，不敢放手发动群众，不敢放手发展人民军队，不敢在日本占领地区扩大解放区，主张“一切经过统一战线”，将抗日战争的领导权送给国民党。由于毛泽东为代表的正确路线已经在全党占统治地位，王明的这些错误只在局部地区一度产生过影响。

〔12〕四中全会，指一九三一年一月七日在上海召开的中国共产党第六届中央

委员会第四次全体会议。王明等人在共产国际及其代表米夫的支持下，通过这次会议取得了在中共中央的领导地位，开始了长达四年之久的“左”倾冒险主义在党内的统治。

〔**13**〕五中全会，指一九三四年一月中旬在江西瑞金召开的中国共产党第六届中央委员会第五次全体会议。这次会议错误地断定中国已存在“直接革命形势”，第五次反“围剿”“即是争取革命完全胜利的斗争”，使“左”倾错误发展到顶点。

目前国际形势及对中国时局的影响

（一九四三年十二月十六日）

小平[1]同志：

甲、亥江电[2]悉。努力生产，注意积蓄，准备迎接更加艰苦局势之到来，这是完全对的，请你坚持此方针。山东、华中应如何注意，待朱瑞、陈毅[3]到延了解情况后再告。

乙、太平洋战争两年，中日战争六年余，日本实力仍相当强大，且据太平洋之险，英、美反攻非易事。反之，国民党机构腐化，特务横行，在长期战略相持阶段中，力量未见增长，反而减弱。开罗会议[4]打击了日本诱降（但未最后放弃），堵塞了蒋介石寻求妥协之门，给与澎湖、台湾、满洲支票，可能招致日寇正面进攻之祸。德黑兰会议[5]肯定开辟欧陆第二战场，与蒋希望快在太平洋反攻相违背。故蒋此次由开罗飞返重庆，不及前次废约[6]之大吹大擂、兴高采烈了。时局于抗日、革命是极为有利的，但困难仍在增加（如开罗会议可能促使日本财阀间、军阀间各派别之矛盾减少，而较前更妥协团结，坚持持久战争等），特别处于敌后之华北须有充分准备，再坚持三五年，防止在德黑兰、开罗会议及苏联不断胜利下，引起轻敌，放松长期准备。请随时注意各区实际情形予以纠正。

丙、太岳、中条，整风、生产全无反映，望注意检查督促。

毛泽东 彭德怀〔7〕

十二月十六日

根据中央档案馆保存的抄件刊印。

注 释

〔1〕小平，即邓小平，当时任中共中央北方局代理书记、八路军第一二九师政治委员。

〔2〕指邓小平一九四三年十二月三日给毛泽东、彭德怀的电报。电报中说：华北各区因敌人破坏、战争影响、普遍灾荒及我们的生产工作很差等原因，经济上大都已接近枯竭。“我们各区过去对生产领导不够，没有注意积蓄问题，无论军民都经不住灾荒、敌人的严重打击。今后必须注意生产，讲求积蓄，不仅在人民中提倡耕三余一，军、政方面也要切实注意粮食、资财的积蓄”。电报还建议中央指示华中和山东注意积蓄物资或现金，以备不时之需。

〔3〕朱瑞，当时任中共中央山东分局书记，一九四三年八月动身赴延安参加中国共产党第七次全国代表大会，一九四三年末到达延安。陈毅（一九〇一——一九七二），四川乐至人，当时任新四军代理军长，一九四三年十一月动身赴延安参加中国共产党第七次全国代表大会，一九四四年三月到达延安。

〔4〕开罗会议是一九四三年十一月二十二日至二十六日中、美、英三国政府首脑在埃及首都开罗举行的一次会议，共商进一步联合对日作战问题。会议发表了中、美、英三国开罗宣言，明确规定日本必须无条件投降，并将它侵占的中国领土满洲、台湾、澎湖列岛等归还中国。

〔5〕德黑兰会议是一九四三年十一月二十八日至十二月一日苏、美、英三国政府首脑在伊朗首都德黑兰举行的一次会议。会议主要讨论对德联合作战问题，签署了德黑兰总协定和德黑兰宣言，总协定规定美、英等国应于一九四四年五月发动诺曼底登陆战役，开辟欧洲第二战场。

〔6〕指一九四三年一月十一日中美、中英分别签订《关于取消美国在华治外法权及处理有关问题之条约与换文》和《关于取消英国在华治外法权及其有关特

权条约与换文》。

〔7〕彭德怀，当时任八路军副总司令。

关于人的基本特性及其他[1]

（一九四三年十二月十七日）

一

事物的历史是无穷的，事物与事物的相互关系是无穷的，因而其属性是无穷的。普通所谓“全面暴露”，实只其有限的一些部分、一些片断。

二

最基本区别是人的社会性，人是制造工具的动物，人是从事社会生产的动物，人是阶级斗争的动物（一定历史时期），一句话，人是社会的动物，不是有无思想。一切动物都有精神现象，高等动物有感情、记忆，还有推理能力，人不过有高级精神现象，故不是最基本特征。

三

原始人与猴子的区别只在能否制造工具一点上。自从人能制造石枪、木棒以从事生产，人才第一次与猴子及其他动物区别开来，不是因有较猴子高明的思想才与它们区别开来，这是唯物史观与唯心史观的分水岭。

四

人的思想是历史地发生与发展着的，不是一开始就完备的，也永远不能完备。

五

人是物质发展的一个高级形态，不是最终形态，它将来还要发展，不是什么万物之灵。人首先是社会的动物，资产阶级总是强调人的理性（精神），我们不应如此。

六

人最初是不能将自己同外界区别的，是一个统一的宇宙观。随着人能制造较进步工具而有较进步生产，人才能逐渐使自己区别于自然界，并建立自己同自然界对立而又统一的宇宙观。这种宇宙观也是历史的，将来的对立统一观的内容与现在又将不同。

七

当作人的特点、特性、特征，只是一个人的社会性——人是社会的动物，自然性、动物性等等不是人的特性。人是动物，不是植物、矿物，这是无疑的、无问题的。人是什么一种动物，这就成为问题，几十万年〔2〕直至资产阶级的费尔巴哈还解答得不正确，只待马克思才正确地答复了这个问题。即说人，它只有一种基本特性——社会性，不应说它有两种基本特性：一是动物性，一是社会性，这样说就不好了，就是二元论，实际就是唯心论。

八

自从人脱离猴子那一天起，一切都是社会的，体质、聪明、本能一概是社会的，不能以在母腹中为先天，出生后才算后天。要说先天，那末，猴子是先天，整个人的历史都是后天。

拿体质说，现在人的脑、手、五官，完全是在几十万年的劳动中改造过来了，带上社会性了，人的聪明与动物的聪明，人的本能与动物的本能，也完全两样了。

人的五官、百体、聪明、能力本于遗传，人们往往把这叫作先天，以便与出生后的社会熏陶相区别。但人的一切遗传都是社会的，是在几十万年社会生产的结果，不指明这点就要堕入唯心论。

九

所谓是非善恶是历史地发生与发展的，历史地发展的相对真理与绝对真理的统一，不同阶级的不同真理观，这就是我们的是非论。道德是人们经济生活与其他社会生活的要求的反映，不同阶级有不同的道德观，这就是我们的善恶论。把人性分为自然性、社会性两个侧面，并承认自然性是无善无恶的，就给唯心论开了后门。

十

剥削阶级当着还能代表群众的时候，能够说出若干真理，如孔子〔3〕、苏格拉底〔4〕、资产阶级，这样看法才是历史的看法。

王阳明〔5〕也有一些真理。

孔孟〔6〕有一部分真理，全部否定是非历史的看法。

根据毛泽东手稿刊印。

注　　释

〔1〕这是毛泽东在刘少奇一九四三年六月二十八日关于人性、是非、善恶等问题给续范亭复信上写的批语的主要部分。毛泽东并就此写信给刘少奇，信中说："一气看完了你这一篇，前后看了三遍。并且率直批上了我的意见。""我也没有研究透彻，不能说我批的全都无错，还请你看后告我。"

〔2〕迄今为止的考古发现证明，人类的历史至少有二百万年。

〔**3**〕孔子(公元前五五一——前四七九),名丘,字仲尼,鲁国陬邑(今山东曲阜)人。春秋后期思想家、教育家,儒家的创始人。

〔**4**〕苏格拉底(公元前四六九——前三九九),古希腊唯心主义哲学家。

〔**5**〕王阳明(一四七二——一五二八),原名王守仁,字伯安,浙江余姚人。明代唯心主义哲学家。

〔**6**〕孟,指孟子(约公元前三七二——前二八九),名轲,字子舆,邹(今山东邹县)人。战国时期思想家。

反特务斗争必须坚持一个不杀大部不捉方针

（一九四三年十二月二十七日）

华中局并转一、二、三、四师，山东分局，五师：

反特务斗争必须坚持少捉少杀及少捉不杀方针，才能保证彻底肃清特务及虽有弄错及诬陷（可能有大部被弄错，可能有一部被诬陷）亦留有最后挽救之余地。所谓少捉，即除直接危害抗日之军事间谍及汉奸现行犯外，对一切特务嫌疑分子为着弄清线索而逮捕者，不得超过嫌疑分子总数百分之五。此点须通知下级注意，以免逮捕过多，难于处理。所谓少杀及不杀，即除直接危害抗日的军事间谍得经县以上机关批准处以死刑，及汉奸现行犯而有武装拒捕行为者得就地格杀外，一切特务分子虽已证据确实亦应不杀一人，争取转变为我所用。此即一个不杀、大部不捉方针。应通知下级，对于证据确实的特务分子，一九四四年一年之内不许杀害一人。延安、陕甘宁边区及晋西北今年反特务运动中清出大批特务，没有杀一人，故虽有许多被弄错的、被诬陷的，因党内错误被误认为特务的，仅有党派问题但未作坏事亦被认为特务的，均得在复查过程中加以平反。此种经验，值得注意。关于直接危害抗日的军事间谍及汉奸现行犯之处理，有太行军区命令一件，发供你们参考。

毛泽东　康　生〔1〕

亥感

根据毛泽东手稿刊印。

注　　释

〔1〕康生（一八九八——一九七五），山东胶南人。当时任中共中央党与非党干部审查委员会主任、中央社会部部长。

给杨绍萱、齐燕铭的信[1]

（一九四四年一月九日）

绍萱、燕铭同志：

看了你们的戏，你们做了很好的工作，我向你们致谢，并请代向演员同志们致谢！历史是人民创造的，但在旧戏舞台上（在一切离开人民的旧文学旧艺术上）人民却成了渣滓，由老爷太太少爷小姐们统治着舞台，这种历史的颠倒，现在由你们再颠倒过来，恢复了历史的面目，从此旧剧开了新生面，所以值得庆贺。郭沫若[2]在历史话剧方面做了很好的工作[3]，你们则在旧剧方面做了此种工作。你们这个开端将是旧剧革命的划时期的开端，我想到这一点就十分高兴，希望你们多编多演，蔚成风气，推向全国去！

敬礼！

毛　泽　东

一月九日夜

根据人民出版社一九八三年出版的《毛泽东书信选集》刊印。

注　　释

〔1〕这是毛泽东看了杨绍萱、齐燕铭编导、中共中央党校俱乐部演出的平剧(即京剧)《逼上梁山》后,写给编导者的信。“文化大革命”期间此信曾在一九六七年五月二十五日《人民日报》上发表,当时被说成是写给延安平剧院的,信中“郭沫若在历史话剧方面做了很好的工作,你们则在旧剧方面做了此种工作”一句被删掉。一九八二年五月二十三日在《人民日报》上重新发表了此信的全文。杨绍萱(一八九三——一九七一),河北滦县人,当时任中共中央党校研究员。齐燕铭(一九〇七——一九七八),北京市人,当时任中共中央党校教务处文教科科长。

〔2〕郭沫若(一八九二——一九七八),四川乐山人。抗日战争时期,曾在周恩来任副部长的国民党政府军事委员会政治部任第三厅厅长、文化工作委员会主任委员,在国民党统治区组织进步文化人士从事抗日宣传工作。

〔3〕指郭沫若在抗日战争时期写了《屈原》、《虎符》等历史话剧。

关于宪政问题

（一九四四年三月一日）

各中央局、中央分局并转各区党委：

关于宪政问题：(一)在国际国内形势逼迫及舆论要求下，国民党不得不于十一中全会〔1〕允许于抗战结束后一年内实行宪政，并允许各地在其种种限制下讨论宪政问题。虽其目的在于欺骗人民，借以拖延时日，稳固国民党的统治，但是只要允许人民讨论，就有可能逐渐冲破国民党的限制，使民主运动推进一步。(二)中央决定我党参加此种宪政运动，以期吸引一切可能的民主分子于自己周围，达到战胜日寇与建立民主国家之目的。(三)除我党代表已参加重庆方面国民党召集的宪政协进会会议外，延安亦已举行宪政座谈会。各根据地亦可于适当时机举行有多数党外人士参加的座谈会，借以团结这些党外人士于真正民主主义的目标之下。并向党内干部说明党对宪政运动的政策，防止过左过右的偏向，检查“三三制”〔2〕执行情形，力求巩固与非党人士的民主合作。

中央政治局

三月一日

根据毛泽东手稿刊印。

注　　释

〔**1**〕指一九四三年九月六日至十三日召开的国民党五届十一中全会。

〔**2**〕“三三制”，见本卷第25页注〔8〕。

关于路线学习、工作作风和时局问题[1]

（一九四四年三月五日）

一　关于路线学习

（一）党内与党外问题。

在去年党的路线学习中，有部分同志对王明、博古[2]同志的错误怀疑是党外问题，现在确定是党内问题。

（二）合法与非法问题。

过去有同志认为临时中央[3]和五中全会[4]是非法的。现在看到洛甫[5]在他的反省笔记中说到，对临时中央共产国际来电批准过，五中全会也经过共产国际的批准，根据这一点应当说是合法的，但选举手续不完备。临时中央迁到中央苏区后应该报告有关的情况，他们没有报告是不好的。确定了上述问题后，就好检讨四中全会[6]是不是政治路线的错误。四中全会得到共产国际和中央的承认，这在形式上是合法的，但政治内容是不好的。

这样，在政治上便于弄清是非，在党内便于团结。

（三）弄清思想与结论宽大问题。

我们自整风以来就是治病救人的，在清查党内历史问题中有人怀疑好像不是采取治病救人的方针。现在我们的方针，还是在思想上要清算彻底，作组织结论要慎重和适当。

过去在我们党的历史上，除反张国焘〔7〕错误路线的斗争外，有两次大的斗争，即反陈独秀〔8〕错误路线与反李立三〔9〕错误路线的斗争。那时在思想上没有进行很彻底的讨论，但结论作得严重，因此未能达到治病救人的目的，前车之覆并没有成为后车之鉴。这一次我们一定要在思想上弄清楚。现在中央指定读五本理论书〔10〕，是学习世界革命的经验。过去没有做过认真研究理论和研究历史的工作，对犯错误的人只是惩罚。没有认清立三路线的错误不是个人问题，而是代表了小资产阶级的思想。小资产阶级的革命急性病是在小资产阶级十分广大的社会中的一种必然性，不是个人的偶然现象，而是社会现象。无产阶级的社会存在也是一种必然性，无产阶级思想是革命热情与实际精神相结合。无产阶级对小资产阶级是用改造与感化的方法，引导农民和小资产阶级进入社会主义。对小资产阶级不能采用急躁的消灭的方针。

中国社会最基本特点是小资产阶级占人口的大多数，党对这个问题要慎重处理。反映到党内的小资产阶级思想及由于这种思想而产生的错误，也不是个人问题，而是社会现象，是在一定历史条件下的必然现象。中国共产党在大革命时期犯右倾机会主义错误，在内战时期犯“左”倾机会主义错误。过去在国际上也有这种现象，例如在巴黎公社时期犯“左”的布朗基主义〔11〕错误，后来又犯第二国际的右倾机会主义错误。这个规律是由于资产阶级对无产阶级采用的政策会反映到无产阶级党内来。例如，中国资产阶级蒋介石在抗战时期采用联共政策时，我们党内容易产生右倾错误；在皖南事变〔12〕时，便产生“左”倾错误，有人认为是又一次“马日事变”〔13〕，主张举行全国暴动等等，资产阶级一触，我们即跳。

在四中全会后到中央工作的同志，有一些没有参加过大革命，却认为自己似乎是很高明的。这也是他们犯错误的原因之一。

我们要强调产生错误的社会原因，不要强调个人问题，因此我们的组织结论可以宽大些。这个方针现在就要宣传解释，使同志们了解实行这个方针的必要。思想要弄清，结论要宽大，对党才有利。我们反对四中全会后党内斗争的错误方针，因此要采用宽大政策，否则便成了四中全会的学生，便不能弄清思想问题，吸取经验教训。

对抗战时期的问题也许不在七大作结论。七大只作四中全会到遵义会议〔14〕一段历史的结论，这个结论应着重于取得经验教训，要照顾到以后，不重视惩办，只作政治结论，以达到治病救人的目的。

（四）不要否定一切。

对四中全会到遵义会议这一段历史，也不要一切否定。当时我和博古、洛甫同志在一起工作，有共同点，都要打蒋介石，分歧点是如何打蒋介石，是策略上的分歧。在土地问题上，对六大决议中关于没收地主阶级的土地，分配给无地或少地的农民的政纲，是没有争论的。争论是在没收后博、洛等主张富农分坏田、地主不分田，而我是不同意的。如果把过去一切都否定，那就是一种偏向。我们对问题要分析，不要笼统地一概否定。我在写《中国革命战争的战略问题》时，也说到要保留好的东西，这才是实事求是。

（五）对六大的估计。

在讨论中有少数同志企图否定六大，有人说六大的路线基本上是错误的。

我认为六大的路线基本上是正确的，六大指出了革命的性质，提出了十大政纲〔15〕，指出形势是两个高潮之间，反对速胜论，指出要争取群众。六大的基本精神是有群众观点的，不要群众的是李立三。在蒋冯阎战争〔16〕爆发后，李立三便认为革命形势到了高潮，没有准备好群众条件也要暴动。

（六）党内的宗派现在是否还有？

我认为经过几次分化是没有了。经过遵义会议的分化、抗战初期的分化，又经过这次分化，现在是没有这个宗派了。这样的估计才符合事实，利于全党的团结。

现在比较严重的是山头主义。其产生的主要原因是：(1)小资产阶级的广大；(2)长期被分割的农村革命根据地；(3)思想教育的缺乏。这种东西相当妨碍我们内部的合作，在党、政、军、民关系上表现还很严重。长征过的老干部容易强调从军队来的力量，这也是有道理的，当年没有红军北上是不可能有现在这样大的力量，而只能进行游击战争。这一点，本地负责同志应向本地干部作解释。而南方来的负责同志也要向外来干部解释清楚，如果没有本地的干部和党组织及群众的基础，工作也是不能搞好的。全部北上的红军到陕北时只有二万五千人。现在我们有了近百万党员，只有少数是老党员。延属地委除王震〔17〕同志外，主要是本地干部，西北局及华北、华中各地区，主要也是北方干部多，因此外来干部要了解这一点，要重视这个问题。头一条，要说明红军干部有成绩。最初本地干部把八路军当作“神”，后来又认为一钱不值，现在要来一个否定之否定，就是说不是“神”，或者说是有缺点的“神”。第二，外来干部同本地干部要多交谈，要了解当地历史，要与本地干部合作，在这方面要有自觉性。现在基础是本地同志，老干部要自觉地认识这一点。山头主义是目前党内最主要的具体的问题，历史上的问题已经不是主要的了。

二　工作作风问题

最近有些领导同志的工作作风有进步，这种进步是在经过整顿三风、审查干部和路线学习之后得来的。拿我们的机关工作来说，工作不仅在机关中，而且许多工作要跑出机关去做。过去我们中央许多机关同地方民众没有联系，他们是没有“国籍”的；其次有些同志认为大材小用，对于现任工作不安心。现在情况有些改变，如妇委表示要同本地群众多联系，原来认为大材小用的，现在思想上也改变了。还有些同志过去不用脑子，不会分析具体问题，只会大喊大叫，做大块文章。脑子的作用是专门思想的，不用脑子是一个大毛病，近来情况有些改变，特别是最近有进步。但从全党来说，工作作风问题还相当严重，在某些环节中还有相当多的人脱离群众和不想问题。

最近在文艺工作、宣传工作方面接近了群众，报纸上也有了有分析的文章，与群众有联系了，党校工作和某些机关工作有进步，国民教育也正在改进中。

组织部门的工作过去有形式主义，在运用了群众路线后，有很大的进步。锄奸工作也改变了过去只靠少数专职工作者来做的方法，发动广大群众参加，有了新的成绩。

职工运动，过去是照例到纪念节发文件，以应付纪念节完事。现在职工委员会已深入工厂作调查研究，切实参加陕甘宁边区工人运动，会有成绩的。

军队中过去军民关系很差，高干会[18]以后作风改变了，已有很大进步。

现在各方面的工作都注意计算数字，实事求是，联系群众，特别是在整风、审干、生产等方面成绩更大。主要是由于实行了首长负责、亲自动手，领导与群众相结合，一般号召与具体指导相结合等等方法。我们要使每个同志都懂得，如果作风不改变，不仅个人无成就，大则会使革命丧失前途。我们都要有这样的信心，凡是作风不好的犯错误的同志，都可以改变，都是有光明前途的。

有什么好的工作方法呢？我看最近开劳动英雄大会、劳动英雄与模范工作者大会、劳动英雄与战斗英雄大会，就是一种好的工作方法。内战时期有些脱离群众的强迫的办法是不好的。现在的英雄模范大会有新的内容，真正做到了群众化、具体化。劳动英雄与模范工作者是群众中的模范，开这样的大会，就使首长、劳动英雄、模范工作者同群众联系起来了。过去是首长同群众相隔离，没有去团结积极分子使群众同首长结合起来。模范工作者的标准要在群众中讨论，现在要先在几个机关中进行选举，这样就使领导同群众联系起来了。我们的机关中有些首长还不如群众，也有好的首长，如马专员[19]会审官司，老百姓说他是“青天”。今年边区还要开劳动英雄大会，有各区劳动英雄、战斗英雄、各方面的模范工作者参加。这是群众创造出来的好方法，这样的方法是一种好的竞赛方法，可以提高干部，联系群众，推进工作。对于模范工作者要加以培养和教育，不要使他们骄傲或落后。在部队的连队中，在一切大小机关中，都要选举劳动英雄或模范工作者，这种方法对各级首长是一种“将军”，使干部能得到学习。例如，在军事教育中，从连队选出会投手榴弹、会刺枪的人来教大家，这就逼使我们的干部从机关中走出来。当干部的首先要放下架子，打破个人英雄主义，忘记自己是什么“长”，忘记自己是中央委员，而到群众中去学习。今年部队中有一个人种了三四十亩地的(去年只有十八亩)，能产六石粮食，四石归公，二石归个人。杨家岭的个人生产平均每人是一石五斗。现在实行的公私兼顾的分红制，是一个新的原则问题，是群众自己创造出来的。

总之，我们要建立好的工作作风，就是要放下架子，打开脑筋多想问题。

三 时局和我们的方针

我们的方针是使国民党既不能投降又不能打内战。我们是不愿意打内战的。去年下半年对国民党实行的政治攻势，逼出了国民党十一中全会关于对共产党问题要用政治方法解决的声明，今年可能不会发生内战了。今年这一年很重要，我们要开七大〔20〕，要搞生产，要继续整风、反特务，这些都要今年完成。现在我们还是处在困难的地位，还有很多困难，例如经济困难，党内整风和反特务斗争的工作还没有完成，我们要有一年的和平环境才能完成上述工作。今年和去年相比较，形势有所不同：(1)今年有了莫斯科会议和德黑兰会议〔21〕的成果，现在苏、美合作得很好、很积极，苏、英好像有些矛盾。英国内部有一派人认为英国没有独立的外交，如对波兰问题，对南斯拉夫问题。但英、美都声明不会影响开辟第二战场〔22〕。现在国际关系中虽然有些别扭，但对德黑兰会议的基础无妨碍。(2)日本已经决定不向苏联进攻，这种国际局面影响到中国，使内战减少了可能性。我们的政策是采取防御，实行"后发制人"。(3)最近国民党对陕甘宁边区的进攻计划改变了，近日有四个主力师离开了边区周围。(4)我们的情况也在改变，军队进行了冬训运动，生产有了成绩，军民关系比较改善了。去年我们进行了时事教育(即阶级教育)，团结了内部；兵工生产发展了，现在已能炼钢；训练了自卫军，兵力增加了两个旅。在上述国际国内四个条件之下，避免内战的可能性增加了。最近国民党要周恩来、林伯渠〔23〕同志到重庆去谈判，我们回答林老可以先去，他们说甚表欢迎。我们的方针是避免内战，集中抗战。对北面高双成〔24〕更要注意联络，对联络参谋更要改善关系。最近外国记者要到延安来，我们要准备让他们看。我们要采取同国民党搞好关系的方针，即是实行"孔夫子打麻将——和为贵"。

辩证法是从过程中来规定的。我们在去年对国民党实行政治攻势时，主要是强调批评国民党的一面，现在主要是缓和同国民党的关系，这两方面不能同时强调提出，否则就是形式逻辑。

国民党提出同我党谈判的条件是以皓电〔25〕为基础，要按比例裁兵，我们提出我军编为四军十二个师。我们的原则是三民主义与四项诺言〔26〕，七大也要抓住三民主义和四项诺言，强调避免内战，集中力量抗日，强调战后和平。现在我们要答应以皓电为基础(不是完全实行皓电)，才能重开谈判之门。我们的步骤是派林老先去，打开谈判之门，但具体谈判恐怕要到下半年。

对宪政问题，我们的方针是参加宪政运动。在“三一二”孙中山逝世纪念日，恩来、林老都要发表演说，要强调地方自治、民权自由与开放党禁。

根据中央档案馆保存的讲话记录稿刊印。

注释

〔1〕这是毛泽东在中共中央政治局会议上的讲话。

〔2〕王明，见本卷第76页注〔11〕。博古，即秦邦宪(一九〇七——一九四六)，江苏无锡人。一九三一年九月至一九三五年一月，曾是中共临时中央和中共六届五中全会后中央的主要负责人。这期间，犯过严重的“左”倾冒险主义的错误。遵义会议后，被撤销了对党和红军的最高领导权。抗日战争初期，先后在中共中央长江局、南方局工作。一九四一年以后，在毛泽东的领导下，在延安创办和主持《解放日报》和新华通讯社。在这期间，对自己过去的错误作了自我批评。

〔3〕临时中央，指一九三一年九月成立的中共临时中央政治局。一九三一年中共六届四中全会后，由于顾顺章、向忠发相继被捕叛变，中央主要领导干部从上海撤离，在上海的中央委员和政治局委员不到半数。根据共产国际远东局的提议，同年九月在上海成立临时中央政治局，由博古(秦邦宪)、张闻天、康生、陈云、卢福坦、李竹声等六人组成，博古负总责。

〔4〕五中全会，见本卷第77页注〔13〕。

〔5〕洛甫，即张闻天（一九〇〇——一九七六），江苏南汇（今属上海市）人。当时任中共中央政治局委员。

〔6〕四中全会，见本卷第76页注〔12〕。

〔7〕张国焘（一八九七——一九七九），江西萍乡人。一九二一年参加中国共产党第一次全国代表大会。曾在中共中央、中华苏维埃共和国临时中央政府、中国工农红军中担任过领导职务。长征途中进行分裂党和红军的活动，另立中央。到达陕北后任陕甘宁边区政府副主席、代主席。一九三八年四月，乘祭黄帝陵之机逃离陕甘宁边区，经西安到武汉，投入国民党特务集团，成为中国革命的叛徒，随即被开除出党。

〔8〕陈独秀（一八七九——一九四二），安徽怀宁人。五四新文化运动的主要领导人之一。五四运动后，接受和宣传马克思主义，是中国共产党的主要创建人之一。在党成立后的最初六年中是党的主要领导人。在第一次国内革命战争后期，犯了严重的右倾投降主义错误。第一次国内革命战争失败后，对于革命前途悲观失望，接受托派观点，在党内成立小组织，进行反党活动，一九二九年十一月被开除出党。一九三二年十月被国民党逮捕，一九三七年八月出狱。一九四二年病故于四川江津。

〔9〕李立三（一八九九——一九六七），湖南醴陵人。一九二一年加入中国共产党，是中国工人运动的主要领导人之一。一九二九年起任中共中央政治局常委、中央宣传部部长。他在担负中共中央领导工作期间，于一九三〇年六月至九月犯了“左”倾冒险主义错误。后来他接受了党对他所犯错误的批评，认识和改正了错误。

〔10〕指马克思、恩格斯《共产党宣言》，恩格斯《社会主义从空想到科学的发展》，列宁《在民主革命中社会民主党的两个策略》（今译名为《社会民主党在民主革命中的两种策略》）、《共产主义运动中的“左派”幼稚病》，《联共（布）党史简明教程》。

〔11〕布朗基主义，指以法国布朗基（一八〇五——一八八一）为代表的一种革命冒险主义思想。布朗基主义否认阶级斗争，妄想不依靠无产阶级的阶级斗争，而用极少数知识分子的阴谋行动，就可以使人类摆脱资本主义的剥削制度。

〔12〕皖南事变，见本卷第50页注〔8〕。

〔13〕马日事变，又称许克祥叛变。一九二七年蒋介石在上海发动四一二反革

命政变后，五月二十一日（马），国民党军第三十五军独立第三十三团团长许克祥，在该军军长何键策动下发动反革命叛乱，围攻湖南省工会、省农民协会等革命群众组织，捕杀共产党人和革命工农群众。

〔**14**〕遵义会议，指长征途中一九三五年一月十五日至十七日在贵州遵义举行的中共中央政治局扩大会议。这次会议集中讨论和纠正了军事上和组织上的错误，结束了王明“左”倾冒险主义在党中央的统治，确立了以毛泽东为代表的新的中央的正确领导，在最危急的关头挽救了红军，挽救了党。

〔**15**〕中国共产党第六次全国代表大会提出的十大政纲是：一、推翻帝国主义的统治；二、没收外国资本的企业和银行；三、统一中国，承认民族自决权；四、推翻军阀国民党政府；五、建立工农兵代表会议政府；六、实行八小时工作制，增加工资，失业救济与社会保险等；七、没收一切地主阶级的土地，耕地归农；八、改善兵士生活，给兵士以土地和工作；九、取消一切苛捐杂税，实行统一的累进税；十、联合世界无产阶级和苏联。

〔**16**〕蒋冯阎战争，指一九三〇年爆发的蒋介石同冯玉祥、阎锡山之间的大规模军阀战争。这次战争从五月正式开始，至十月基本上结束，历时半年，战区在河南、山东、安徽等省的陇海、津浦、平汉各铁路沿线，双方共死伤三十万人以上。

〔**17**〕王震，当时任八路军第一二〇师第三五九旅旅长、政治委员，并兼任中共延属地委书记。

〔**18**〕指中共中央西北局一九四二年十月十九日至一九四三年一月十四日在延安召开的高级干部会议。

〔**19**〕马专员，指马锡五（一八八九——一九六二），陕西保安（今志丹）人。当时任陕甘宁边区政府陇东专员公署专员兼陕甘宁边区高等法院陇东分庭庭长。

〔**20**〕中国共产党第七次全国代表大会后来推迟到一九四五年四月二十三日至六月十一日在延安举行。

〔**21**〕莫斯科会议，指一九四三年十月十九日至三十日苏、美、英三国外长在莫斯科举行的会议。会议着重讨论加速结束反法西斯战争和建立战后和平的问题，结束时通过了中、苏、美、英四国关于普遍安全的宣言等文件。德黑兰会议，见本卷第 79 页注〔5〕。

〔**22**〕第二战场，见本卷第 7 页注〔3〕。

〔**23**〕林伯渠（一八八六——一九六〇），湖南临澧人。当时任中共中央委员、陕

甘宁边区政府主席。抗日战争时期，受中共中央委派担任同国民党谈判的代表。

〔**24**〕高双成（一八八二——一九四五），陕西渭南人。当时任国民党军第二十二军军长。

〔**25**〕皓电，见本卷第12页注〔2〕。

〔**26**〕四项诺言，指一九三七年九月二十二日发表的《中共中央为公布国共合作宣言》中向全国宣告的以下四项：一、孙中山先生的三民主义为中国今日之必需，本党愿为其彻底的实现而奋斗；二、取消一切推翻国民党政权的暴动政策及赤化运动，停止以暴力没收地主土地的政策；三、取消现在的苏维埃政府，实行民权政治，以期全国政权之统一；四、取消红军名义及番号，改编为国民革命军，受国民政府军事委员会之统辖，并待命出动，担任抗日前线之职责。

陈毅[1]在内战和抗战时期是有功劳的

（一九四四年三月十五日）

漱石[2]同志并转华中局、军分委各同志：

陈毅同志抵延，知悉华中工作发展情况，甚以为慰。关于陈、饶二同志间的争论问题，仅属于工作关系性质，在陈动身前两同志已当面谈清，现已不成问题。中央完全相信，在陈、饶二同志及华中局、军分委各同志的领导下必能协和一致，执行中央路线，争取战争胜利。关于内战时期在闽西区域的争论，属于若干个别问题的性质，并非总路线的争论，而且早已正确地解决了。[3]关于抗战时期皖南、苏南的工作，陈毅同志是执行中央路线的，不能与项英[4]同志一概而论。无论是内战时期与抗战时期，陈毅同志都是有功劳的，未犯路线错误的。如有同志对以上两点不明了时，请漱石同志加以解释。

毛　泽　东

寅删

根据手稿刊印。

注　释

〔1〕陈毅，当时任新四军代理军长，一九四四年三月七日到达延安，准备出席中国共产党第七次全国代表大会。

〔2〕漱石，即饶漱石，当时任中共中央华中局代理书记、新四军代理政治委员。

〔3〕一九二九年六月二十二日，中共红四军第七次代表大会在福建龙岩召开，陈毅主持会议。会议在党对红军的领导、红军的思想政治工作、农村根据地、红军任务等重要问题上发生争论。毛泽东的正确主张未被会议接受。会后，毛泽东离开红四军的主要领导岗位。同年九月，中共中央根据陈毅关于红四军党内情况的汇报，发出给红四军前委的指示信，肯定了毛泽东的正确主张，恢复了毛泽东的前委书记职务。

〔4〕项英（一八九八——一九四一），湖北武昌人。抗日战争爆发后任中共中央东南局书记、中央军委新四军分会书记、新四军副军长。他在主持新四军工作期间，没有坚决执行中央关于统一战线中独立自主的方针，对国民党的反动进攻的严重性认识不足，因而缺乏对付这种进攻的准备，以致在蒋介石发动的皖南事变中使新四军遭到重大损失，他本人也被反动分子杀害。

关于陕甘宁边区的文化教育问题[1]

（一九四四年三月二十二日）

今天想把文化教育问题和同志们讨论一下。这个问题我也没有深入研究，只是听到一些不多的材料先来讲一讲，开一个头。这次陕甘宁边区高干会议讨论的问题有好几个，文化教育问题虽然没有列入议事日程，但是我想今年冬季再开高干会议的时候，应该把它作为一项议程，而且应该作为一项重要的议程。

最近这几年陕甘宁边区的工作有很大的成绩，特别是去年一年边区的生产更有成绩。今年如果老天下雨，具备了自然条件，再有这次高干会议作了思想准备，工作更会做好。拿环境来说，今年比去年好，磨擦仗大概是不会打了。罗斯福[2]不赞成我们中国打磨擦仗，那位蒋委员长也不想打，我们更不想打，大家都不想打，自然就打不起来，所谓“和为贵”。边区现在就是在这样一个环境下面。我们的口号老早已经提出来了，就是战争、生产、教育。在敌后我们同日本帝国主义打仗，同时还可以进行建设，进行生产，也可以办教育。边区在没有战争的条件下，直接的任务就是生产和教育两项。军队也有教育，有政治教育、军事教育、文化教育，今年冬季要来一个大练兵。早几年，陈学昭[3]刚来边区的时候，她看边区建设这样也不好，那样也不好，就说共产党搞军队有办法，建国就不大行。这是三年前讲的话。这个话对不对呢？我看这个话讲对了。我们在政治上、军事上有些办法，但是在生产建设上那个时候办法的确是比较少的。大家想一想，三年以前生产成绩在哪里？如果生产搞得好，《野百合花》[4]也许不会写出来了。三年以前大家的伙食不好，病人也很多，据说鲁艺[5]上课有一半人打瞌睡。大概是小米里头维他命不够，所以要打瞌睡。

我们党在内战时期和抗战初期学会了打仗，学会了战争。在政治、军事这两门上我们比较会，当然还有毛病，但对这两门比较熟习一些。至于对经济、文化这两门，就不大熟习。我们也搞过经济，因为不搞经济，仗也没有办法打。要能够打仗，首先要有饭吃，过去能够打仗，也是因为搞过一点经济。过去中央苏区也搞过文化，比如有海军舞，在座的同志也有看过的，也有识字组，办过报，办过学校，但不能说全党都学会了，因此也不是很有成绩。说到老百姓，现在陕北还有一部分人吃得很差，还有许多人粮食不够，丰衣足食在边区还是一个目标，只有一部分人达到了。但是去年这一年，生产走上了轨道，经济走上了轨道，这是大前提、新的东西。今年高干会议的议事日程中有财政经济问题，这是因为经济虽然走上了轨道，但是我们还没有完全学会，还要继续学。

这次会议文化问题还没有提到议事日程上。我们边区的党部、政府甚至某些管理机关，如某些宣传机关，在议事日程上还没有把文化教育问题提出来，还有同志不晓得在这些方面要做什么事情。比如县和区一级的宣传部，听说有的知道了，做得还好，有些就不晓得如何做。现在就是这样一种情况，对军事、政治比较会，对经济、文化不大会。经济、文化如果不会搞，那会怎么样呢？如果不会搞，这个共产党就没有多大用处。用处也有一点，就是善于破坏旧的东西，善于打击敌人，能够把敌人打败，但是很大的用处就没有。因为你不学会经济、文化，就不能使人人吃饱小米饭，老百姓就会没有猪肉吃，又不识字，又不会闹秧歌。现在秧歌也有一点，但如何普及还是一个问题。在文化方面还有很多事要做，要搞识字组，搞唱歌，搞春联，等等。因此，经济、文化这两门不学会就不好。

在内战时期、抗战初期，甚至于现在，在我们一些同志中间还有一种思想，就是认为政治、军事是第一的，经济、文化是次要的。这样一种看法有没有理由呢？的确，政治、军事是第一的，你不把敌人打掉，搞什么小米、大米，搞什么秧歌，都不成，因为还有敌人在压迫。在敌人压迫下，你还能搞什么学校，搞什么生产呢？所以打敌人当然是第一的。这样一来，做打敌人工作的人就有名誉，就吃得开，搞小米的人、搞秧歌的人就吃不大开，开会不会坐首席，选举主席团也没有他们的位置。不把敌人打掉，搞小米、搞生产搞不起来，因此把打敌人的工作放在第一是应该的。但我们应该知道，政治是上层建筑，经济是基础。政治好比就是这个房子，经济就是地基。我们搞政治，搞政府，搞军队，为的是什么？就是要破坏妨碍生产力发展的旧政治、旧政府、旧军队。日本帝国主义占了我们的地方，我们还有什么生产力可以发展？这是妨碍生产力发展的。妨碍生产力发展的旧政治、旧军事力量不取消，生产力就不能解放，经济就不能发展。因此，第一个任务就是打倒妨碍生产力发展的旧政治、旧军事，而我们搞政治、军事仅仅是为着解放生产力。学过社会科学的同志都懂得这一条，最根本的问题是生产力向上发展的问题。我们搞了多少年政治和军事就是为了这件事。马克思主义社会科学也主要是讲的这件事，讲生产力在历史上是如何发展起来的。至于文化，它是政治、经济的反映，又指导政治、经济；它反映军事，又指导军事。今天我们边区有两种秧歌：一种是老秧歌，反映的是旧政治、旧经济；一种是新秧歌，反映的是新政治、新经济。有一个秧歌叫《赵富贵》，还有一个秧歌叫《张治国》，听说在吴起镇演出后，警三旅有一个士兵把自己的手捆起来，跑到连长那里请求处罚。为什么要请求处罚？他说“我想开小差，不但自己想开小差，还想组织别人开小差”，还讲出在他棉衣里缝了多少法币。他要求处罚。他自己讲出来了，当然也就不处罚了。这就是我们的文化的力量。早几年那种大戏、小说，为什么不能发生这样的力量呢？因为它没有反映边区的政治、经济。过去，成百成千的文学家、艺术家、文化人脱离群众。开了文艺座谈会以后，去年搞了一年，他们慢慢地摸到了边，一经摸到了边，就受到广大群众的欢迎。所谓摸到了边，就是反映了群众的生活，真正地反映了边区的政治、经济，这就能够起指导作用。政治、军事、经济、文化之间的关系就是这样：政治、军事的力量，是为着推翻妨碍生产力发展的力量；推翻妨碍生产力发展的力量，目的是为着解放生产力，发展经济。经济是政治、军事的基础，政治、军事是上层建筑。地基是经济，根本目的也是发展经济。政治、军事之所以放在第一，是因为如果没有它们，生产力得不到解放，就没有可能谈其他问题。文化是反映政治斗争和经济斗争的，但它同时又能指导政治斗争和经济斗争。文化是不可少的，任何社会没有文化就建设不起来。封建社会有封建文化，封建文化是宣传封建主义的道理。资本主义社会也有资本主义的文化，资本主义社会如果没有文化，也没法建立起来。现在中国还不是资本主义国家，资本主义不占优势，所以中国的文化也是很弱的。在真正的资本主义国家，资本主义文化提高了生产技术。现在我们建立新民主主义社会，性质是资本主义的，但又是人民大众的，不是社会主义，也不是老资本主义，而是新资本主义，或者说是新民主主义。这个社会没有文化也不行。比如组织了变工队〔6〕需要记账，组织合作社也需要记账，这就需要文化。一个村里组织变工队，至少要有人能写村里人的名字。总之没有文化就不行。过去北伐时期，新军队比旧军队好，同建立黄埔军校〔7〕就有关系。当时黄埔学生大部分是青年学生，这些青年有革命热情，又有知识，他们有了文化，其他军队就比不上。革命军队除了要有革命精神，没有知识也不行。如果军队没有知识，文化、政治水平不提高，那末这个军队的质量也不可能提高。

现在我们的边区发展到怎样的情况呢？我看如果不发展文化，我们的经济、政治、军事都要受到阻碍。现在我们是被拖住了脚，落后的东西拖住了好的东西，比如不识字、不会算账，妨碍了我们的经济、政治、军事的发展。假如我们都能识字，文化高一点，那我们就会更快地前进。所以我提议，从现在起，我们就要提出发展文化这个问题，请大家考虑考虑，调查研究一下。到今年冬天，我们开一个会展开讨论，搞他十天八天，明年就会搞得好些。我们来一个五年计划，去年算一年，今年是第二年，在这五年中间，使陕甘宁边区一百四十万老百姓，加上党政军十万人，一共一百五十万人，统统把文盲消灭掉，把边区人民的文化提高到一个必要的程度。怎样才能做到呢？我看这里面大致有四个问题：报纸、学校、艺术、卫生。现在分别来说一说。

第一，关于报纸。

现在高级领导同志，甚至中级领导同志都有一种感觉，没有报纸便不好办事。饭来了，报来了，他们有些人是先看报，后吃饭。有一位本地工农出身的同志告诉我，他就是先看报的。假使每个县上这样的工作同志增加到十五人至二十人，那我们的工作就会做得更好。《解放日报》在边区已成为一个组织者。没有《解放日报》，在这样一个人口稀少、地域辽阔、在全中国算是经济文化很落后的地区工作，是很困难的。有一个《解放日报》，就可以组织起整个边区的政治、文化生活。还有《边区群众报》，发行更广，看的人更多。现在边区还有许多地方报纸，是各地委办的，我看到的有关中、绥德的报纸，陇东、三边〔8〕听说也有。关中、绥德两个地区的报纸似乎还不错，新闻编写得都很好。这些地方报纸之所以需要，就是因为仅仅有一个《解放日报》、一个《边区群众报》还不够，他们那里出一个报纸，反映情况可以更直接、更快些。我想这是好的。我们地委的同志，应该把报纸拿在自己手里，作为组织一切工作的一个武器，反映政治、军事、经济并且又指导政治、军事、经济的一个武器，组织群众和教育群众的一个武器。要以很大的精力来注意这个工作，使它一年比一年进步。我们的各旅是不是都有报纸？我知道关中的那个旅〔9〕有，三五九旅也有，听说有些团也有。各县还没有。可不可以在各县也办一些报纸？这点还毫无经验，究竟需要不需要？有些地方我看不需要，比如延安，因为《解放日报》、《边区群众报》就在它这里出版。有些离延安远的县份是不是需要？比如有些县委可以出一个油印报纸，请一位知识分子负责，定期也好，不定期也好，从编辑到发行，包括刻钢板，一个人就差不多了。各县的报纸登些什么呢？比如我们这里出了一个申长林〔10〕，就把他的事迹登上，有一个陈德发〔11〕也可以写进去，不必专等延安的《解放日报》。这个事情同志们可以考虑一下，当然也不要以为这是杨家岭开了会的，于是就发命令要大家都办，如果不需要就不办，也可以先从一两个县办起来试一试。

过去我们学会了一种工作方式，就是开会。这个方式各处盛行，多年以来我们就没有放弃过这种工作方式。如果你们再把办报这种工作方式采用起来，那末许多道理和典型就可以经过报纸去宣传。现在我们要学会这种工作方式。现在我们边区，开会是最重要的工作方式，报纸发出去就可以省得开许多会。我们可以把许多问题拿到报纸上讨论，就等于开会、开训练班了，许多指示信可以用新闻来代替，所以报纸可以当做重要的工作方式和教育方式。墙报也算是一种报，办墙报也可以当做重要的工作方式。但是我们还不会使用它，还拿不出一种轰动全城的革命墙报，吸引全延安的人来看。我想一个伙食单位，比如说有一百个人，就可以出墙报一张。这里总有一个首长，他就要把墙报当做自己组织工作、教育群众、发动群众积极性的武器，自己写社论。现在有些墙报办得不好，只有写文章的人才看。可不可以开个墙报会议？假如现在有两百个机关有墙报，每一个墙报来一个编辑，来一个首长，开一个四百多人的会议。这个会一定要首长参加。首长负责，亲自动手，墙报才能办得好。要把墙报办得又有革命的内容，又生动活泼，成为组织各机关工作的一种工作方式。

这样来办报，全边区可以有千把种报纸，这叫做全党办报。一个机关也可以办报，党员非党员都可以参加，这叫做党与非党联盟。这样一来，我们的报纸可以起很大的作用。过去在这一点上注意不够，现在要各机关首长负责，把报纸当做自己很好的工作方式。我们有很多的政治、经济工作，如果办好报纸，就可以使这些工作做得更好。

第二，关于学校。

昨天报上登了一个消息，是关于延安市完小的消息〔12〕。这是一条很好的新闻，有这样一条新闻，比我们讲好多话还起作用。因为这个完小已经做出了实际成绩，应该把它传播到全国去。这个小学办得很好，过去我们有许多小学办得不好，群众不欢迎，我们硬要办，这是命令主义。从前我们杨家岭有一个教员，教了年把，我问他你讲的课人家懂不懂，他说听是听不大懂，但是还要讲。我说，我们共产党要学会一个办法，就是人家不听就不讲了。教育厅开了会，说学校要归民办，我想这样很好。乔木〔13〕同志对我讲，学校要村办才好。听说陈德发那个乡有二十五个自然村，一个乡只办一个小学，学生读书要走几十里路，很不方便。昨天报上还有一条消息，说锁家崖村要办一所小学，采取一年三学期制，农忙时放假，学生帮助家里耕作。这样，一面读书，一面帮助家里做事，同时也就没有变成公家人的危险。在乡村里，一个村办一个小学是比较方便的。如果一个乡办一个小学，娃娃读书要寄宿，寄宿要交粮食，在家里吃饭六七斗便够了，交学校要一石三斗，学的尽是些九州万国，不从农民的实际需要出发，又有变成公家人的危险，这是不妥当的。变成参加革命的公家人，是一个自然的过程，这好比民兵变成游击队、游击队变成正规军是一个自然的过程一样。现在有些不自然，参加工作，脱离生产，好像从他身上割下一块肉，很突然。关于教员问题，我们也可以想法子解决。可以组织识字组。边区过去也搞过识字组，但是失败了，我想实际上是没有做。好像从前提出要增加四十万石细粮一样，高干会议以前提出的，但究竟如何增加，没有哪个管。而前年高干会议〔14〕提出增加八万石细粮，结果增加了十六万石，因为去年一月初报纸上出现吴满有〔15〕的按家计划，建设厅把他找到，开了三天会，搞清楚了一个吴满有，才晓得边区能增加多少万石，用什么办法增加。组织识字组，从前所以失败我看是因为没有具体领导，也因为群众的生产运动还没有发展。现在情况不同了，群众有了这个要求，我们的工作方法也有了进步，我们来一个号召，就可以逐步推广。我们大体上有这样一个计划，就是说边区三十五万户，一百四十万人，十年之内消灭全部文盲。一天识一个字，一年三百六十五天识三百六十五个字，十年识三千六百五十个字。十年又可以分作两个五年计划，一个五年计划识两千字左右，如果能够识两千字，就接近消灭文盲了。在这个基础上，我们提出一百四十万人在五年之内都可以看《边区群众报》。即使再推延五年，十年之内人人都可以看《边区群众报》，也可以。我们共产党是以有雄心著名的，在十年之内，我们要使老百姓人人都可以看《边区群众报》，有三分之一的人能看《解放日报》。一百四十万人的三分之一能够看《解放日报》，《解放日报》就要印得很多，到那时候恐怕要办很多造纸厂。过去吃的是窝窝头，穿的是破烂，冷得要死，哪里还能搞什么识字组？现在不同了，我们生产有了进步，今年再搞上一年，文化工作就应该提出来了。我想今年冬季要搞他一下，因为现在群众要求这样做，比如可以来一个三四个月的冬学。春季夏季是不容易搞的，因为人家忙得要死，要上山种地。今年冬天来一个发动，打下一个基础，明年就会有更大的发展。提高文化，消灭文盲，要靠识字组。当然这也要以自愿为原则。开始不妨组织一两个组，约一些人识字，识字当然比不识字好，于是识字的人就神气。再评选几个模范出来，奖给他们几块手巾，字也识了，手巾也有了，搞他两年就可以搞成一个风气。

什么人教呢？就是老百姓教老百姓。现在我们的部队是官教兵，兵教兵，兵教官。去年一些干部在延安训练了五天就回去练兵，一个连有一百多人，其中总会有一个好汉，干部和他比一比，不一定比得过他，就可以让他出来教。识字组也可以民教民，认识十个字的就可以当组长，认识一百个字的就可以当委员长。

我们还要编一些书，搞一些关于生产知识等方面的书，作为教材。学生要学会打算盘，学会写信，学会记账，学会写路条。这样他家里的人一看，到完小读了几天书回来，什么都行了，很好。这比从前的学生好，我们那个时候从学校里一出来，就自以为是，个人突出，神气十足。

另外，我们还要提倡父慈子孝。过去为了这件事，我还和我的父亲吵了一架，他说我不孝，我说他不慈，我说应该父慈第一，子孝第二，这是双方面的。如果父亲把儿子打得一塌糊涂，儿子怎么样能够孝呢？这是孔夫子的辩证法。今年庆祝三八妇女节，提出建立模范家庭，这是共产党的一大进步。我们主张家庭和睦，父慈子孝，兄爱弟敬，双方互相靠拢，和和气气过光景。

小学现在决定民办的方针，这很好，此外还有公家办的。由政府办的高级一些的中学、师范学校现在有六个，边区一百四十万人口有六个师范学校和中学，这是历史上空前的事情，是在共产党的时代才发展的。绥德、米脂一带，历来教育就发展，现在比过去也许还差一点。至于三边、陇东就大不相同，三边有了师范学校，这是一大进步。现在把权交给专员公署和地委，你们就要管，而且还要管得很好。

在教学方法上，教员要根据学生的情况来讲课。教员不根据学生要求学什么东西，全凭自己教，这个方法是不行的。教员也要跟学生学，不能光教学生。现在我看要有一个制度，叫做三七开。就是教员先向学生学七分，了解学生的历史、个性和需要，然后再拿三分去教学生。这个方法听起来好像很新，其实早就有了，孔夫子就是这样教学的。同一个问题，他答复子路的跟答复冉有的就不一样。子路是急性子，对他的答复就要使他慢一些；冉有是慢性子，对他的答复就要使他快一些。听说去年延安办了个把月的训练班，把各乡乡长、支部书记集中起来训练，教什么呢？教去年《解放日报》七、八、九三个月登载的一些材料，以及《国共两党抗战成绩之比较》。教这些东西要得要不得？要得，特别是《国共两党抗战成绩之比较》，更有教育意义。但是，仅仅是这几条就还不够，到农村里只会讲抗战成绩的比较是办不了事的。应该教给他们工作的方法，使他们懂得一个支部书记、一个乡长应该如何工作，使他们晓得工作的方式方法不能总是老一套，而是根据当前的情况如何做工作，如何当乡长，如何当支部书记。至于延安的学校，如中央党校、延安大学、行政学院也要着重联系实际。从中央党校、延安大学、行政学院一直到每一个村小学，都要做到这一点。听说两个宣传部〔16〕都注意了这个问题，那很好。现在的教育，一个是普通教育，包括社会教育、识字教育；再一个是干部教育。有了这两种教育，就可以把整个边区变作一个大学校，每一个乡就是一个学校。所有的老百姓和干部都在这个大学校里学习生产，学习文化。几年之内，边区的群众文化就会比其他地方都高，比武汉、重庆等一些大城市都要高。只要好好搞，五年到十年就可以搞得很好，就会有一个很大的进步，就会有很大的发展，这绝不是空话。

第三，关于艺术。

秧歌是一项，还有春联、歌曲、年画。

杨家岭的秧歌队去安塞演出几天，解决了一个基本问题。以前外来知识分子和本地老百姓有隔膜，这次杨家岭的秧歌队在安塞演出时，有几个劳动英雄也参加进来，和秧歌队一起跳起来了。我看这就很好，劳动英雄们感觉到你们秧歌队是歌颂他们的，消除了隔膜。《解放日报》昨天登了周扬的文章〔17〕，这篇文章是谈秧歌的，值得一看。秧歌现在还没有普遍化。延安今年看秧歌看腻了，但全边区的老百姓还没有看够，一个秧歌剧他们要求演三次。所以我看秧歌队可以多组织一些，这个新秧歌队一个乡可以搞他一个，搞新的内容，一个区搞一个、两个、三个、四个，不加限制，今年冬天就要这样搞。这是我的设想，不是规定了的，同志们可以考虑。我想延安的知识分子在今年农历十月，应该纷纷开会研究怎样下去调查和工作。杨家岭妇委的同志学纺纱，只学了两个星期，到了乡下妇女就欢迎得很。你不学这个本领，想要组织妇女，怎么行呢？你说你革命，那就要学本领。今年冬天，延安学校里的知识分子都下去，做群众工作，帮助群众演秧歌、办冬学、办训练班、订按户计划等等，做三个月工作，真正学习本领。我看这些人要解放一下，每年都可以实行这个制度。这既可以作为放假旅行，又可以作为上边区课。这里有一个条件，就是去了是要帮助群众，不要去妨碍群众。过去我们做了很多蠢事，就是妨碍人家纺纱，妨碍人家带娃娃。你们这回下去，就要“看菜吃饭，量体裁衣”。

边区有三十五万户，每家都挂起有新内容的春联，也会使边区面貌为之一新。两个宣传部的同志要把这个问题研究一下。写春联就要编几个本子，要搞新的春联。新春联是群众的识字课本和政治课本。三十五万副春联，内容大体相同，文字可以不同，这是群众文化活动的一个重要方面。是不是也搞几个歌子来唱一唱呢？比如说搞他三五个歌子，使得一百四十万人民都能够唱，并且懂得它的意思，我看这也是一种学习，也是一种消灭文盲的办法，和春联的道理一样。此外还可以搞年画。

总之，我们的艺术要搞几样确实为老百姓所欢迎的东西。现在老百姓连好的春联都没有，我们还只是谈提高，这只能是空谈。现在边区的主要问题，还是一个普及问题。群众艺术生活太贫乏了，我们做文艺工作的同志要从多方面努力。

第四，关于卫生。

卫生问题是边区群众生活中一个极严重的问题，现在也把它放在文化问题里面讲一讲。今年的春节宣传，包括总卫生处在安塞演出的秧歌，证明老百姓是欢迎新文化的。边区群众中的迷信现象，现在比从前少多了，但是还不能消灭，其中一个最主要的原因就是医药卫生工作还不普及。群众没有旁的方法战胜疾病、死亡的威胁，只有相信神仙。现在延安只有三个医院，而延安有多少人呢？党政军三万人，老百姓一万四千人，享卫生医疗之福的人还不多。至于边区其他一百三十多万老百姓，则根本没有人管。现在应该把医药卫生的知识和工作大大推广一下，想办法在每一个分区训练一些医药人才。或者是各分区送人来延安学习，或者是延安派人去训练，我看都可以。这件事情，各个地委、各个专员公署、各个分区都可以订一个计划，在五年到十年内，做到每个区有一个医务所，能够诊治普通的疾病。至于药品问题，边区应该发展这方面的工业。普通的药尽量自己制造，必要的还可以到边区以外去买，为了人民的福利当然可以到外边去买。我们的经济发展了，争取出超就可以到外边去买。宣传卫生，就应该给群众治病。在五年到十年之内，我们要求得在科学知识普及方面的进步，医药卫生应该放在我们的计划里，和生产计划同时并进。

我们希望人口发展，科学进步。这个问题在早两年讲，也是办不到的，但是现在已经有这种可能了。当然党也要注意，有这个可能条件，就要把问题解决了，这样可以破除迷信，使老百姓不敬菩萨。从前我从长沙到上海，乘的船有两种，一种是洋船，一种是木船。洋船他们不敬龙王菩萨，坐洋船的人也没有关心敬龙王菩萨的。但是木船他们就要敬龙王菩萨，龙王菩萨是他们的“保险公司”，木船是容易翻船的，为了避免翻船，他们不得不投一笔钱到龙王菩萨这个“保险公司”里去。所以要老百姓不敬神，就要有科学的发展和普及。科学不发展、不普及，敬神在他们是完全需要的。如果多有几个阿洛夫〔18〕这样的人物，当然就没有人再敬送子观音了。有了科学知识，迷信自然就可以打破，没有这一着，他还是要迷信的。

我今天就讲这几件事。如果共产党在边区把这几件事办到，各个系统都改进自己的工作方式，一天一天、一年一年地进步，如果在五年到十年内，我们办起了很多种报纸，组织许多识字组，扫除了文盲，把艺术再来一个普及，并且注意到医药卫生，改善医疗条件，那就差不多了。共产党是不是有用，也就是说共产党有无存在之必要的问题，也就解决了。叶青〔19〕写文章说共产党没有存在之必要，我们说有存在之必要，我们会用事实来证明。

二十多年以来，我们党首先学会了政治，后来又学会了军事，去年学会了经济建设，今年要学会文化建设。如果文化建设取得伟大的成就，那我们就又学会了一项很大的本领，陕甘宁边区就可以在全国成为更好的模范！

根据中央档案馆保存的讲话记录稿刊印。

注　释

〔1〕这是毛泽东在中共中央宣传委员会召开的宣传工作会议上的讲话。

〔2〕罗斯福(一八八二——一九四五),当时任美国总统。

〔3〕陈学昭(一九〇六——一九九一),浙江海宁人。曾任天津《大公报》驻欧特派记者、上海《生活周报》特约撰稿人。一九四〇年十一月到延安后,任《解放日报》副刊编辑、中共中央党校四部教员。

〔4〕《野百合花》,是王实味(当时是延安中央研究院文艺研究室研究员)写的一组杂文,分两次发表在一九四二年三月十三日、二十三日《解放日报》的《文艺》副刊上。

〔5〕鲁艺,鲁迅艺术文学院的简称。鲁迅艺术学院于一九三八年四月在延安成立,一九三九年五月改为鲁迅艺术文学院,一九四三年四月并入延安大学。

〔6〕变工队,参见本卷第76页注〔4〕。

〔7〕黄埔军校,黄埔陆军军官学校的简称,是孙中山一九二四年在中国共产党和苏联的帮助下在广州黄埔建立的。中国共产党先后派周恩来、恽代英、萧楚女、熊雄、聂荣臻等在该校任职,学员中也有很多共产党员和共青团员。

〔8〕三边,原是陕西定边、安边、靖边三县的统称。这里指抗日战争时期陕甘宁边区的三边分区,当时辖定边、盐池、靖边、吴旗等县。

〔9〕指八路军留守兵团警备第一旅。

〔10〕申长林,陕西米脂人。一九四二年在大生产运动中努力生产,成为陕甘宁边区的劳动英雄。一九四四年一月二十八日《解放日报》发表《模范党员和劳动英雄申长林同志》一文,介绍了他的事迹。

〔11〕陈德发,陕西安塞人。一九四二年在大生产运动中努力生产,成为陕甘宁边区的劳动英雄。一九四四年一月二日《解放日报》发表《马家沟和陈德发》一文,介绍了他的经验。

〔12〕指一九四四年三月二十一日《解放日报》刊登的报道《延市完小面貌一新》。完小,是完全小学的简称。当时延安的小学分为普小和完小两种,普小为初级小学三年义务教育,完小为初小三年义务教育和高小两年教育。

〔13〕乔木,即胡乔木(一九一二——一九九二),江苏盐城人。当时任毛泽东和

中共中央政治局的秘书。

〔**14**〕指中共中央西北局一九四二年十月十九日至一九四三年一月十四日在延安召开的高级干部会议。

〔**15**〕吴满有，见本卷第67页注〔3〕。

〔**16**〕指中共中央宣传部和中共中央西北局宣传部。

〔**17**〕指一九四四年三月二十一日《解放日报》发表的周扬《表现新的群众的时代——看了春节秧歌以后》一文。

〔**18**〕阿洛夫，苏联外科医生，当时在延安中央医院工作。

〔**19**〕叶青，又名任卓宣（一八九六——一九九〇），四川南充人。一九二三年任旅欧中国共产主义青年团执行委员，后转为中国共产党党员。一九二八年被捕后叛变，担任过国民党中央宣传部副部长。

给周扬[1]的信

（一九四四年四月二日）

周扬同志：

此篇[2]看了，写得很好。你把文艺理论上几个主要问题作了一个简明的历史叙述，借以证实我们今天的方针是正确的，这一点很有益处，对我也是上一课。只是把我那篇讲话[3]配在马、恩、列、斯……之林觉得不称，我的话是不能这样配的。此外，第十页上“艺术应该将群众的感情、思想、意志联合起来”[4]，似乎不但是指创作时“集中”起来，而且是指拿这些创作到群众中去，使那些被经济的、政治的、地域的、民族的原因而分散了的（社会主义国家没有了政治原因，但其他原因仍在）“群众的感情、思想、意志”，能借文艺的传播而“联合起来”，或者列宁这话的主要意思是在这里，这就是普及工作。然后在这个基础上“把他们提高起来”。是否可以作这样解释，请再斟酌一下，或同懂俄文的同志商量一下加以酌定。其余没有意见。

敬礼！

毛　泽　东

四月二日

根据人民出版社一九八三年出版的《毛泽东书信选集》刊印。

注　　释

〔1〕周扬，当时任延安大学校长兼延安鲁迅艺术文学院院长。

〔2〕指周扬为《马克思主义与文艺》一书写的编者序言，后来发表在一九四四年四月八日《解放日报》。《马克思主义与文艺》一书，选辑了马克思、恩格斯、普列汉诺夫、列宁、斯大林、高尔基、鲁迅和毛泽东关于文艺的论述。

〔3〕指毛泽东一九四二年五月《在延安文艺座谈会上的讲话》，见《毛泽东选集》第三卷。

〔4〕这是周扬为《马克思主义与文艺》一书写的编者序言中引用的列宁对蔡特金讲的一段话。周扬当时用的译文是："艺术是属于人民的。它的最深的根源，应该是出自广大劳动群众的最底层。它应该是为这些群众所了解和为他们所挚爱的。它应该将这些群众的感情、思想和意志联合起来，并把他们提高起来。"一九五七年人民出版社出版的蔡特金《回忆列宁》一书的中文译本中，这段话为："艺术是属于人民的。它必须在广大劳动群众的底层有其最深厚的根基。它必须为这些群众所了解和爱好。它必须结合这些群众的感情、思想和意志，并提高他们。"

必须做好经济建设工作[1]

（一九四四年四月三日）

一

因为中国革命的长期性，一方面为着革命与战争事业的物质供给上的需要，一方面为着人民的需要，都必须从事经济建设的工作，不应该也不可能等候把全部敌人打平后才去进行建设工作。加以中国地方的广大，要使全国人民都信服我们所指出的道路的正确性而拥护我们，而参加革命奋斗，需要我们拿建设的榜样给他们看，才能作得到。

二

认识贸易、金融、财政是组织全部经济生活的重要环节，离了它们，或对它们采取了错误方针，全部经济生活就会停滞，或受到障碍。

根据毛泽东手稿刊印。

注　释

〔1〕这是毛泽东在任弼时一九四四年写的《去年边区财经工作的估计与今年边区金融贸易财政政策的基本方针》讲演稿上加写的两段话。其中，一写在讲演稿“新社会制度的建立，就是为着适应生产力的发展的，它是为着经济发展的，而且经济发展了才使新的社会制度获得巩固的基础”之后；二写在讲演稿“在这次高干会以后，应当是可以引起全党来在思想上认识贸易、金融、财政工作的重要”之后。

给陈毅[1]的信

（一九四四年四月九日）

陈毅同志：

来信已悉，并送少奇同志阅看。凡事忍耐，多想自己缺点，增益其所不能；照顾大局，只要不妨大的原则，多多原谅人家。忍耐最难，但作一个政治家，必须练习忍耐，这点意见，请你考虑。感冒宜多睡，少动多食。余容面叙。

敬礼！

毛　泽　东

四月九日

根据手稿刊印。

注　　释

〔1〕陈毅，当时任新四军代理军长，这时在延安准备出席中国共产党第七次全国代表大会。

给李鼎铭[1]的信

（一九四四年四月二十九日）

鼎铭老先生左右：

《永昌演义》前数年为多人所借阅；近日鄙人阅读一过，获益良多。并已抄存一部，以为将来之用。作者李健侯[2]先生经营此书，费了大力，请先生代我向作者致深切之敬意。此书赞美李自成个人品德，但贬抑其整个运动。实则吾国自秦以来二千余年推动社会向前进步者主要的是农民战争，大顺帝李自成将军所领导的伟大的农民战争，就是二千年来几十次这类战争中的极著名的一次。这个运动起自陕北，实为陕人的光荣，尤为先生及作者健侯先生们的光荣。此书如按上述新历史观点加以改造，极有教育人民的作用，未知能获作者同意否？又健侯先生近来健康如何，能来延安一游否？统祈转致健侯先生为祷！

敬颂

大安！

毛　泽　东

四月二十九日

根据人民出版社一九八三年出版的《毛泽东书信选集》刊印。

注　释

〔1〕李鼎铭(一八八一——一九四七),陕西米脂人。当时任陕甘宁边区政府副主席。

〔2〕李健侯,陕西米脂人。当时任陕甘宁边区参议会参议员,在米脂县文献委员会工作。

向国民党提出的二十条谈判意见

（一九四四年五月十五日）

一

必武[1]转伯渠[2]同志：

支、灰、文各电均悉，兹复如下：

（一）王、张[3]既屡求我方提具体意见，故决提全国者三条，两党者十七条，明日由军政部台发来，请备公函交给王、张。

（二）为顾全彼方面子，谈判全文暂勿向外发表，但在判明彼方毫无诚意时，准备向外发表。

（三）为避免刺激，王、张所指恢复新四番号及抗敌百分之五十八均未提出。

（四）林案[4]已被何应钦[5]否决，年来情况亦大有变更，故须另提新案。

（五）军队决不能少于五军十六师，徐向前[6]同志必须编一军，边区必须编一师，林案四军十二师已不适用；再则全军四十七万均愿受政府指挥，应编十六军四十七师，此点亦应提到。

（六）边区应正名为陕甘宁边区，以符实际，可设行政公署，人员民选，政府加委，直属行政院，其他地区仿此。

（七）边区及敌后各根据地应请政府允许发行地方纸币，此点必须坚持（或不提此事）。

（八）边区及敌后各地之民主设施，不能变更。

（九）如彼方承认中共可在全国各地办党办报，则我方可以承认彼方在我党区域办党办报，以为交换。

（十）其余请照二十条精神谈判。

（十一）要求彼方将“提示案”〔7〕草稿先交我们审阅，协议妥当，再将正式提示案交我。如不事先协商妥当（内容及文字），则属彼方片面意见，我方不负实行之责。

毛　泽　东

删亥

根据手稿刊印。

二

林主席伯渠同志：

灰、文两电悉。请以下列文件提交王世杰、张治中，并和他们谈判。全文如下：

“为克服目前困难局面，击退日寇进攻，并认真准备反攻，中共方面认为唯有实行民主与增强团结一途。为此目的，中共希望政府方面解决若干急切的问题。这些问题，有关于全国政治方面者，有关于两党悬案方面者，兹率直胪陈如下。

甲、关于全国政治者：

(一)请政府实行民主政治与言论、出版、集会、结社及人身之自由。

(二)请政府开放党禁，承认中共及各爱国党派的合法地位，释放爱国政治犯。

(三)请政府允许实行名副其实的人民地方自治。

乙、关于两党悬案者：

(一)根据抗战需要、抗战成绩及现有军队实数，应请政府将中共军队编为十六个军四十七个师，每师一万人。为委曲求全计，目前至少给予五个军十六个师的番号。

(二)请政府承认陕甘宁边区及华北、华中、华南敌后各抗日根据地民选抗日政府为合法的地方政府，并承认其为抗日所需要的各项设施。

(三)中共军队防地，抗战期间维持现状，抗战结束后另行商定。

(四)请政府在物质上充分援助十八集团军及新四军。自一九四〇年以来，政府即无颗弹、片药、文钱、粒米之接济，此种状况请予改变。

(五)同盟国〔8〕援助中国之武器弹药、药品、金钱，应请政府公平分配于中国各军，十八集团军及新四军应获得其应得之一份。

(六)请政府饬令军政机关撤销对于陕甘宁边区及各抗日根据地的军事封锁与经济封锁。

(七)请政府饬令军事机关停止对于华中新四军及广东游

击队的军事攻击。

（八）请政府通令取消‘奸党’、‘奸军’、‘奸区’等诬蔑与侮辱共产党、十八集团军、新四军及抗日民主地区的称号。此等诬蔑与侮辱的称号，过去还是暗中流行，近更公开见诸报纸。

（九）请政府停止特务人员对于共产党、十八集团军、新四军及抗日民主地区的破坏活动。此种活动，变本加厉，中共获有充分证据，如不停止，妨碍团结实重且大。

（十）请政府饬令党政机关释放各地被捕人员，例如皖南事变时被俘的新四军官兵叶挺等，广东的廖承志、张文彬等，新疆的徐杰〔9〕、徐梦秋、毛泽民、杨之华、潘同等，四川的罗世文、车耀先、李椿、张少明等，湖北的何彬等，浙江的刘英等，西安的宣侠父、石作祥、李玉海、陈元英、赵祥等。此等人员，均属爱国志士，请予恢复自由，以利抗日。

（十一）请政府禁止在报纸、刊物上发表对中共造谣诬蔑的言论，例如西安特务人员谓延安枪毙王实味等数十人，竟伪装王实味等亲友于三月二十九日在西安大开追悼会，在报纸上登载追悼广告与追悼新闻，实则王实味等绝无所谓枪毙情事。似此完全造谣有意诬蔑，应请饬令更正，并制止再有类似此等事情发生。

（十二）又据确息，西安一带特务机关，准备于外国记者团到西北时，沿途伪装各种人物与伪造各种证件向外国人告状，借达破坏中共信誉之目的，闻彼辈所捏造之中共罪状共达十余项之多。似此不但妨碍团结，而且有辱国体，请政府予以制止。彼等伪装伪造，发踪指示，奔走布置，中共获有充分证据，如不制止，难免引起不快之后果。

（十三）请政府允许中共在全国各地办党办报，中共亦允许国民党在陕甘宁边区及敌后各抗日民主地区办党办报。

（十四）请政府停止对重庆中共《新华日报》之无理检查（例如禁登十八集团军及新四军的作战消息，禁登中共文件等），破坏发行，威胁订户，扣压邮寄等情事。

（十五）请政府发还在三原被政府军队扣留之英、美援助十八集团军的药品一百零一箱。

（十六）请政府允许恢复重庆、西安两处电台，以利通讯。

（十七）请政府允许中共代表及十八集团军办事处人员有往来于渝、延间及西、延间之自由，及允许西、渝两办事处人员有在该两地居住与购买生活物品之自由。”

以上各条，由你用中共中央代表名义签名，并书明年月日，以书面正式交给王、张。

毛　泽　东

辰删（五月十五日）

根据中央档案馆保存的抄件刊印。

注　　释

〔1〕必武，即董必武，当时任中共中央南方局副书记兼宣传部部长、统战部部长。

〔2〕伯渠，即林伯渠，当时任中共中央委员、陕甘宁边区政府主席，抗日战争时期担任中共同国民党谈判的代表，这时正在重庆进行谈判。

〔3〕王，指王世杰（一八九一——一九八一），湖北崇阳人，国民党中央宣传部部长。张，指张治中，国民党政府军事委员会政治部部长。当时他们是参加国共谈判的国民党代表。

〔4〕一九四二年十月至一九四三年六月，林彪受中共中央委派在重庆同国民党谈判。林彪根据中央指示，向国民党提出四点：(一)在允许中共合法的条件下，可允许国民党在陕甘宁边区和敌后抗日根据地办党；(二)八路军、新四军编为四个军十二个师；(三)陕甘宁边区改为行政区，人员、地域不动；(四)八路军、新四军黄河以南部队，在抗战胜利后北移。

〔5〕何应钦(一八九〇——一九八七)，贵州兴义人。当时任国民党政府军事委员会参谋总长兼军政部部长。

〔6〕徐向前(一九〇一——一九九〇)，山西五台人。当时任八路军第一二九师副师长、抗日军政大学校长。

〔7〕指国民党政府对中共问题政治解决提示案。一九四四年六月五日，国民党代表王世杰、张治中将该提示案面交中共代表林伯渠。其主要内容是：中共领导的军队，只能有十个师，其余部队限期取消；这十个师必须集中到规定的地区；敌后抗日根据地政府一律交重庆政府“接管”。

〔8〕同盟国，指第二次世界大战期间共同对德、意、日轴心国作战的中、苏、美、英、法等国家。

〔9〕徐杰，陈潭秋的化名。

在中共六届七中全会上的工作报告

（一九四四年五月二十一日）

今天因为时间的限制，我只能向全会作简单的工作报告，详细的中央工作报告是否还需要，请大家考虑。我觉得不必作详细报告了，因为最近这个时期中央的工作，中央同志都知道，参加全会的同志也大体知道。至于是否要向七大作从六大到现在的详细的中央工作报告呢？我觉得从六大到现在有十六年，中央主要负责人换了几次，这个详细报告也很难作，对于过去工作的检查，准备放到历史总结中去。过去联共中央向大会作的工作报告，实际上也就是政治报告，我们只准备对七大作政治报告，不另作工作报告，工作的总结也可以在这个报告中提到，只解决已经成熟了的中心问题。

我今天只讲抗日准备时期和抗战时期的主要问题。在抗日准备时期和抗战时期，我们的目的就是为驱逐日本帝国主义出中国而奋斗。为达到这个目的，我们的方针就是发展自己，团结友军。这个方针最初决定于瓦窑堡会议〔1〕（一九三五年十二月），以后的民主共和国决议（一九三六年九月）、党的全国代表会议〔2〕（一九三七年五月）、洛川会议〔3〕（一九三七年八月）、六中全会〔4〕（一九三八年九月至十一月）直到现在，都是为执行这个方针而斗争的。我们在执行这个方针中,对于如何发展自己与团结友军,对于日本、国民党与我党的看法,对于当时形势的估计与具体政策,是有争论的。我今天讲话的目的,就是要为中央的政策作辩护。

这里有国民党河南调统室给其中央调统局的一个关于河南战争〔5〕的报告,是最近时期抗战情况的典型材料之一,请王首道〔6〕同志宣读一下。这个材料表明,蒋介石的三个主力之一汤恩伯〔7〕如何完全无能,日寇乱冲一顿,他们就乱跑一顿,胡宗南〔8〕有两个师在河南也只剩下一个团。这证明抗战中的两个方针带来的不同结果:不民主的方针必然使抗战失败,只有民主的方针才能战胜敌人。蒋介石的中央军没有民族主义与民主主义的教育,只有法西斯的教育,因而战斗力完全瓦解,一击即溃。我们的八路军、新四军实行民族主义与民主主义的教育,我们充分发动了人民的力量,在敌后建立了十几个根据地,曾经停止了敌人在正面战场的战略进攻达五年半之久。现在日本进攻河南,是因为日本要救死,国民党太不行,而共产党的力量又还没有达到保护汤恩伯的程度。现在胡宗南也有一部分军队调到河南去了,如果胡宗南也和汤恩伯一样,蒋介石的三个主力就塌掉两个,中国政治局面就会起大的变化,国民党与共产党力量的对比也会起变化。将来在英、美准备反攻的条件下,日本的军心民心和中国敌占区民心大大动摇时,日本力量和八路军、新四军力量的对比也就会起变化。实行民主则胜,不实行民主则败,以前这还只是我们的一种理想,现在开始变为现实了。去年我们发表《国共两党抗战成绩之比较》,使外国人注意共产党的抗战力量。英、美从来没有像现在对国民党和蒋介石作过这样露骨的批评的。胡政之[9]访问英、美回国后，请董必武、潘梓年[10]同志吃饭，说他在外国讲中国共产党有前途，他又说国民党十二中全会无希望。最近孙科[11]说要辞职，于右任[12]不愿参加十二中全会。这些人都是寒暑表，表明情况要有变化。

关于发展自己，发展八路军、新四军和抗日民主根据地，以此为代表中华民族打击日寇的中心力量，这个问题中央曾做过很多工作来同反对这个方针或不积极执行这个方针的同志作斗争。华中与山东在这个问题上的错误曾经表现得最严重，差不多花了一九三九年一整年才纠正过来，但后来还是出了皖南事变[13]，到皖南事变后才彻底纠正过来。当日军占领江、浙，国民党逃走一空时，我们的同志不敢当县长，说是没有人委任。当山西新旧军冲突[14]时，旧军向新军开枪，新军要不要还枪也成为问题。这些就是在民族战争中不敢实行独立自主政策的具体表现。问题就是要不要独立自主的政策。在今天的世界上，苏联的政策是最独立自主的，美国次之，英国犹豫，在法国、意大利、波兰等问题上，英国都徘徊于两可之间。蒋介石也是这样，对共产党及其他许多政策都表现出徘徊犹豫，表里不一。汤、胡均以反共的《剿匪手本》为教材教育其军队，这样的军队对日一定是没有战斗力的。我们就不同，始终采取独立自主的政策，我们始终站在团结国民党抗日的立场上，但遇到反共磨擦则要同它斗争，使国民党既不能投降日本又不能大举进攻共产党，将国民党引导到对敌斗争一个目标上去。在反磨擦中，我们是采取有理、有利、有节的方针，使磨擦斗争归于缓和，我们对于三次反共高潮[15]都是如此。我们在抗战初期只是一个很小的党(不超过四万有组织的党员)和一个很小的军队(只有四万五千人),发展到现在的近百万的党员和近五十万的军队。当一九三五年冬季中央苏区红军长征到陕北时,只剩下七千人,成了“皮包骨”。我们当时说长征是胜利了,长征是播种机和宣传队,留下的这点力量,不要看轻了它,它的发展前途是很大的。当时有些同志发生悲观情绪,其实是很不符合实际的。从一九三六年至一九三九年,我们曾经希望改造国民党,所根据的是张学良〔16〕进步的先例与国民党丧失了江、浙的地盘。但是这个希望落空了,不过我们并没有亏本。归根结底,主要是靠了八路军、新四军,才挽救了民族的危亡,抗击了百分之五十八的日军与百分之九十的伪军。没有八路军、新四军的抗战,中国的抗战决不能有今天。我们发展八路军、新四军和抗日根据地的政策是完全正确的,我们团结友军的政策也是完全正确的。

我党在抗日时期的发展,经过了三个阶段。第一阶段是一九三七年至一九四〇年。这一阶段的头两年,日本以主力对付国民党,国民党也比较有朝气,国共关系比较好,我们采取了游击战争的方针,发展了军队,建立了根据地,开办了干部学校。对运动战还是游击战的问题,我们内部也发生过争论,但是还是执行了以游击战为主的正确战略方针。统一战线政策在一九三八年受过一次挫折,后来被六中全会纠正了。在第一阶段,我们队伍中生长了一股骄气,有些同志过于轻视日本,过于相信国民党,自以为万事大吉,骄傲得很,这一点是吃了亏的。

第二阶段是一九四一年至一九四二年。日本以主力对付共产党，举行了无数次的残酷"扫荡"，实行"蚕食"政策与"三光"政策，我们的根据地、人口和军队都缩小了。但是这种困难教育了我们的同志，我们采取了适宜的政策，例如对敌斗争、整顿三风、精兵简政、拥政爱民、发展生产、统一领导、"三三制"〔17〕、减租减息等，都有成绩，因此我们在敌后站稳了脚。我们虽然受了损失，但是得了经验，渡过了困难。这一阶段，日本对国民党采取以政治诱降为主、军事打击为辅的政策，这个政策还是从一九三九年就开始了的，到一九四一年汪精卫〔18〕成立傀儡政府而更露骨，日本对国民党差不多没有大的军事行动。国民党则日趋反动，对日本的进攻采取消极的态度，对共产党和人民大众发动进攻则是积极的。

第三阶段，从去年开始。我们的根据地、人口和军队又上升了。军队现在有四十七万人，战斗力提高了；党员发展到九十余万；根据地人口，在第一阶段直接、间接负担粮税的近一万万，第二阶段降到不满五千万，一九四三年又上升到八千多万。各种政策更有进步，特别是整顿三风与发展经济。整风是为着弄通思想，团结全党。我们党基本上是团结的，但在各种政策问题上有许多不同意见，有各种小资产阶级的思想作风，而在纠正之后又团结了。统一是我党第一个侧面，不统一是第二个侧面，这两个侧面都要看到。历史上的曾经起过不良作用的宗派，在政治上与组织上已不存在了，但教条主义和经验主义思想的残余还是有的。现在还严重存在着带有盲目性的山头主义倾向，这是由于中国小资产阶级的广大、长期被分割的农村根据地与我党教育工作的不足而产生的，必须加以克服。经济工作是我们在长时期内缺乏经验的，现在我们要大大地注意。

第六次全国代表大会的路线基本上是正确的，但是未解决根据地问题，而提出准备暴动，夺取大城市。这在六大到现在都是不可能实现的，但将在七大以后去实行，七大以后我们必须实行这条方针。一九二七年我们曾经配合薛岳〔19〕占领了上海，但是随即受到国民党的袭击。现在我们要将薛岳进上海变为陈毅〔20〕进上海，而且我们有了几十个"薛岳"。六大至七大我们实际上走了根据地路线，现在也必须坚持根据地。在根据地上，我们必须发展经济。一九三九年陕甘宁边区只有七百个工厂工人，一九四二年即有四千个，今年有了一万二千个。如果边区有三万个工厂工人，边区工人同边区人口的比例即超过全国工人同全国人口的比例。党的工作重点由城市转到农村，曾经发生过许多争论，将来由农村转到城市，又会发生许多问题，这就要求我们要有精神上的准备，学会做经济工作，学会做城市工作。将来农村是供给军队粮食和干部的地方，没有我们，没有八路军、新四军，是不可能把日本侵略者赶出大城市的。

我们党要准备应付将来的大事变。七大要选出比过去二十三年更强的更有能力的中央。

关于国共谈判，林伯渠〔21〕同志这次出去，国民党派文武两大员〔22〕迎接，每天谈四小时，沿途招待，空前未有。原来我们的估计很低，以为这次不能解决问题，故要林伯渠同志只提出一些小事。彼方提出根据林彪去年提的四点〔23〕来谈判，林老答以根据恩来今年提的五点〔24〕来谈判，彼方又不赞成，故党中央提出了二十条〔25〕。前途不外两个：一仍是拖；一是解决部分问题，如军队问题、边区问题、防地问题、在个别地点办党办报问题。他们如决心解决这四个问题，我们应准备接受，向全国表示我们愿意搞好国共关系。

今年军事仍以精练为主。明年准备发展，并占领一批小城市，准备驱逐日寇出中国。

根据中央档案馆保存的讲话记录稿刊印。

注 释

〔1〕瓦窑堡会议，指一九三五年十二月十七日至二十五日在陕西安定县(今子长县)瓦窑堡举行的中共中央政治局会议。会议通过了《关于目前政治形势与党的任务的决议》和毛泽东起草的《中央关于军事战略问题的决议》。会议全面分析了当时国内外的形势和阶级关系的变化，确定了建立抗日民族统一战线的政策，批判了成为当时党内主要危险的关门主义，同时也指出了在新的革命时期预防右倾机会主义复活的必要性，完满地解决了党的政治路线问题。

〔2〕党的全国代表会议，指一九三七年五月二日至十四日在延安举行的中国共产党全国代表会议。毛泽东在会上作了《中国共产党在抗日时期的任务》的报告和《为争取千百万群众进入抗日民族统一战线而斗争》的结论。他分析了中日矛盾上升为主要矛盾的总形势，指出从一二九运动开始的中国革命新时期进入了第二阶段，这一阶段的主要任务是争取民主，提出了巩固和平、争取民主和实现抗战的三位一体的任务，强调在统一战线中坚持无产阶级领导权的重要性，号召全党为争取千百万群众进入抗日民族统一战线而斗争。会议通过了毛泽东的报告和结论，批准了从遵义会议以来党中央的政治路线，为迎接全国抗日战争的到来在政治上组织上作了重要准备。

〔3〕洛川会议，指一九三七年八月二十二日至二十五日在陕西洛川举行的中共中央政治局扩大会议。毛泽东在会上作了关于军事问题和国共两党关系问题的报告。会议通过了《关于目前形势与党的任务的决定》和《抗日救国十大纲领》。会议分析了抗战爆发后的政治形势，指出抗日战争是一场艰苦的持久战，争取抗战

胜利的关键是实行全面的全民族抗战路线，反对国民党的片面抗战路线，中国共产党提出的《抗日救国十大纲领》是实现全面抗战的具体的道路。会议决定，在敌人后方放手发动独立自主的游击战争，建立敌后抗日根据地；在国民党统治区放手发动抗日的群众运动，推动全国的抗战，争取人民应有的政治经济权利；以减租减息作为抗日战争时期解决农民土地问题的基本政策。

〔**4**〕六中全会，指一九三八年九月二十九日至十一月六日在延安召开的中国共产党第六届中央委员会扩大的第六次全体会议。会上，毛泽东作了《论新阶段》的政治报告。全会批准了以毛泽东为代表的中央政治局的路线，确定要不断巩固和扩大抗日民族统一战线，坚持统一战线中的独立自主原则，批判了王明“一切经过统一战线”的错误口号，重申党的独立自主地放手组织人民抗日武装斗争的方针，确定把党的主要工作方面放在战区和敌后。这次会议基本上克服了王明右倾投降主义的错误，为实现党对抗日战争的领导进行了全面的战略规划，推动了各项工作的迅速发展。

〔**5**〕指日本侵略军为打通平汉铁路南段的交通于一九四四年四月中旬发起至五月下旬结束的河南战役。国民党军蒋鼎文、汤恩伯、胡宗南部在日本侵略军的进攻面前败退，郑州、洛阳等三十八个县市相继陷落。

〔**6**〕王首道，一九〇六年生，湖南浏阳人。当时任中共中央秘书处处长。

〔**7**〕汤恩伯（一九〇〇——一九五四），浙江武义人。当时任国民党军第一战区副司令长官兼鲁苏豫皖边区总司令。

〔**8**〕胡宗南，当时任国民党军第三十四集团军总司令。

〔**9**〕胡政之（一八八九——一九四九），四川成都人。当时任《大公报》总经理。

〔**10**〕董必武，当时任中共中央南方局副书记兼宣传部部长、统战部部长。潘梓年（一八九三——一九七二），江苏宜兴人，当时任新华日报社社长。

〔**11**〕孙科（一八九一——一九七三），广东香山（今中山）人。当时任国民党政府立法院院长。

〔**12**〕于右任（一八七九——一九六四），陕西三原人。当时任国民党政府监察院院长。

〔**13**〕皖南事变，见本卷第50页注〔8〕。

〔**14**〕山西新军，指山西青年抗敌决死队，是抗日战争初期在中国共产党领导和影响下发展起来的山西人民抗日武装。山西旧军，指阎锡山的军队。一九三九年

十二月初，阎锡山发动晋西事变，武装进攻山西新军和八路军。山西新军同八路军一起进行了坚决反击，重创顽军，巩固了抗日根据地。此后，山西新军纳入八路军的战斗序列。

〔**15**〕一九三九年至一九四三年国民党蒋介石连续发动三次反共高潮。第一次是在一九三九年冬季至一九四〇年春季，国民党军队侵占了陕甘宁边区的宁县、镇原等县城；阎锡山发动了十二月事变，进攻决死队等山西新军；石友三、朱怀冰等部进攻冀南和太行抗日根据地的八路军。第二次是在一九四〇年秋季至一九四一年春季，在这期间，国民党军队包围袭击了从皖南北移的新四军部队，制造了震惊中外的皖南事变。第三次是从一九四三年春季至秋季，蒋介石发表了反共反人民的《中国之命运》一书，又乘共产国际解散之机，指使特务假冒民众团体叫嚣“解散共产党”、“取消陕北特区”，调集大量河防部队准备闪击陕甘宁边区。

〔**16**〕张学良，一九〇一年生，辽宁海城人。一九三六年十二月十二日，和杨虎城一起发动西安事变，要求蒋介石停止内战，一致抗日。西安事变和平解决后，被蒋介石长期关押。

〔**17**〕“三三制”，见本卷第 25 页注〔8〕。

〔**18**〕汪精卫，当时是日本帝国主义扶植的南京伪“国民政府”主席。

〔**19**〕薛岳，一八九六年生，广东乐昌人。一九二七年时任国民革命军第一军第一师师长。

〔**20**〕陈毅，当时任新四军代理军长，这时在延安准备出席中国共产党第七次全国代表大会。

〔**21**〕林伯渠，当时任中共中央委员、陕甘宁边区政府主席，抗日战争时期任中共同国民党谈判的代表，这时正在重庆进行谈判。

〔**22**〕指国民党中央宣传部部长王世杰和国民党政府军事委员会政治部部长张治中。当时他们是参加国共谈判的国民党代表。

〔**23**〕见本卷第 135 页注〔4〕。

〔**24**〕指周恩来一九四四年三月十二日在延安各界纪念孙中山逝世十九周年大会上所作的《关于宪政与团结问题》演讲中向国民党政府提出的五点要求，即：承认中国共产党在全国的合法地位；承认陕甘宁边区及各抗日根据地为国民党政府的地方政府；承认八路军、新四军及一切敌后抗日武装为国民党政府所管辖所接济的部队；恢复新四军的番号；撤销对陕甘宁边区及各抗日根据地的封锁和

包围。

〔**25**〕二十条，见本卷第131—134页。

共产党是要努力于中国的工业化的[1]

（一九四四年五月二十二日）

现在无论中国和外国都为了同一的目标而奋斗，那就是打倒法西斯。我们陕甘宁边区的工业建设，也和其他一切工作的目的一样，是为了打倒日本帝国主义。边区在五年前才真正开始有了一点工业，当时只有七百个产业工人，一九四二年有了四千个工人，到了今年就有一万二千个工人。所以边区工业的进步是很快的，它的数目虽小，但它所包含的意义却非常远大。谁要不认识这个最有发展、最富于生命力、足以引起一切变化的力量，谁的头脑就是混沌无知。这次开大会的目标，就是在两年以内要争取做到工业品的全部自给，首先是布的自给与铁的自给。假如我们做到了全部自给，我们工人的数目还会大大地增加。全体工程师、厂长、工人们都要向这方面努力，共产党员和非共产党员都要向这方面努力。像沈鸿[2]同志、陈振夏[3]同志，他们不是共产党员，但是他们的心和共产党员一样，都是为了打倒日本帝国主义而艰苦奋斗的。要打倒日本帝国主义，必需有工业；要中国的民族独立有巩固的保障，就必需工业化。我们共产党是要努力于中国的工业化的。

中国落后的原因，主要的是没有新式工业。日本帝国主义为什么敢于这样地欺负中国，就是因为中国没有强大的工业，它欺侮我们的落后。因此，消灭这种落后，是我们全民族的任务。老百姓拥护共产党，是因为我们代表了民族与人民的要求。但是，如果我们不能解决经济问题，如果我们不能建立新式工业，如果我们不能发展生产力，老百姓就不一定拥护我们。在抗日战争中，共产党领导的军队抗击了百分之五十八的日军、百分之九十的伪军，这方面我们是有经验、有成绩的。但是，对于经济工作，尤其是工业，我们还不大懂，可是这一门又是决定一切的，是决定军事、政治、文化、思想、道德、宗教这一切东西的，是决定社会变化的。因此，所有的共产党员都应该学习经济工作，其中许多人应该学习工业技术。我们边区是个大学校，其中有一门课叫做工业，这次职工代表大会便是一个工业的短期训练班。如果我们共产党员不关心工业，不关心经济，也不懂得别的什么有益的工作，对于这些一无所知，一无所能，只会做一种抽象的“革命工作”，这种“革命家”是毫无价值的。我们应该反对这种空头“革命家”，学习使中国工业化的各种技术知识。

根据一九四四年五月二十六日
《解放日报》刊印。

注　释

〔1〕这是毛泽东在中共中央办公厅为陕甘宁边区工厂厂长及职工代表会议举行的招待会上讲话的摘要。

〔2〕沈鸿，一九〇六年生，浙江海宁人。早年在上海与人合伙经营上海利用五金厂。一九三八年携机床赴延安。曾任陕甘宁机器厂、晋察冀兵工局的工程师。一

九四七年加入中国共产党。

〔**3**〕陈振夏（一九〇四——一九八一），江苏崇明（今属上海市）人。一九三七年到延安，后任延长炼油厂厂长。一九四五年加入中国共产党。

在延安大学[1]开学典礼上的讲话

（一九四四年五月二十四日）

同志们！今天延安大学开学。我们这个学校是一个包括政治、经济、文化课程的学校，你们要学政治、经济、文化，准备将来去做这些方面的工作。这个学校，过去有些部分是分开办的，现在合起来了。像周扬[2]同志所讲的我们的工作中间有缺点错误，但是我们的缺点错误是暂时的。共产党人在工作中有缺点错误，一经发觉，就会改正。他们应该不怕自我批评，有缺点就公开讲出是缺点，有错误就公开讲出是错误，一经纠正之后，缺点就再不是缺点，错误也就变成正确了。过去办学校办了多年没有搞好，现在有了进步，方针、办法上了轨道，这是同陕甘宁边区和华北、华中、晋西北等各个根据地整个工作的进步相联系的。

我们的一切工作，只有一个目标，就是打倒日本帝国主义，驱逐日本帝国主义出中国。日本帝国主义侵略中国，深入中国国土，每一个中国人的任务就是打日本。有些人反对共产党，和我们闹别扭，这些人就违背了这个方针。在这个问题上，他们是两条心。我们是一条心，开大会是一条心，开小会也是一条心，公开的、秘密的都是一条心，就是要把日本打出去。要把日本打出去,就要建立根据地。整个中国凡是没有沦陷的地方都是抗日的根据地,大后方是根据地,华北、华中是根据地,广东、海南岛是根据地,陕甘宁边区是根据地,我们共产党在许多地方创造了抗日的根据地。有人说根据地不好,不应该有根据地,这个话不妥当。没有根据地,八路军、新四军就没有饭吃,没有地方出发去打敌人。什么人最恨我们的根据地?就是日本帝国主义,它不喜欢我们的根据地,因为根据地在它后方把它挤出去。我们有了根据地,就要做军事、政治、经济、文化、党务等工作。党校是学习搞党务的,也有政治、经济、文化课程,还有一些军事课,但是比较偏重讲党的理论,党的历史和作风。抗大〔3〕也学政治,也搞生产,也讲经济。现在我们的军队都讲经济,三五九旅搞生产,今年要求每个战士、干部都要生产六石一斗细粮,这不是经济吗?所有我们的军队,搞饭吃,做衣服,修房子,盖大礼堂、小礼堂,做桌椅板凳,一概都是自己动手,这都是经济。延大的学习偏重政治、经济、文化这三门,各个根据地都搞这些工作。唯一的目的就是打倒日本帝国主义,把中国变为独立、自由的新中国。刚才周扬同志说要为边区服务,要为这个根据地服务。可不可以有一个两个,两百个,两千个,到晋西北、太行山、泰山、五台山的根据地去服务?那里也叫边区,大体上我们的根据地都叫边区。我们是为根据地服务,为什么不说为全国服务呢?因为你总要落一个地方,像飞机飞上天总得飞回来要落在一个地方,不能到处飞不落地。教条主义是不落地的,它是挂在空中的。我们不要搞教条主义,要脚踏实地地为实际服务。

日本是实在的东西,它落在中国有几十万军队打我们。现在我们各个根据地负担的敌人很多，抗击了百分之五十八的日军和百分之九十的伪军。有些人看不见这个事实，诬蔑我们好像一个日军也没有打，一个伪军也没有打。去年《解放日报》发表了我们的一篇文章，叫做《国共两党抗战成绩之比较》，那里头就有数字，有百分之五十八、百分之九十等。现在我们有四十七万八路军、新四军，其他党政机关民众团体的工作人员大概有二十五万，四十七万加二十五万就是七十多万。现在各抗日根据地直接和间接交公粮的人口一共有八千多万。过去有一万万，后来日军“扫荡”，把正面战场的大量兵力调回来，对正面战场采取军事进攻为辅、政治诱降为主的方针，集中力量要把我们搞垮，要把我们摧毁，实行“扫荡”、“蚕食”、“治安强化”、“三光”政策。“三光”，就是烧光、抢光、杀光。我们也要有一套去对付它，这就是军事、政治、经济、文化、党务。战争最残酷的一九四一年和一九四二年这两年，各抗日根据地遇到了很大的困难。《解放日报》写了一篇社论叫《破晓前的黑暗》，号召大家努力来战胜这个困难。各个根据地的党、政、军、民全体努力，实行十大政策〔4〕，熬过难关。敌后的困难很多，延安也有很多困难，例如《野百合花》〔5〕问题，只有小米没有猪肉问题。延大发展生产很好，还要继续发展，猪肉还要吃得多一点。那天我同周扬同志谈，你们大家纺纱，还有各种专门生产，都很好，但我看现在还不够，还要努力发展。敌后的情况更困难，大体上各个根据地都很困难，因为敌人实行“三光”政策。敌后是非常艰苦的，斗争也非常激烈，但是我们站住了脚，坚持抗战七年之久。这个残酷的战争经过最困难的一九四一年和一九四二年，今年我们又向上发展了。中国所以有今天，就是因为有我们的抗日根据地。当然，如果说大后方这个大根据地一点不救中国，这个话也不妥当。有的人说只有他那个大后方根据地救中国，边区和敌后根据地不救中国，这就完全没有道理。你那里是怎样救中国的？你们三百万军队只负担日军的百分之四十二、伪军的百分之十，我们四十七万军队负担却那样重。我们的根据地比较小，但是担子很重，没有任何接济，就靠我们党政军和老百姓结合起来，一齐努力奋斗。这次河南战役〔6〕，日军十余万，国民党军队约四十万，就不挑担子，一听枪响就“向后转，开步走”。现在许多事情难办，所以要搞一个办法，就是民主，这个办法有的人不赞成。还有一条就是团结，有的人也不搞，他那里发小册子，开大会小会，骂共产党为“奸党”，八路军为“奸军”，边区为“奸区”，很不讲团结。

总之，延安大学要为各个抗日根据地服务。根据地的工作上了轨道，我们陕甘宁边区的政治、经济、文化、党务各项工作上了轨道，就使得我们的学校也上了轨道。但是过去的缺点一定要克服，教条主义一定要去掉。

政治上你们要学习党的方针和政策，如统一战线、“三三制”〔7〕、精兵简政等。工业、农业、商业、运输、财政，你们都要学习，现在的方针是要全面自给。“三三制”的执行，前年开高干会〔8〕以前右了一点，去年又“左”了一点。我们的方针是非常清楚的、确定的，就是打日本，中国的一切党派，一切阶级，一切政治的、非政治的团体，只要是赞成打日本、同共产党合作的，不是破坏共产党的，我们都要团结。这个方针是始终不变的。同志们学政治，就要坚持这样的方针，团结全国人民，达到打败日本的目的。

经济上要做到全面自给，几年以来，特别是去年以来，我们的经济有很大发展。全面自给，除了搞饭吃，还要生产各种用的东西。现在边区政府发了指示，要求边区人民的所有家庭，一百四十万人口，三十五万家，每家有一年余粮。不仅要防备天旱，还要准备反攻。这个目标去年没有达到，要在今后两三年以内实现。我们在延安、在边区做工作，办延大，如果使得三十五万家农民都有一年余粮，那末我们共产党就了不得。还有陕北的山头都是光的，像个和尚头，我们要种树，使它长上头发。种树要订一个计划，如果每家种一百棵树，三十五万家就种三千五百万棵树。搞他个十年八年，“十年树木，百年树人”。此外，还有工业，现在开工厂代表大会〔9〕，提出日用工业品要全面自给。边区工、农、商、学、兵一百五十万人口，一年需要三十一万匹布，可是我们现在每年只能生产十万匹，还差二十一万匹。我们要在两三年内完全解决衣服的全部自给，根据过去经验，这是有把握的。边区过去的棉花、棉纱、布，都要从外面买，要花几十万万元边币，血向外流。如果我们棉花自己种，棉纱自己纺，布自己织，一百五十万人大家动手，血就不流出去了，我们的经济就更坚实。每年公家和老百姓需要四百七十万斤铁，大部分不能自己生产，又要花几十万万元边币从外面买，血又要向外流。现在要求在两三年之内做到四百七十万斤铁完全自给，自己采矿，自己冶炼，并制造必需的机器和农具。我们的工业生产有各个种类，主要的是纺织和炼铁这两项。这两项主要的要做到自给，其他各项也都要自给，这是全面自给。

关于文化教育问题，也有很多工作。我们要达到这样的目的：边区一百四十万老百姓，十万党、政、军，一共一百五十万人，都要识字。我们要有文化，才能学习政治，将来当乡长、区长、县长都要有文化。边区的经济发展了，农民也要求有文化。我们要使边区所有的老百姓，每人识一千字，搞他十年八年。如果能识一千五百字、两千字、三千字，那更好。我们至少要做到识一千字，每村要有一个冬学。识字要成为群众性的识字运动，单靠我们下去教“一、二、三、四”，“人、手、刀、牛、羊”，那是不行的，老百姓里头有识一百字的就可以教别人。

还有卫生工作。周扬同志说了，要开一个卫生班，学一点东西。每个乡要有一个小医务所，边区一共一千个乡，一百五十万人里头找出一千个人来学医，学他四个月、一年也好，然后到医务所当医生。近来延安疫病流行，我们共产党在这里管事，就应当看得见，想办法加以解决。我们边区政府的副主席李鼎铭同志是中医，还有些人学的是西医，这两种医生历来就不大讲统一战线。我们大家来研究一下，到底要不要讲统一战线？我不懂中医，也不懂西医，不管是中医还是西医，作用都是要治好病。治不好病还有医术问题，不能因为治不好病就不赞成中医或者不赞成西医。能把娃娃养大，把生病的人治好，中医我们奖励，西医我们也奖励。我们提出这样的口号：这两种医生要合作。

文化上你们还要学会演戏，扭秧歌，还要学会唱歌，唱黄河大合唱、小合唱，等等。政治、经济、文化，是我们延大学习的内容，一定要学好，要会做这方面的工作，要为实际服务，不搞教条主义，不脱离实际。

周扬同志刚才说到了整风和审干，这两件工作有很大的意义，改造了人，改造了思想。同时也犯了错误，正在纠正。除了周扬同志讲的以外，我再讲几句。我们有一条方针，叫“一个不杀”。有人还不相信，说不晓得政府哪一天会要杀。真正是特务，过去做了破坏边区和八路军、新四军的事情，搞了情报，只要交待清楚，我们一个不杀。从去年四月到现在，一个也没有杀。这有没有害处？没有害处。对于真正的特务，过去真正的坏人，我们的目的，是要把他改造好。我们的方针是教育人，这个方针是确定了的，我现在再一次向你们宣布。有人相信，有人不相信，信不信由你。《论语》上说“言可復也”，意思是说过的话是要实行的。中央决定的方针，既然宣布了，就要实行，大家可以看。一个不杀，这个意义大得很。不管有多大的罪，既然不杀，就可以教育，教育好了，还能做点事情。过去做了坏事的真正的特务，我们希望他自己觉悟，跟我们一道走，打倒日本帝国主义。如果一百个人中，有一两个人硬不觉悟，硬不合作，怎么办？有办法，让他自己搞小米吃，自己动手，发展生产，丰衣足食，那有什么坏处？他不觉悟，不同我们合作，顽固得很，我们刀下还留不留人？我们刀下还要留人。为什么要留？为了稳定多数人，因为杀了他，其他有类似问题的人便要恐慌。你顽固十年，就让你劳动十年，你顽固二十年，就让你劳动二十年，你顽固，我们也顽固，就这样顽固下去。这叫做是则是，非则非。是特务就是特务，要搞清楚，使他们不再做特务的工作，能同共产党合作打日本。非则非，本来不是特务，搞错了，给他戴上了特务帽子，我们就要把帽子取下来，要分清是非轻重。“抢救运动”〔10〕那时候，空气紧张得很，“抢救”了好些人，许多是搞错了的，非则非，今天要行脱帽礼，脱去给人戴错的帽子。共产党办事，不明白的时候是会犯错误的，明白了以后错误就要改正，这样做才是正确的。搞错了是坏事，但可以变成好事。比如我冤枉了你，现在经过我的手取下给你戴错的帽子，从这里我们得到了经验，以后不要给人乱戴帽子。对于被冤枉的人来说，他们心里不舒服，很痛苦，但是也受到了锻炼，得到了经验，以后他们审查别人的时候就会谨慎一些。关于审查干部，我们实行九条方针：首长负责，亲自动手，领导骨干与广大群众结合，一般号召与具体指导相结合，调查研究，分清是非轻重，争取失足者，培养干部，教育群众。现在延安审查干部，就要采取这样的方针，是则是，非则非，实行宽大政策。

今天开学，还有一件事说一下，你们的一些课是由边区政府各厅的负责同志来教的，他们是做实际工作的，你们是学习的，做实际工作的领导人自己来教课，这很好。同时，你们也要经常去请教，走上门去，也可以打电话。如果哪一天没有来教课，便将他们的军，请他们一定来讲。

根据中央档案馆保存的讲话记录稿刊印。

注　　释

〔1〕延安大学，是中国共产党在抗日战争时期创办的一所综合性干部大学，一九四一年九月二十二日由陕北公学、中国女子大学、泽东青年干部学校合并而成。一九四三年四月后，延安自然科学院、鲁迅艺术文学院、新文字干部学校、民族学院、行政学院相继并入。

〔2〕周扬，当时任中共中央文化工作委员会主任兼延安大学校长。

〔3〕抗大，抗日军政大学的简称。抗日军政大学成立于一九三七年一月，前身

是抗日红军大学。

〔4〕十大政策，见本卷第66页。

〔5〕《野百合花》，见本卷第121页注〔4〕。

〔6〕河南战役，见本卷第143页注〔5〕。

〔7〕“三三制”，见本卷第25页注〔8〕。

〔8〕指中共中央西北局一九四二年十月十九日至一九四三年一月十四日在延安召开的高级干部会议。

〔9〕指一九四四年五月一日至二十五日在延安召开的陕甘宁边区工厂厂长及职工代表会议。

〔10〕“抢救运动”，又称“抢救失足者运动”。一九四二年底延安整风运动开始审查干部工作以后，由于对敌情作了过分的估计，并使用了“逼、供、信”的错误方法，因而出现了严重的偏差。其间，毛泽东曾明确提出防奸工作的正确路线——九条方针，反对错误路线——逼、供、信。当时具体负责审干工作的康生一九四三年七月十五日在延安干部会上提出开展“抢救失足者运动”以后，审干工作中的错误进一步扩大，造成许多错案。七月三十日，毛泽东再次强调防奸工作的正确路线，指示停止“抢救失足者运动”。八月十五日，中共中央通过关于审查干部的决定，重申九条方针。十月九日，毛泽东强调必须坚持一个不杀、大部不抓的政策。经过许多努力，才制止了审干工作中的错误。随后，对错案进行了甄别平反，对受冤屈的人赔礼道歉。

中共中央关于城市工作的指示[1]

（一九四四年六月五日）

一、不占领大城市与交通要道，不能驱逐日寇出中国。不争取在日寇压迫下的千百万劳动群众与市民群众，瓦解伪军伪组织，并准备武装起义，不能配合军队与农村占领大城市与交通要道。过去人们以为从大城市与交通要道驱逐日寇的任务，似乎只有国民党才能胜任；现在必须改变此种观点，认为有些只有依靠我党才能胜任，有些主要依靠我党才能胜任，依靠国民党是无望的。国民党已腐化达于极点，河南数十万国民党军队不战而溃或一触即溃，就是明证。仅在没有我党强大军队与强大根据地的地方，我党才不能负此责任。

二、因此，各局各委必须把城市工作与根据地工作作为自己同等重要的两大任务，而负起准备夺取所属一切大、中、小城市与交通要道的责任来。日寇现在为着救死而正在向中国正面战场大举进攻，日寇正在没落过程中。西方反希特勒斗争不久可望获胜，太平洋反攻日寇今后必更开展。这一切给予我党以良好条件，一方面发展与巩固根据地，依据现有基础，建设比现在强大得多的军队与地方工作；又方面，争取城市及交通要道的千百万群众，瓦解与争取伪军伪警，准备武装起义，以俟时机成熟，就可使二者相互配合，里应外合地进攻日寇，占领大城市与交通要道。里应外合的思想，是我党从大城市驱逐敌人的根本思想。

三、各局各委必须把争取敌占一切大、中、小城市与交通要道及准备群众武装起义这种工作，提到极重要地位，改变过去不注重或不大注重城市工作与交通要道工作的观点，唤起全党注重此项工作，认真地与细心地总结经验，研究办法，组织机关，配备干部，进行工作，以期在今年下半年及明年上半年，就能收到显著成绩，准备配合世界大事变，在时机成熟时，夺取在有我强大军队与强大根据地附近的一切敌占城市与交通要道。

四、要实现这个伟大任务，必须解决下列诸项具体问题：

第一，关于思想。要进行教育，使广大干部完全了解由我党领导里应外合地占领大城市与交通要道，以便最后驱逐日寇的可能性、必要性与重要性，没有此种思想教育，是不能动员全党行动的。又要使干部了解：在目前去进行城市与交通要道的工作，比过去有完全新的目标。在以前进行这种工作，只是为了保存组织，渡过黑暗，或是为了获取情报与购买物资。现在则是为了争取千百万群众，争取伪军伪警，准备武装起义，夺取城市与交通要道。一切努力与工作都是为了这个目标，并服从这个目标。又要使干部了解：在目前为了这样的目标去进行城市与交通要道的工作，是切合时宜的。因为世界反法西斯战争与中国抗战均已确切接近完全胜利，国民党的极端腐败与我党我军在广大敌后战场的胜利坚持，全国人民对国民党更加失望，而对我党我军则寄以无限希望，敌占区广大群众的革命热潮，今后必然有极迅速的高涨，目前去进行这一工作，比以前有更宽广的社会条件与群众条件。因此，在以前曾经正确地不提出准备武装起义夺取大城市的任务，而在现在就必须提出。现在如果不提出，则我们将要犯一个大错误，在将来反攻时逼使我们在没有准备或准备不足的情况下去进行争夺大城市与交通要道的斗争，使我军将来进攻城市时没有充分与必要的内应，以及在夺取城市后不能迅速发动群众建立城市的革命秩序与掌管城市。又要使干部了解：为着夺取城市与交通要道的武装起义的准备工作，是一种长期艰苦而伟大的准备工作。由于中国特殊条件，城市武装起义常常只有在响应城外进攻军队的条件下，即在里应外合条件下，才有胜利可能（例如一九二七年上海起义），而没有城外军事行动配合的单独城市起义，是很难胜利的。因此在准备城市武装起义工作中，应该反对急躁病，反对轻率地举行武装起义，反对在没有城外我军配合条件下，单独地或者过早地发动起义。必须要有长时间和极端复杂忍耐的工作，决不是粗枝大叶与急躁的工作所能济事。又要使干部了解：我们进行城市工作的方针和一般策略是无法秘密的，是应该向全党传达的。但是在城市与一切敌占区的具体工作计划及具体组织工作，则应完全秘密，应在党内进行关于秘密工作的教育，每个党员及干部，只应知道他们所必须知道的事，不应知道他们所能够知道的事。

第二，关于计划与组织。各局各委应依据自己所属地区内一切大、中、小城市及铁路、公路与伪军伪警的具体情况，拟定一个大体计划，例如如何分工负责，如何组织机关，如何配备干部与训练干部等。应该以每一个城市(大的、中等的和小的),每一段铁路、公路,每一个伪军部队与伪警组织为工作对象,都组织一个有能力的工作委员会去进行工作。大城市与大部队还可组织几个委员会,分头分区去工作。此种委员会不作根据地工作,专门负责组织与指导各该城市要道与伪军中的工作。此种委员会目前可设在根据地内或游击区内,如有安全条件,则设在城内。各局各区党委,对所属大城市、中等城市及重要铁路,应委托在自己直接指导下的工作委员会去工作,各敌占县城及小城市,则在各地委或县委指导下组织委员会去工作。对于经常调动的伪军中的每一个军或师,应在适当党委指导下成立一个委员会去工作。但是同时,这种工作还应动员全党全军一切组织,多头地与分路地去进行,从支部到中央局各级组织,只要它对城市与交通要道及伪军伪警有办法去进行工作者,均应直接派人去工作,暂时不必统一,关系亦不必交代。如各种关系在工作中群众中碰头时,则应彼此关照协助,不应彼此争夺和抱怨。这种工作应由各级党委负责领导。但为管理方便起见,在各局及区党委之下,可成立城市工作部门。这种部门除指导和组织城市与交通要道秘密工作外,还应指导敌区城市与交通要道附近的小型便衣游击队,借此给城市工作以便利。这种部门应驻在根据地比较隐蔽的地方,不要与根据地党、政、军混在一块。

第三,关于工作方向。由于我们的工作目标是反对民族敌人,大局有利于我,城市与要道周围或其不远地方又有我党强大军队与根据地,这种工作将有极大开展的客观条件。在敌占城市与交通要道的人民中,除开极少数死心汉奸与顽固反共分子外，大多数人是能够参加或同情各种各样抗日工作的。因此，我们在城市与交通要道的一切群众中、各界人民中，都要进行广泛而妥善的工作。在伪军伪警中，在工人苦力中，在伪政界、伪经济界、伪文化界中，以及在青年学生、儿童、妇女中，甚至各种秘密结社与流氓组织中，都要去进行工作。但应将主要注意力放在争取数十万伪军伪警和争取数百万工人苦力的工作上，因为他们是武装起义的决定力量，而这点正是各地以前所注意不够的。我们在工人苦力中的活动与组织，应与上层统一战线的活动分开进行。而上层活动一般应是为了掩护与协助下层群众中的活动。我们的活动不应与国民党组织发生任何关系，我们应在群众中揭破国民党人的反动腐败无能和只顾少数人利益、不顾民族利益，肃清大城市群众中对国民党的任何幻想。过去我们在大城市为情报及经济工作而建立的组织与关系，仍应进行情报与经济工作，只在可能情况下去进行一些上层活动与群众工作。为了广泛造成根据地同城市（特别大城市）和要道的交通联系，并为准备夺取城市和要道的军事出发地，应在城市四周与要道两侧的人民中进行充分的工作，根据地游击战争应采取各种妥善办法向城市四周与要道两侧逐渐逼近，在那里建立隐蔽的游击区，以利城市与要道工作的进行。同时，要动员城市与要道中的大批工人与革命知识分子出城出路参加游击战争，其中若干人准备在起义时派回去指导起义的武装斗争，以便里应外合，占领城市与要道。重说一次，里应外合的思想，是我党夺取城市与要道的根本思想，应从这点出发去部署一切力量，布置一切工作。

第四，关于工作方法。到城市与交通要道工作的方法，应从总结已有经验中取得，并应在以后的工作中，不断去总结经验，将群众中创造的各种好方法普遍化。但应指出：党在内战时期在城市与交通要道的工作方法，一般是错误的，是不能采用的，应该批判这种错误，以免重复。而在抗战以来，各根据地在其附近敌占区与某些小城市进行了极有成效的合法斗争与非法斗争相配合的工作，在某些大城市，也有许多好的工作。在这些工作中，其方法一般是正确的。如果将我们在敌占区与小城市的工作经验，加以适当改造，就可移用于大城市、中等城市和交通要道。各地应用心研究适合每一个地点、每一种群众、当时环境的合法与非法相配合的斗争形式。在敌占区，党和抗日团体的组织，只能秘密进行，因此应该注意精干、隐蔽，严防特务分子混入。但各种普通群众组织与群众活动，就应该公开利用一切可能的合法形式去进行。例如，利用已有各种伪组织（新民会、自卫团等），或成立各种灰色社会团体，或建立纯粹的但与群众有密切联系的社会职业机关与职业活动（茶馆、饭店、荐头房等），甚至利用工厂、工房、学校、店铺，在为了共同欺骗与应付敌人汉奸，保护中国人的口号下，成立其中所有人员某种无定形的联盟，亦是一种很好的群众组织形式。我们常看到根据地附近乡村中全村人联盟，共同欺骗与应付敌人汉奸的严密组织和分工，这种办法，应该运用到城市某些工厂、工房、学校、店铺中去。应从保护群众的切身利益出发，把群众联合起来，例如减轻负担，免除骚扰，隐藏物资以及增加工资改善待遇等，均可以成为群众联合活动的出发点。而敌人对华"新政策"的欺骗做作，则大可成为我们和群众利用的合法口号。其次，八路军、新四军在敌区各阶层人民中的极高威信，亦可成为我们城市工作的有利资本，许多人以听到我军消息，与我军建立某种联系，取得我军某种证件为荣耀者，我们应该利用这种情形去促进人民的团结，但这在敌区是非法的，应该十分隐蔽地有限度地去利用。在目前，城市和要道的一切非法活动与非法斗争，以不妨碍和破坏我们的合法组织与合法斗争为限度。这点同根据地附近游击区中的合法与非法联系的斗争，是有些区别的。在游击区中的合法斗争，常常是为了掩护非法游击队的活动和存在，而在城市与交通要道则相反，非法斗争常常应该服从合法斗争。在敌区的宣传工作，亦应采用许多合法形式去进行，利用各种合法的报纸、刊物和书籍，并利用各种合法口号去进行。各种非法宣传也是应该进行的，但应切实考虑其方法。在目前，口头宣传是主要的，甚至可用散布流言的方法。发行非法的传单、书籍、报纸，则应有周密谨慎的组织。总之，在城市工作方法上，应反对两种偏向：一是粗心大意，不负责任，大喊大叫，莽冲莽撞的冒险主义方法；一是根本不动，单纯隐蔽，不去联系群众与进行群众工作的尾巴主义方法。正确方法是在一切可能的与合法的范围内，去联系与团结尽可能广大的群众，去提高群众的觉悟性、组织性，而使精干的秘密组织与秘密活动隐藏在广大群众之中，隐藏在群众的合法活动之中。而在举行起义以前，一切组织形式与斗争形式，均应避免定形的与系统的形式，采用各种不定形的与分散的方式，以期多得胜利，减少损害。

第五，关于干部。必须有大批干部去进行城市与交通要道的工作。现有在城市工作的干部及过去在城市工作过的老干部，都应设法使他们仍旧担负这种工作，但应使他们吸收新经验，并在新方针下，用新方法去工作。其次，数年来在各根据地附近敌占区的两面斗争中，已经锻炼出广大而善于进行合法斗争的党与非党干部，其中许多人是有善于应付敌人、欺骗敌人、进行合法斗争的丰富知识的，有些甚至超过我们内战时期城市工作的老干部。其中许多人，是能够到城市工人苦力中及其他各种职业中立足的，应该很好地训练培养与使用这些干部。只要这些人有办法到大城市、中等城市及交通要道立足，并能进行工作，就应抽调一些出来，加以短期训练派去工作，不论是知识分子、工人、农民及其他各种职业者，或党与非党干部均可。而这种干部，现在各根据地是很多的。再次，就是各根据地都有一些人经常到敌占城市经商、做工、谋事，特别是在苏北与胶东，每年有数十万人到上海、杭州及满洲〔2〕各城市谋生。因此，应从这些人中寻找与训练出各种各样的城市工作干部。此外，在伪军俘虏中亦可训练一些干部放回去。根据地士绅到城市居住者，亦可给他以某种任务和名义到城市去活动。就是根据地中因有某种政治嫌疑而不易弄清楚者，亦可派他们到敌占城市进行某种独立活动来考察他。而在各种干部中，要特别注意培养各城各路的当地干部，外去干部应把自己当作当地干部的引路者与保育者。在根据地中，还可以找到原来在城市及要道生长与居住过的干部，加以训练派回去。总之，我们应放手使用各种各样干部去进行各种各样工作，并使各种人的各种工作都分开进行，不混杂在一起，多头地与分路地去做。但同时又必须保持党的秘密组织之精干、纯洁与可靠，在一切大、中、小城市及铁路、公路上建立起党的多数可靠据点，作为伟大城市工作的领导骨干，形成党的领导骨干与广大人民群众相结合的局面。此外，在根据地中，各级党、政、军、民的负责干部，均应切实研究与学习城市工作，研究城市的武装起义及里应外合的斗争艺术，研究建立城市革命秩序，掌管城市及大的工商业，作为将来夺取与管理大城市和交通要道的准备。

第六，关于经费。必须有大批经费去进行城市与交通要道的工作，只要不引起干部的浪费及城市工作人员的雇佣观念，一切必须的经费，是应该充分付给的。各根据地各种组织，为了进行城市与交通要道工作的必需开支，应准予报销。在各根据地预算中，应准备一笔充足的城市工作经费。发给资本到城市与要道去做生意，以其盈利充工作经费的办法，也是可以采用的。

五、上述各项具体问题的意见，应由各局各委依据当地情况，加以切实研究，灵活地运用到实际工作中去，并在以后工作中加以充分发挥。只有这些具体问题完全解决，才能使城市与交通要道工作获得显著成绩，走向武装起义的目的地。

中共中央

六月五日

根据中央档案馆保存的油印件刊印。

注　释

〔1〕这是毛泽东为中共中央起草的党内指示。

〔2〕这里指中国东北地区。

会见中外记者西北参观团[1]的讲话

（一九四四年六月十二日）

一　致　辞

我十分欢迎各位记者来到延安。我们的目的是共同的，就是打倒日本军阀与打倒一切法西斯，全中国，全世界，都在这个共同基础上团结起来。

各位到延安时，正遇着欧洲开辟了第二战场[2]，我们表示极大的庆祝。第二战场的开辟，其影响不仅在欧洲，而且将及于太平洋与中国。中国要前进，世界要前进，我们必须取得最后胜利。

第二战场的开辟，是经过长期发展的结果，是经过莫斯科、德黑兰会议[3]发展而来的，在这些会议上决定了从东、西、南三面打击敌人。第二战场现在是实现了，三面打击希特勒的计划是实现了，我们谨祝罗斯福总统、丘吉尔首相、斯大林元帅的健康！

全中国所有抗战的人们，应该集中目标，努力工作，配合欧洲的决战，打倒日本军阀。现在时机是很好的。

关于中国国内情况，诸位先生是十分关心的，我在这里必须讲几句。关于国共关系，中国共产党对此问题的态度，早已见于中共中央历次文告及其报纸。今乘诸先生来延之便，特再申述如下：拥护蒋委员长，坚持国共合作与全国人民的合作，为着打倒日本帝国主义，建立独立民主的中国而奋斗。中国共产党此种政策始终不变，抗战前期是如此，抗战中期是如此，今天还是如此，因为这是全中国人民所希望的。

但是，中国是有缺点的，而且是很大的缺点，这种缺点，一言以蔽之，就是缺乏民主。中国人民非常需要民主，因为只有民主，抗战才有力量，中国内部关系与对外关系，才能走上轨道，才能取得抗战的胜利，才能建设一个好的国家，亦只有民主才能使中国在战后继续团结。中国缺乏民主，是在座诸位所深知的。只有加上民主，中国才能前进一步。

二　答记者问

诸位的问题可综合为三个：

第一个问题，关于国共谈判。谈判已进行了许久，但是今天还在谈判中。我们希望谈判有进步，并能获得结果。其他今天还无可奉告。

第二个问题，关于第二战场。日前《解放日报》社论已说明是一个新阶段，我们不准备再发表宣言。第二战场的开辟是同盟国〔4〕战争合作的发展，其总的性质，现在与过去比较，是没有变化的。但是第二战场开辟有与斯大林格勒反攻〔5〕某种相同的意义。一九四二年十一月以前,是法西斯凶焰高涨,反法西斯力量被打与退却的时期,赖有苏联的进攻结束了过去的阶段,开辟了新的阶段。接着,北非与太平洋相继有了进攻。这是同盟国从防御到进攻的一个大转变。第二战场开辟,在进攻中又前进了一大步,如果没有它,就不能打倒希特勒。现在欧洲已进到了决战阶段了,在这个意义上说,它是一个新阶段,特别在军事方面。我已说过,第二战场开辟的影响会是很广泛的,直接影响欧洲,将来亦会影响到太平洋与中国。但就目前来说,对中国的影响似乎不会很大,你们可以看见,外面情况虽然甚好,但是中国的问题还要靠中国人自己努力,单有国外情况的好转,是不能解决问题的。

第三个问题,关于中共的希望和它自己的工作。为了打倒共同敌人以及为了建立一个很好的和平的国内关系和一个很好的和平的国际关系,我们所希望于国民政府、国民党及一切党派的,就是从各方面实行民主。全世界都在抗战中,欧洲已进入决战阶段,远东决战亦快要到来了,但是中国缺乏一个为推进战争所必需的民主制度。只有民主,抗战才能够有力量,这是苏联、美国、英国的经验都证明了的,中国几十年以来以及抗战七年以来的经验,也证明了这一点。民主必须是各方面的,是政治上的、军事上的、经济上的、文化上的、党务上的以及国际关系上的,一切这些,都需要民主。毫无疑问,无论什么都需要统一,都必须统一。但是,这个统一,应该建筑在民主基础上。政治需要统一,但是只有建立在言论、出版、集会、结社的自由与民主选举政府的基础上面,才是有力的政治。统一在军事上尤为需要，但是军事的统一，亦应建筑在民主基础上，在军官与士兵之间，军队与人民之间，各部分军队互相之间，如果没有一种民主生活、民主关系，这种军队是不能统一作战的。经济民主，就是经济制度要不是妨碍广大人民的生产、交换与消费的发展，而是促进其发展的。文化民主，例如教育、学术思想、报纸与艺术等，也只有民主才能促进其发展。党务民主，就是在政党的内部关系上与各党的相互关系上，都应该是一种民主的关系。在国际关系上，各国都应该是民主的国家，并发生民主的相互关系，我们希望外国及外国朋友以民主态度对待我们，我们也应该以民主态度对待外国及外国朋友。我重复说一句，我们很需要统一，但是只有建筑在民主基础上的统一，才是真统一。国内如此，新的国际联盟亦将是如此。只有民主的统一，才能打倒法西斯，才能建设新中国与新世界。我们赞成大西洋宪章〔6〕及莫斯科、开罗〔7〕、德黑兰会议的决议，就是基于这个观点的。我们希望于国民政府、国民党及各党派、各人民团体的，主要的就是这些。中国共产党所已做和所要做的，也就是这些。先生们来到边区已有十几天，今后还将有若干时日留在边区。你们可以看到，我们共产党为着打倒日本帝国主义而做的一切工作，都贯彻着一个民主统一或民主集中的精神。其有不足的，必须继续做。如果有缺点，必须克服这种缺点。我们认为全中国只有民主制度、民主作风，目前才能胜敌，将来才能建立一个很好的和平的国内关系与国际关系。对于德、意、日等法西斯国家，在法西斯被打倒以后，我们所希望于他们的，也是如此。持此观点来看许多问题，没有不可以说通与做通的。今天时间已晚，今后还可互相交换意见。我要说的，就是如此。

根据一九四四年六月十三日
《解放日报》刊印。

注　释

〔1〕中外记者西北参观团，其成员有美联社、合众社、路透社、塔斯社等的外国记者，《大公报》、《中央日报》、《扫荡报》、《新民晚报》等的中国记者以及国民党官员共二十余人。该团于一九四四年六月九日到达延安，在延安参观访问一个月左右。七月十二日中国记者离开延安回重庆，外国记者留下继续参观访问。

〔2〕第二战场，见本卷第7页注〔3〕。

〔3〕莫斯科会议，见本卷第102页注〔21〕。德黑兰会议，见本卷第79页注〔5〕。

〔4〕同盟国，指第二次世界大战期间共同对德、意、日轴心国作战的中、苏、美、英、法等国家。

〔5〕参见本卷第33页注〔2〕。

〔6〕大西洋宪章，也称《罗斯福丘吉尔联合宣言》，是罗斯福同丘吉尔一九四一年八月九日至十二日在大西洋的纽芬兰海面举行会谈后，于十四日正式发表的。宣言指出：两国不追求领土或其他方面的扩张，尊重各民族自由选择其政府形式的权利，赞同摧毁德国纳粹暴政和解除侵略国家的武装等。

〔7〕开罗会议，见本卷第79页注〔4〕。

纪念联合国日，保卫西安与西北！[1]

（一九四四年六月十四日）

今天是第三次联合国日，延安有热烈的民众大会，这个大会不但是一个庆祝大会，又是一个动员民众保卫西安，保卫陕西与西北的大会。

一九四二年罗斯福总统发起以每年今日为联合国日，全世界反法西斯各国都在这天作纪念，今年是第三次了。过去的两年，是世界形势起巨大变化的两年，包括两个巨大的事变。第一个是在一九四二年十一月，苏联红军从斯大林格勒[2]开始进攻，扭转了世界的历史，随后又有英、美在北非与太平洋的进攻，把联合国[3]的防御与退却形势，转变到了进攻形势，苏联红军的伟绩，起了决定作用。第二个是本月六日英、美联军开辟了第二战场[4]，使进攻转到了决战阶段，英勇的盟军正在法境作艰苦的但是胜利的战斗，它的影响将及于全世界。我们在中国纪念联合国日，不要忘了苏、美、英人民的艰苦奋斗，不要忘了斯大林元帅、罗斯福总统与丘吉尔首相的英明领导和他们所指道路之正确。

欧洲与太平洋早已转入进攻，欧洲且已进入决战阶段，但是日寇还在向中国进攻，中国不但还没有转入进攻的迹象，而且还不能停止退却，这是今天中国的新形势。从四月十八日开始，日寇相继发动向河南、湖南与广东的进攻，洛阳失陷，长沙岌岌可危，其中最严重的是河南战事。在这个战场上，洛阳失守以前，敌以攻击第一战区蒋鼎文〔5〕将军及汤恩伯〔6〕将军统率下的三十余万军队为主要目的，以洛阳失陷而告一段落。本月初旬，又开始第二个战役，敌以向部署在灵宝、虢略、官道口线的第八战区胡宗南〔7〕将军统率下的军队进攻为主要目的。截至本日为止所获情况，该线业已不守，敌向潼关前进，显有攻陕目的。据闻西安已下令疏散，西北处在极大的威胁中。中国纪念联合国日，却和欧洲及太平洋处于相反的情况，那边在进攻，这边在退却。

中国境内也有两种情况，敌后战场在进攻，正面战场在退却。中国从抗战开始，即形成了两个战场，敌后战场与正面战场。一九三七年七月至一九三八年十月武汉失守，敌主力向正面战场进攻，但是八路军、新四军却向敌后前进，开辟了几个广大的敌后战场。武汉失守后，敌人开始改变其战争政策，对国民党正面战场以政治诱降为主，以军事进攻为辅，而逐渐移转其主力于敌后对付共产党，直至今年三月，整整五年半时间，主要的打击力量都落在共产党及敌后人民身上。最高峰时，六十万日军及九十万伪军的总数中，共产党担负的几达四分之三。然而我们是没有任何接济的，各抗日根据地又是被敌人分割了的。五年半中，敌对正面战场只作过几次战役性质的作战，都是早去晚归，并无战略的与占领性质的进攻。国民党统治人士在此期间的政策，是招架与观战的政策，敌来招架，敌去袖手，而注其全力于防制人民、压迫民主与反对共产党。

这个政策，贯彻于其一切党、政、军机构中，顽固执着，不愿稍变，以迄今日。

但是敌情起了变化，四月十八日以后，过去以政治诱降为主的政策，改变为以军事进攻为主的政策。敌人所以出此，全为救死，但是敌人今天并未丧失战斗力。可是我们的政府与国民党统治人士，却因长期执行不适宜的政策，而陷于几乎丧失战斗力与束手无策的境地，军队不战而溃，或一触即溃，军队官兵脱节，军民之间又脱节，作战五十余日而退入潼关，西安震动，又在准备退却。

敌后战场以一九四一及一九四二两年为最困难时期，在敌人主力重击之下，根据地人口由一万万下落到五千万，军队缩小了，土地也缩小了。但是我们坚持奋斗，执行了中共中央的各项适宜的政策，打退了敌人一切进攻，终于站稳了脚。一九四三年及今年则举行广泛的进攻，又从敌人魔手下夺回了大批的土地，解放了广大的人民，根据地人口又上升到八千多万。八路军、新四军恢复元气，并且发展了，华北、华中、华南三大敌后战场合计，共有正规军与游击队四十七万，民兵二百万，主要的是经验丰富了，质量提高了。敌人原欲摧毁敌后战场，再攻正面战场，但是不可能了，为救死计，被迫着同时挑起这两个战场在肩上。

这本是极好的形势，只要我们的政府及国民党统治人士愿意修改自己的政策，就能振奋士气，击退敌人进攻。有如此坚强与如此广大的敌后战场存在，只要正面稍作有力的回击，即足退敌。敌人并不多，截至目前止，豫、湘、粤三处进攻部队合计不过十几个师团，难道以倾国之力还不能给它打回去吗？

而无如至今还只看到自己的退却。

这是完全没有理由的。为什么共产党能够站住，能够进攻（虽然现在尚不是战略性的进攻，尚不能攻破大城市），国民党反而不能站住，不能进攻呢？

原因很简单，共产党坚持团结与民主，共产党团结了华北、华中、华南一切敌后战场的各界人民，实行民主，依靠人民，在那里充满抗敌卫国的爱国精神与再接再厉的朝气，对于全国则力求团结，无论国民党的政策如何反动，总是愿意和它改善关系。国民党不然，就其统治人士来说，今天为止，尚毫无反省与择善的意图，没有团结与民主方针，反而天天诬蔑共产党为“奸党”，诬蔑八路军、新四军为“奸军”，诬蔑抗日民主地区为“奸区”，自大骄傲，不可一世，已属中外皆知。只知伸手向同盟国〔8〕要东西，满心依赖同盟国打日本，很少自力更生的意图与计划。以此而求胜敌，岂非缘木求鱼？

中国正面战场现在已处于极端严重的状态，我们希望我们的政府及国民党统治人士即刻进行严肃的自我批评，修改自己的政策，从今天起，与民更始，则事尚可为。目前最严重的任务是保卫西安，保卫陕西与西北。这是今天一条唯一的国际通道，此处若失，则威胁四川。我们共产党人始终希望国民党作好，我们及全国人民均希望国共两党改善关系，解决悬案，重新进入一个新的时期，我们希望我们的政府及国民党统治人士不要再使人民失望了。这种希望，美、英、苏各国同样迫切。记者团〔9〕诸君已经来延安，华莱士〔10〕副总统即将到中国，我们希望他们能起促进的作用，帮助中国人民解决团结与民主的问题，借以克服中国正面战场存在的危机。要医治中国这个时症，再无他药，惟有团结与民主，离了这些，军事危机是无法解决的。乘此联合国日纪念，谨致我们共产党人的热望。

根据一九四四年六月十四日
《解放日报》刊印。

注　释

〔1〕这是毛泽东为《解放日报》写的社论。

〔2〕斯大林格勒，即今伏尔加格勒。

〔3〕这里指同盟国。

〔4〕第二战场，见本卷第 7 页注〔3〕。

〔5〕蒋鼎文（一八九五——一九七四），浙江诸暨人。当时任国民党军第一战区司令长官。

〔6〕汤恩伯，当时任国民党军第一战区副司令长官兼鲁苏豫皖边区总司令。

〔7〕胡宗南，当时任国民党军第八战区副司令长官。

〔8〕同盟国，指第二次世界大战期间共同对德、意、日轴心国作战的中、苏、美、英、法等国家。

〔9〕记者团，指中外记者西北参观团。见本卷第 171 页注〔1〕。

〔10〕华莱士（一八八八——一九六五），当时任美国副总统。一九四四年六月二十日抵重庆，进行“调解”国共关系的活动。

给丁玲、欧阳山[1]的信

（一九四四年七月一日）

丁　玲
欧阳山 二同志：

快要天亮了，你们的文章[2]引得我在洗澡后睡觉前一口气读完，我替中国人民庆祝，替你们两位的新写作作风庆祝！合作社会议要我讲一次话[3]，毫无材料，不知从何讲起。除了谢谢你们的文章之外，我还想多知道一点，如果可能的话，今天下午或傍晚拟请你们来我处一叙，不知是否可以？

敬礼！

毛　泽　东

七月一日早

根据人民出版社一九八三年出版的《毛泽东书信选集》刊印。

注　　释

〔1〕丁玲（一九〇四——一九八六），湖南临澧人，抗日战争时期，曾任陕甘宁边区文化协会副主任、《解放日报》文艺版编辑。欧阳山，一九〇八年生，湖北江陵人，当时任延安中央研究院文艺室主任。

〔2〕指丁玲写的《田保霖》和欧阳山写的《活在新社会里》，两篇文章介绍了陕

甘宁边区合作社工作中的模范人物，发表于一九四四年六月三十日《解放日报》。

〔3〕一九四四年七月三日，中共中央在杨家岭中央大礼堂招待出席陕甘宁边区合作社会议的全体代表，毛泽东到会并讲话，阐述了合作社的方针和任务。

召开陕甘宁边区第二届参议会第二次大会的决定〔1〕

（一九四四年七月五日）

日寇临死挣扎，进攻河南、湖南，正面战场后退，全国危极，西北危极。但是八路军、新四军作战的敌后战场则捷报频传，各抗日民主根据地日益巩固，成为全国人民希望之重心。为团结一切抗战力量，准备对敌反攻，决定本年十一月召开边区第二届参议会第二次大会〔2〕。

在这次大会上，主要地将讨论下列各项问题：

（一）团结与民主问题。陕甘宁边区抗日根据地之所以发展，所以巩固，依靠于政治上的民主、经济上的民主与文化上的民主，团结了各阶层各党派的人民成为一条心。今年的参议会应检讨已有好的和不够的经验，反映各方意见，给团结与民主以更充实的内容，使各界人民，男女老少，一齐动员，增加力量。且要以边区的模范推动全国人民一齐努力，从速终止一切分裂与反民主的现象。

（二）军事问题。过去拥军优抗工作与组织民众工作是有成绩的，但是还有缺点。今后两项均应加强，务以军民一体与全民皆兵之阵势，打倒日本帝国主义。今年参议会应该检讨此种工作。

（三）边区经济文化建设问题。旧社会给边区的遗产是：贫穷、愚昧与疾病。多年以来全体人民在政府领导下，与贫穷现象斗争，这种现象或者已经消灭，或者已经减轻，人民的生活已有很大改善，丰衣足食的新现象已日渐推广。但是还没有普遍，更因抗战与备荒的需要，必须增加生产，因此必须号召人民于两年至三年内普遍做到每户至少有一年余粮。为改变边区童山太多现象，应号召人民植树，在五年至十年内每户至少植活一百株树。边区各项工业品年有增加，但还不能自给，特别是布、铁等项，要办到三年内完全自给，并且不仅求数量多，而且要求质量好。在与愚昧斗争的事业上，年来虽有进步，但文盲还未消灭，要用一切有效方法，使男女老少在数年内至少都能认到一千字。在与疾病斗争的事业上，更须作极大努力，方能克服"财旺人不旺"的现象，应在数年内做到每乡至少有一个医生，每区至少有一个药店。总之，应使现在已经蓬勃发展或已开始发展的经济运动、文化运动、卫生运动，更加向前大踏步发展。其办法：一是公营，一是民营。而主要的方法是民办公助，号召人民组织各种形式的合作社。只有公私合作、公私兼顾与在自愿原则下（禁止任何强迫摊派），把绝大多数人民都组织到经济的文化的卫生的合作运动中去，才能完成上述任务，今年参议会应具体检讨这些工作。

（四）选举问题。边区参议会议员应于明年改选。为使人民更能把自己爱戴的人选到参议会去，使这些新的参议员更能反映人民利益与决定抗战建国大计，关于选举条例及选举方式应在今年参议会中提出讨论。

上述四项，为今年参议会必须讨论之主要问题，本联席会议责成各级政府，各参议员及各级参议会，各抗日团体，各劳动英雄，在事先发动热烈的讨论，准备意见，以便届时反映于参议会，作出有利于增强团结抗战与发展边区各项建设之决议，至为至要！

根据中央档案馆保存的原件刊印。

注　　释

〔1〕这个决定是毛泽东起草的。

〔2〕陕甘宁边区第二届第二次参议会于一九四四年十二月四日至十九日召开。

同英国记者斯坦因的谈话[1]

（一九四四年七月十四日）

斯坦因：你们是否有可能改变“共产党”这个名称？

毛泽东：各国共产党只有一件共同的东西，那就是马克思主义的政治思想方法。任何地方的共产党必须将共产主义的思想体系，和另一件全然不同的事物即共产主义的社会制度区分开来，因为后者是这个思想体系的最终目标。

特别是在中国，我们必须严格地将观察、研究和解决社会问题的共产主义方法，同我们实际采用的新民主主义政策加以区别。在中国社会发展的现阶段，实现新民主主义政策是我们的近期目标。没有共产主义的思想方法，就不能正确地指导我们现在的社会革命的民主阶段；而没有新民主主义政治制度，我们就不能将共产主义哲学正确地运用于中国的实际。

我们目前的新民主主义政策在任何条件下都将必须继续实行，而且还要实行相当长的一个时期。因为中国现存的具体条件要求我们这样做。

中国现在所需要的是民主主义，不是社会主义。更确切地说，目前中国需要做三件事：（一）驱逐日本帝国主义；（二）在全国范围内推行民主制度，使人民获得一切现代自由，以真正自由的普选方式选举中央及地方政府，这些在我们管辖的区域内都已经实现了;(三)解决土地问题,使具有某种进步性的资本主义能在中国得到发展,并通过引进现代生产方法提高人民生活水平。

这些就是目前中国革命的任务。在这些任务完成之前谈论实现社会主义,只能是空谈。这就是一九四〇年在我的那本《新民主主义论》一书中告诉我们党员的观点。那时我就说过,我们革命的第一阶段即民主革命阶段,决不是短暂的。我们不是空想家,我们不能离开当前的实际条件。中国到达社会主义和共产主义阶段,比起你们经济高度发达的西方国家,很可能要晚相当长的时间。

斯:你所考虑的新民主主义经济和新民主主义社会的主要内容是什么?

毛:新民主主义的主要经济特征是土地革命。即使是现在抗日是我们的主要任务的时期,也是如此。因为中国的农民是主要的被剥削者,他们不仅受中国反动派的剥削,在敌占区还受日本帝国主义者的剥削。正是由于在我们作战的区域实行了新民主主义,我们才从一开始就在各地成功地抵抗了日本军队,因为新民主主义的各项改革符合农民大众的利益,而农民大众构成了我们作战力量的基础。

在没有进行土地改革的中国其他地区,仍然是封建土地所有制下的分散的个体小农经济,农民被土地束缚着,没有自由,彼此很少往来,过着愚昧落后的生活。这种经济是中国古代封建主义和独裁专制的基础。未来的新民主主义社会不可能建立在这样的基础上,中国社会的进步将主要依靠工业的发展。

因此，工业必须是新民主主义社会的主要经济基础。只有工业社会才能是充分民主的社会。但为了发展工业，必须首先解决土地问题。没有一场反对封建土地制度的革命，就不可能发展资本主义，西方国家许多年前的发展已十分清楚地表明了这一点。我国到一九三七年为止的国内战争时期的土地革命，其性质与西方一些先进国家过去所进行的土地革命基本上相同，土地革命扫除了封建障碍，为资本主义民主制度的发展开辟了道路。

斯：在抗日战争结束后，你们在内战时所采取的从地主那里没收土地分给农民的激进政策是否还将实行？

毛：在内战时期我们没有理由阻止农民没收地主的土地，因为地主阶级不仅压迫他们，而且在实际上领导着反对农民的斗争。我们的党只是满足了农民在这个问题上的意愿，把他们的要求变成口号，并作为政策来实行。根据中国的条件，这种没收土地的做法是一项正确的政策。农村广大群众的基本要求始终集中在对土地所有权的渴求上。已故国民党领袖孙中山先生认识到了这一点，主张实行“耕者有其田”。这是他解决民生问题纲领中的要点之一。

在反抗外来侵略者的民族战争阶段，情况当然有所不同。民族战争可以说服农民群众不没收地主的土地，因为群众也认识到，当地主也愿意抵抗外敌的时候，没收土地的政策可能会驱使地主跑向日本人控制的城市，然后再同日本兵一起打回来重新夺走土地。

于是，在抗日战争爆发后不久，农民很快就了解到我们用减租的新政策代替过去没收土地的做法，具有两大好处：一是改善了农民的生活;二是吸引了地主留在乡村参加抗日。实行有利于佃农的普遍减租以及我们保证向地主交租的政策,使佃农和地主之间的关系得到了改善,从而使日本侵略者在我们区域内简直找不到合作者了。

斯:共产党对土地政策的改变,在当时是如何决定的?

毛:这是我们党用民主方法制定政策的一个典型例子。从没收土地到普遍减租和向地主交租这一根本性的政策转变,最初是由党的下级组织的同志建议的,我们党中央采纳了他们的建议,因为很明显这一建议是符合群众的愿望的。我们对这些要求进行了研究,根据这些要求制定政策,并普遍加以实施。

假如整个中国在一切党派合作的基础上,成为一个真正的民主国家,那就能够在全国范围内实行我们的减租政策。尽管它还比不上孙中山先生的"耕者有其田"的主张(这是土地问题的最终解决方法),但它实际上仍然是一次伟大的改革。只要真正的民主政府制度在各地建立起来,就可能把现在处于封建剥削制度下的一切土地逐步地和平地转移给耕种者。

实行一切土地逐步转移给耕种者的方法,将会鼓励地主的资本投向工业,同时还要制定出其他的有利于地主、佃农,有利于整个中国经济发展的财政经济政策及其实施办法。

但是,这样的解决方法取决于真正的国内和平和真正的民主的实现。所以,也不能完全排除将来全部地没收地主土地并分给佃农的必要性,因为如果战后国民党坚持进攻我们的话,就可能再次爆发内战。

但是,不管将来国内是和平还是内战,我们宁愿不实行没收土地的政策，而是继续实行目前的减租和交租的政策，因为总的说来这将减少前进和改革道路上的障碍。

我想提醒你一下，一九三〇年南京国民党政府曾经颁布了一个土地法，规定地租的最高限额为佃农主要作物收获量的百分之三十七点五，对次要作物不得收取地租。但是事实证明，国民党不能够、也不愿意将土地法付诸实施，这项法律从未实行过。因此，事实证明，只有共产党能够真正实现土地改革，即使它采取的仅是减租的方式。

斯：中国共产党在战后对中国工商资本采取何种态度？

毛：我们坚信，不管是中国的还是外国的私人资本，在战后的中国都应给予充分发展的机会，因为中国需要发展工业。在中国和外部世界的商业关系方面，我们要以同一切国家进行自由平等贸易的政策，来代替日本把中国沦为殖民地的政策。在国内，我们要以在解放区已经实行的促进人民生产力发展、提高购买力、尽快为现代工业稳定发展创造先决条件的政策，来代替国民党政府降低人民生活水平从而阻碍国内工业发展的政策。

按照孙中山先生的设想，实现工业化有三种方式，就中国的一般条件来说，我们认为这是正确的。凡是能够操纵国民生计的关键产业如铁路、矿山等，最好由国家开发经营，其他产业可以让私人资本来发展。为了开发利用手工业及农村小工厂的巨大潜力，我们必须依靠强大的用民主方式管理的合作社。

斯：共产党打算在战后的中国起什么政治作用呢？

毛：我们的党员在中国人口中当然只占很小的一部分，只有当这一小部分人反映大多数人的意见，并为他们的利益而工作时，党和人民之间的关系才是健康的。

今天，共产党不仅反映了农民和工人的意见，也反映了许多抗日的地主、商人、知识分子等的意见，也就是说反映了我们区域内一切抗日的人们的意见。共产党愿意并且时刻准备同所有愿意与共产党合作的中国人密切合作。这种愿望表现在我们的民主代表制性质的“三三制”中，在一切民选机构中，共产党员的席位不超过总人数的三分之一，三分之二的席位给予其他党派和无党派人士。

斯：中国共产党如何处理同国民党的关系？

毛：我们愿意同国民党合作，不仅在战时，而且在战后，假使国民党让我们这样做的话。而且，我们将会像今天一样，继续履行我们在一九三七年对国民党许下的四项诺言〔2〕。

斯：关于四项保证，在重庆时我常听到人们笼统地提到它及其附带的条件，它们的具体内容是什么？

毛：我们允诺：（一）不继续实行我们过去实行的那种土地革命政策；（二）停止用武力推翻国民党政府；（三）把边区苏维埃政府改组为地方民主政府；（四）将我们的红军改编为国民革命军的一部分。〔3〕

我们那时说过，我们将履行自己所声明的诺言，但要求国民党方面做到：（一）停止内战；（二）对日作战；（三）推行民主政治，给予人民以言论、出版、集会、结社的自由；（四）采取措施改善人民的生活。〔4〕

斯：对目前的政策，或对你所阐述的中国远期目标，中国共产党内部有没有反对意见？

毛：没有，现在我们党内没有反对意见。在以前的时候有过两种偏向。一种是托洛茨基主义性质的，以陈独秀[5]为代表，他的反对意见早已毫无影响。陈独秀在一九四二年死了。另一种是张国焘[6]的偏向，他曾经有一段时间对抗党的正确路线，最后孤身一人离党而去。现在他在国民党的特务机关工作。这两种偏向都没有影响我们党的团结，而且没有留下影响团结的痕迹。

斯：你是说你的政策从来没有被怀疑过或被反对过吗？

毛：我们党内自然也时常会发生意见分歧，但这些分歧都能通过讨论和分析这种民主的方式加以解决。如果少数人对多数人的决议的正确性仍然不信服，那末，在党的会议上经过彻底辩论以后，他们就会服从决议了。在我们工作中起决定性作用的因素是我们经常去了解我们哪些政策为群众所接受，哪些政策受到群众的批评或拒绝。只有那些受群众欢迎的政策才能成为我们党继续实行的政策。

每当采取一项新的措施时，党内和党外总会有一些人不大理解。但是在实施过程中，必然会形成一种绝大多数人共同的意见，这是因为我们的党始终在注视着党内外的普遍反应，而且还根据人民的实际需要和意见，不断修改我们的措施。我们所有的党组织，从上到下都必须遵守我们的一项至关重要的原则，这就是不脱离群众，同群众的需要和愿望息息相通。

我们任何一项政策的正确性都必须由群众来检验，而且事实上一直是这样做的。我们自己也不断检查我们自己的决定和政策，一旦发现错误就加以改正。我们从所有正反两方面的经验中得出结论，并尽可能广泛地加以实施。通过这些方法，共产党同人民大众的关系就能不断得到改善。

这是最基本的一点。如果党的领导者真正是为广大人民群众的利益而工作，如果他们在这方面的努力是诚心诚意的，那末他们听取群众意见的机会是非常多的。我们十分注意倾听人民的意见。我们通过村、乡镇、区、县的群众大会，也就是我们区域内任何地方的群众大会，通过党员同各阶层人士的交谈，通过各种会议、报纸和群众的来电来信等等一切能听到人民呼声的渠道，总是能发现群众的真正的意见。实际上我们也是这样做的。

此外还有一种方法，就是在一切活动中找出几个令人满意的和令人不满意的典型例子，经过深入研究，总结经验，得出具体结论，以求得必要的工作改进。这种观察实际情况，研究好的和坏的典型例子所用的时间，有时是几个星期，有时是几个月，有时甚至是几年。虽然用的时间比较多，但这种方法却使我们能同现实发展情况始终保持密切联系，能了解人民的愿望和需要，能向党内外工作出色的人学习。

我们有些同志有时可能没有透彻理解我们的政策，在执行政策过程中犯了错误，对这样的同志必须进行批评和教育。为了达到教育目的，透彻地研究和分析一个工作中好的例子也是很重要的。就拿今天的《解放日报》来说吧，有一篇长文章〔7〕占了整整一个版面，它详细讲述了八路军的一个连如何改正缺点成为一个最好的连队。我们军队的每个连的干部和战士都要阅读、研究和讨论这篇文章。这是一个简便易行的做法，利用一个连队的好经验对五千个连队进行政策教育。今后你还会看到有关介绍一个合作社、一所学校、一家医院或一个地方行政单位的类似的文章。

我们再来谈党员和非党人士之间的相互理解、密切合作这个至关重要的问题吧。虽然这个问题已经有了很大的很坚决的改善，但是我们的一些同志依然在犯错误，纠纷和误解仍然不断发生，到处还有我们的一些党员在包办一切。因此我们一直要求大家注意，在民主的“三三制”之下，使非党人士有实际权力的重要性。在我们政策的实际执行过程中，我们要向所有同志具体讲明，我们和非党人士之间的真诚合作，不仅帮助了群众，也帮助了我们自己。这样做的结果，党和非党人士的相互信任，在他们必须通力合作的实际工作中增长了。

斯：你是否认为中国共产党曾在政策上犯过重大的错误？

毛：在所有基本点上，我们的政策从一开始就是正确的。首先，我们新民主主义的基本政策是正确的。这个基本政策是让人民群众自己组织起来，为实现民族独立，为建立民主制度，为在私有制基础上提高人民生活水平而进行革命。只是在把这些基本政策应用于具体情况时，有时才容易出现某种偏向，有“左”的，有右的。然而，这些偏向并不是全党性的，也不是党内某个派别的，而是党内某些人的。从这些错误中，全党都学到了很多东西。在某些时期，我们党内曾有几个人相信共产主义现在就可以在中国实行了。但是，我们的党从来没有这样的观点。由于中国的具体条件使共产主义在很长时期内不能在中国实现，因此，在我们党内不可能有一个主张立即实现共产主义社会制度的小集团存在。

国民党断言在我们党内有持各种不同观点的小集团，这是毫无根据的。国民党自身被派别搞得四分五裂，因而不能设想会有一个真正团结一致的政党，也许这就是这样的谣言在重庆能有人相信的原因吧。

斯：你是否有曾因处于少数地位而使你对某个问题的主张得不到实行的情况？

毛：是的。我自己曾经有过处于少数地位的情况。在这种时候，我所能做的只有等待。但在近些年，这种情况就非常少了。

斯：我在重庆的时候，一些中国朋友要我来观察一下共产党是“中国至上”还是“共产党至上”？请谈谈你对这个问题的看法。

毛：没有中华民族，就没有中国共产党。你还不如这样提问题，是先有孩子还是先有父母？这不是一个理论问题而是一个实际问题。这就像在国民党区域人们向你提出的另一个问题一样，问我们是在为我们的党工作，还是为人民工作？去问我们的人民吧，去哪儿问都行。他们很清楚，中国共产党是为他们服务的，他们有在最艰难的时期同我们共患难的经验。

至于我们的思想方法，我已经告诉过你，我们像其他国家的共产党一样，坚信马克思主义的正确性。当人们问我们是“共产党至上”还是“中国至上”时，可能指的就是这一点。可是，我们信奉马克思主义是正确的思想方法，这并不意味着我们忽视中国文化遗产和非马克思主义的外国思想的价值。

中国历史遗留给我们的东西中有很多好东西，这是千真万确的。我们必须把这些遗产变成自己的东西。然而我们中国有些人却崇拜旧的过时的思想，这些思想对于我们今天的中国不仅不适用而且有害。这样的东西必须抛弃。

外国文化也一样，其中有我们必须接受的、进步的好东西，而另一方面，也有我们必须摒弃的腐败的东西，如法西斯主义。

继承中国过去的思想和接受外来思想，并不意味着无条件地照搬，而必须根据具体条件加以采用，使之适合中国的实际。我们的态度是批判地接受我们自己的历史遗产和外国的思想。我们既反对盲目接受任何思想也反对盲目抵制任何思想。我们中国人必须用我们自己的头脑进行思考，并决定什么东西能在我们自己的土壤里生长起来。

最后，我想总结一下今天中国需要的是什么。中国需要国内和平和民主。没有国内的和平，中国既不能赢得抗日战争的胜利，也不能赢得和平。我们在抗日战争之后若不能取得国内和平，这可能会影响国际间的和平关系。因为，如果在中国再爆发内战，那将会持续很长一段时期，同时也势必会影响到别的国家。

外国仍然有许多人不十分明白，过去二十三年的中国政治进程中的关键问题，一直是国共两党的关系问题。将来依然如此。

在这重要的二十三年里，其第一个阶段中，从一九二四年到一九二七年，假如没有国共的合作，在中国就不会有国民革命。在第二阶段后期，从一九三一年到一九三六年，中国不能抵抗日本就是因为国民党的国民政府倾其全力，其中包括利用外国贷款、外国军事顾问以及其他形式的外援，进行“剿共”战争。在第三阶段，从一九三七年至今，如果没有国共合作，我们就不可能进行抗日战争，至少不会坚持这么长久。再说，如果国民党继续同共产党合作，至少像战争初期那样的合作，中国的作战能力比现在就不知要强大多少了。

根据斯坦因《红色中国的挑战》刊印。

注　　释

〔1〕这个谈话原载斯坦因所著《红色中国的挑战》一书，一九四六年七月曾由晨社译成中文出版。这次收入本文集，由中共中央马克思恩格斯列宁斯大林著作编译局按英文原版重新翻译。斯坦因（一九〇〇——一九六〇），出生于德国柏林，一九四一年加入英国国籍。一九四四年，作为美联社、英国《曼彻斯特卫报》、美国《基督教科学箴言报》驻重庆记者，参加中外记者西北参观团访问延安。关于毛泽东同斯坦因的这次谈话，斯坦因曾将谈话记录送毛泽东过目。斯坦因在《红色中国的挑战》一书中说："我的访谈笔记翻成中文送给他看，以确保笔记的准确无误。几乎一个星期过去了，他还没有把笔记还我。一天，我偶然遇到了他，他抱歉说，'我必须把我告诉你的一切，征求朱德同志和周恩来同志的意见。他们同意了'。我的访谈笔记还回来了，未作任何修改。""我把有关的访谈要点发表如下，不加一点我个人的评论，以确保其文献性。"

〔2〕见本卷第103页注〔26〕。

〔3〕中共中央在一九三七年二月十日给中国国民党三中全会的电报中保证实行以下四项：（一）停止推翻国民政府之方针；（二）苏维埃政府改名为中华民国特区政府，红军改名为国民革命军，受南京中央政府与军事委员会之指导；（三）在特区政府区域内实施普选的民主制度；（四）停止没收地主土地，实行抗日民族统一战线之共同纲领。

〔4〕中共中央在一九三七年二月十日给中国国民党三中全会的电报中要求国民党实行下列各项：（一）停止一切内战，集中国力一致对外；（二）言论集会结社之自由，释放一切政治犯；（三）召集各党各派各界各军的代表会议，集中全国人材共同救国；（四）迅速完成对日抗战之一切准备工作；（五）改善人民生活。

〔5〕陈独秀，见本卷第101页注〔8〕。

〔6〕张国焘，见本卷第101页注〔7〕。

〔7〕指一九四四年七月十四日《解放日报》发表的军委总政治部写的《警七团的第七连》一文。

关于时局近况的通知[1]

（一九四四年七月十五日）

各同志：

兹将时局近况通知你们。

（一）蒋[2]之军队由于其士兵是捆绑与购买来的，军官极其腐败与根本没有民族民主教育，提倡反共教育，因而大部分军队充满失败情绪，失去战斗意志。蒋军在河南、湖南作战中，绝大多数均不战而溃或一触即溃，损失在四十万以上。进攻河南敌军不过四个师团，蒋军近四十万，除少数武器较差、待遇较坏的杂牌军比较能作战外，几乎无不望风而逃。胡宗南[3]有十个师由陕、甘开入豫西参战，但是只有一二个师能打一下，其余都是一触即溃。河南人民，在蒋军残酷压迫下引起他们普遍地与军队对立，群众暴动围缴军队枪械。这些地方的共产党，早已被国民党摧残，但是这些地方的人民在对国民党失望后，希望中共军队到临抵抗敌军之心甚为强烈。

（二）胡宗南已调动十个师入豫参战，对边区威胁减轻，但直接包围边区军队并未减少，封锁依然存在，一切反共行为依然继续。

（三）英、美、苏记者到边区已一个多月，他们感到兴奋。但是蒋在事前沿途布置反共宣传，蒋又派一批人同来监视他们，进行破坏中共工作，但未达到目的，这些人现已离边区，他们出去后可能进行破坏宣传。但是英、美、苏三国主要记者尚留边区，他们愿意多看一看，并将赴晋西北参观。他们对英、美、苏的新闻报道有利于我们。

（四）罗斯福〔4〕三次电蒋要求派美国军事代表团来延安，均被蒋拒绝；此次华莱士〔5〕来华，率美方在渝有关人员全体见蒋，正式提出罗斯福第四次电报，蒋始被迫答应。美军事人员十八人不日可到延安。

（五）国共谈判无进展。关于党的问题，国民党虽在形式上说可以照抗战建国纲领办理，但是实际上仍不承认我党合法地位；关于军队问题，仅承认十个师即十万人的名义，其余三十七万军队、二百万民兵，均要解散；关于政权问题，只承认陕甘宁边区一处，对华北、华中、华南各敌后根据地代表八千六百万人民的民主政权，概不承认；我党被捕人员不肯释放；其他要求条件都不答应。林伯渠〔6〕同志尚在重庆，但是根本调整国共关系，要待蒋更困难及美方施以更大压力时才有希望。

（六）国民党政治、军事、经济、文化机构，腐化达于极点，酝酿着极大危机。孙科、宋子文、于右任〔7〕及许多国民党党员均不满蒋及其集团的死硬政策，各中间党派及川、滇等省地方实力派更加不满。如果日本继续向内地作深入进攻，重庆可能发生重大事变。

（七）我党在华北、华中、华南三大敌后战场，近几个月有新发展，消灭了许多敌伪军，夺回了许多土地。为克服物质困难，发展了广大的生产运动，今年天雨及时，粮食可望丰收。在人民面前，我党领导的敌后战场与国民党领导的正面战场间的区别，越来越明显了。一个在进攻，在发展，在巩固；一个在退却，在萎缩，在充满着危机。在敌人继续进攻情况下，这种区别会更显露出来。但是我党困难仍是很多的，日寇将向我们施行残酷进攻，经济困难依然极大，决不可粗心大意，失去警惕性。

（八）对国民党问题，我们将继续谨慎处理方针，谈判虽无结果，但仍在进行中。

毛　泽　东

七月十五日

根据中央档案馆保存的原件刊印。

注　释

〔1〕这份电报的发出时间是一九四四年七月十九日，发给李先念和中共中央华中局、山东分局、冀鲁豫分局、北方局、晋察冀分局、晋绥分局。

〔2〕蒋，指蒋介石。

〔3〕胡宗南，当时任国民党军第一战区副司令长官兼第三十四集团军总司令。

〔4〕罗斯福，当时任美国总统。

〔5〕华莱士，当时任美国副总统。一九四四年六月二十日到达重庆，进行“调解”国共关系的活动。

〔6〕林伯渠，当时任中共中央委员、陕甘宁边区政府主席，是同国民党谈判的中共代表。

〔7〕孙科，当时任国民党政府立法院院长。宋子文（一八九四——一九七一），广东文昌（今属海南）人，当时任国民党政府外交部部长。于右任，当时任国民党政府监察院院长。

请各地调查和答复十项问题

（一九四四年七月二十八日）

先念、漱石、荣桓、黄敬、小平、子华、林枫[1]同志：

下列问题，请予电复。

（一）经过时事教育、整风、反特、减租之后，对于党外人士的团结、“三三制”[2]的推行是否生长了一种“左”的现象？党外人士是否对我们发生不满，其不满之点主要是什么？他们是否感到有职无权，如何使他们有职有权？如何使他们经过参议会、座谈会、参加政府工作与社会事业，把他们进一步团结起来？同时，右的现象是些什么？

（二）减租中的偏向，明减暗不减是否还存在，减租是否还应定为今年的任务？同时，减租中的过左现象是些什么？

（三）拥政爱民与拥军优抗两项工作是否较前进步，两项工作的缺点各是什么？

（四）据你们看，秋冬军队轮番大整训可能性如何，你们是否已在着手研究此事？现在军队军事与政治工作两方面的主要缺点是些什么？

（五）民兵工作的缺点是什么？是否还有大量发展的可能性？如何使民兵及地雷战普遍大量发展？并如何使战斗与生产相结合在民兵运动中完全实现？

（六）沦陷区、接敌区合法与非法工作相配合的工作是否有更大发展？赤白对立现象是否发生过及如何克服的？

（七）据你们看，中央对城市工作指示〔3〕其实现的可能性如何？你们是否已在着手研究此项工作？

（八）经过今年大生产运动后，是否可以酌量减轻人民负担？例如减轻百分之十至二十，是否不至损害财政支出？

（九）在今年部队、机关生产发展基础上，是否已经看得见战士及工作人员的生活有了相当改善？或者还是很苦的？同时，在我们帮助农民发展生产方面，是否已经看得见农民收益的增长？农民对于按家计划、互助组织及合作社的态度如何？在这些工作中存在的命令主义是否很严重？全根据地粮食、棉花及各项工业品其自给程度及可能性如何？

（十）对于将民众团体的工作在减租减息后转到领导各界人民发展生产、文化、卫生方面，你们意见如何？据你们看，是否只在作了这种转变后，民众团体（各救）的工作人员才有事做，才不是空架子？各地是否正在作这种转变？

以上十项问题，请作一次或分作几次答复（每项不必太详，以能扼要说明问题为限），以便中央在今秋能对其中几项工作作恰当的指示。

毛　泽　东

午俭

根据手稿刊印。

注　　释

〔1〕先念，即李先念，当时任中共豫鄂边区委员会书记、新四军第五师师长兼政治委员。漱石，即饶漱石，当时任中共中央华中局代理书记、新四军代理政治委员。荣桓，即罗荣桓，当时任中共中央山东分局书记、八路军第一一五师政治委员和代师长、山东军区司令员兼政治委员。黄敬，当时任中共中央平原分局书记、八路军冀鲁豫军区政治委员。小平，即邓小平，当时任中共中央北方局代理书记、八路军第一二九师政治委员。子华，即程子华（一九〇五——一九九一），山西解县（今属运城市）人，当时任中共中央晋察冀分局代理书记、八路军晋察冀军区代理政治委员。林枫，当时任中共中央晋绥分局代理书记、八路军晋绥军区政治委员。

〔2〕“三三制”，见本卷第25页注〔8〕。

〔3〕见本卷第158—166页。

一切政治的关键在民众[1]

（一九四四年八月十二日）

一

守衡阳的战士们是英勇的。但是他们的努力没有人支援，因为我们政府和我们统帅部的不要民众与自愿放弃主动权的消极战略不能支援他们，人民虽然焦急万分，也无法自动去支援。

二

政府的措施中，没有一件是号召和组织民众起来参加保卫衡阳、保卫西南与西北的。西安国民党人竟在报纸上批评延安在联合国日纪念大会上数万到会民众所表示的保卫西安与西北的坚强意志，认为是“共产党的阴谋”。总之，一切大好河山，都由国民党包办，不要人民干与。可是国民党先生们啊，这些大好河山，并不是你们的，它是中国人民生于斯、长于斯、聚族处于斯的可爱的家乡。你们国民党人把人民手足紧紧捆住，敌人来了，不让人民自己起来保卫，而你们却总是“虚晃一枪，回马便走”，据说这是“磁铁战术”，实际则是永远抛弃主动权，永远不要人民的战术，人民已经看穿你们这个“西洋景”了。

三

一切问题的关键在政治，一切政治的关键在民众，不解决要不要民众的问题，什么都无从谈起。要民众，虽危险也有出路；不要民众，一切必然是漆黑一团。国民党有识人士其思之。

根据毛泽东手稿刊印。

注　　释

〔1〕这是毛泽东在审阅《解放日报》社论稿《衡阳失守后国民党将如何？》时加写的三段文字。

对华中部队整训的意见[1]

（一九四四年八月二十二日）

饶、张、赖[2]：

十四日电悉。

（一）华中部队整训应着重练兵、带兵、养兵、用兵四大项，而以练兵为中心。可参考张宗逊[3]关于冬季练兵的总结报告。其中经验，打破陈规，采用兵教兵、官教兵、兵教官群众运动的练兵办法，是突破历史的新创造。华中各地，应令在职的团级及团级以上干部，有十天左右时间讨论这种练兵新法，使他们学会练兵，保证获得优异的练兵成绩。练兵内容，着重提高战斗技术，着重把投弹、射击、刺杀、土工作业四大基本技术练好。同时，在干部中还应讨论带兵，去创造新的管理方法；讨论养兵，去保证增加生产，改善待遇，增强体力；讨论用兵，去增强作战指挥方法。这四样是当务之急，能在一年内解决得好，我军战斗力可提高数倍，便利去应付战局变化的需要。开这种练兵会，或在军部开会，或在各地分组开，应就便去做，负责师、旅干部应亲自主持。

（二）关于培养团级干部，军部可办团级训练队，或称军事整风班亦可，吸收离职的旅、团级干部，并选一部优秀营级干部参加，时间不宜太长，课程可定为战术学、兵器学、筑城学、地形学、管理教育(带兵、练兵、养兵等军事行政事项)五大项,以提高干部的指挥艺术为中心。关于战术学习,最好采用总结过去战例的互相批评的整风座谈办法,就是要学生报告自己的作战经验,或提出若干问题让学生发表意见,举行辩论之后,然后加以总结。这种根据实践的启发式的具体学习,最合我军干部的需要。以前照本宣科的办法,既不易注入,且难切合实际。延安抗大,正准备冬季开办抗大教员训练班,先教好教员,四个月后再回去教学生,其课程也是上述几项。教员,此间无人派来,应由你们自己负责作教员,或在学生中培养和选拔教员,或即用学生教学生、发挥特长、学习特长的新办法,或就华中现有旧军人材,加以改造,作为教学助手。延安军教人材亦感缺乏,因此全靠你们自己负责去解决。

(三)关于特种兵人员,如工兵之类,可在各抗大开办训练班。关于使用新武器、掌握新技术等教育,目前暂不强调,如果我们把练兵、带兵、养兵以及战术基础,做得很深入巩固,到了有新兵器之时,再来学习使用,也来得及的。

以上提议,请你们按实况实施之。

毛、刘、陈〔4〕

未养

根据中央档案馆保存的抄件刊印。

注　释

〔1〕由毛泽东、刘少奇、陈毅署名的这份电报的原稿,是由当时在延安的陈毅起草的。毛泽东在审阅时作了修改。修改后他写信给陈毅,谈了几点意见:"中央整

训指示中有用兵一项，今年当然不能强调，应以练兵为主，但应提及。整训指示又规定一年整训主要靠今冬完成，因不但明春春耕到来后练不成，且恐时局变动得快，故团级以上干部讨论练兵办法不宜过久，去冬边区只用五天讨论五天下操，即完成了练兵动员。又高级训练班时间亦不宜太长，以便应付时局。”

〔2〕饶，指饶漱石，当时任中共中央华中局代理书记、新四军代理政治委员。张，指张云逸（一八九二——一九七四），广东文昌（今属海南）人，当时任新四军副军长。赖，指赖传珠（一九一〇——一九六五），江西赣县人，当时任新四军参谋长。

〔3〕张宗逊，一九〇八年生，陕西渭南人。当时任八路军第一二〇师第三五八旅旅长。

〔4〕陈，指陈毅，当时任新四军代理军长，已到延安准备出席中国共产党第七次全国代表大会，受中央委托与刘少奇共同指导华中地区新四军的工作。

给秦邦宪[1]的信

（一九四四年八月三十一日）

博古同志：

此文[2]改了一些，原拟发表，后觉改的与原文各部分颇不调和，故决定不发表，而请报馆[3]另写一篇不涉及许多根本问题的文章发表了。关于原文不妥之处，我的意见如下：原文着重改造家庭，关于联系群众运动方面说的很少（即在已发表的那篇社论[4]上亦是如此），而问题的重点，恰是使家庭改造与群众运动联系起来。这种群众运动，有当地的不脱离家庭的群众运动——变工队[5]及合作社，自卫军及民兵，乡议会，小学、识字组及秧歌队，以及各种群众的临时集会；有脱离家庭、远离农村的群众运动——进军队（才有革命军），进工厂（才有劳动力市场），进学校（才有知识分子）以及其他出外做事等。民主革命的中心目的就是从侵略者、地主、买办手下解放农民，建立近代工业社会。“巩固家庭”的口号，只有和上述种种革命运动联系起来，才是革命的口号。农民的家庭是必然要破坏的，进军队、进工厂就是一个大破坏，就是纷纷“走出家庭”。实际上，我们是提倡“走出家庭”与“巩固家庭”的两重政策。扩军、归队、招工人、招学生（这后二项将来必多）、移民、出外做革命工作、找其他职业等等，都是提倡走出家庭，这个数目，在现在敌后战场是很大的，在战后也将是很大的。剩下的男女老幼，才是提倡巩固其家庭。在内战时的兴国县，有些家庭，剩下来待我们巩固的，竟至占人口的少数。只要有一个大的时局变动，例如打下北平之类，我们居住的这个现在很少变动的边区农村家庭人口，也将有许多人走出家庭。实际上，不断地走出，不断地巩固，这就是我们的需要。所以，根本否定"五四"口号，根本反对走出家庭，是不应该也不可能的。

没有社会活动（战争、工厂、减租、变工队等），家庭是不可能改造的。襄垣李来成家的改造，正是在社会群众运动的大浪潮中才获得。农村家庭从封建到民主的改造，不能由孤立的家庭成员从什么书上或报上看了好意见而获得，只能经过群众运动。

此外，新民主主义社会的基础是工厂（社会生产，公营的与私营的）与合作社（变工队在内），不是分散的个体经济。分散的个体经济——家庭农业与家庭手工业是封建社会的基础，不是民主社会（旧民主、新民主、社会主义，一概在内）的基础，这是马克思主义区别于民粹主义的地方。简单言之，新民主主义社会的基础是机器，不是手工。我们现在还没有获得机器，所以我们还没有胜利。如果我们永远不能获得机器，我们就永远不能胜利，我们就要灭亡。现在的农村是暂时的根据地，不是也不能是整个中国民主社会的主要基础。由农业基础到工业基础，正是我们革命的任务。

以上，请给艾、陆、余〔6〕三同志一阅。如有意见，请告知。

敬礼！

毛　泽　东

八月三十一日

又，我在改文中加上了解放个性，这也是民主对封建革命必然包括的。有人说我们忽视或压制个性，这是不对的。被束缚的个性如不得解放，就没有民主主义，也没有社会主义。

根据手稿刊印。

注　释

〔1〕秦邦宪，又名博古，江苏无锡人。当时任解放日报社社长。

〔2〕指原题为《把新民主主义社会的基础建立在家庭里》的《解放日报》社论草稿。

〔3〕指解放日报社。

〔4〕指一九四四年八月二十五日《解放日报》就山西襄垣李来成建立新式家庭一事发表的社论，题为《发扬根据地新式家庭》。

〔5〕变工队，参见本卷第76页注〔4〕。

〔6〕艾，指艾思奇，当时任解放日报社副刊部部长。陆，指陆定一（一九〇六——一九九六），江苏无锡人，当时任《解放日报》总编辑。余，指余光生（一九〇六——一九七八），浙江镇海人，当时任《解放日报》副总编辑。

坚持为人民服务[1]

（一九四四年九月十八日）

同志们！你们是从部队里选举出来的，你们代表了八路军、新四军，同时你们还代表了我们抗日根据地的九千万人民，也代表了全中国四万万五千万人民来开会。虽然你们不是全国人民直接选举的，但实际上你们所执行的纲领和工作任务，代表了全中国人民的要求——打倒日本帝国主义，解放中华民族。

武汉失守以来，特别是最近二年以来，中国抗战形势发生了显著的巨大的变化。现在八路军、新四军及华南人民抗日部队抗击了在华敌伪军的六分之五，国民党只抗击了六分之一。豫湘战役[2]，敌人如入无人之境，情形极为严重。中国不亡，是由于有了我们共产党和八路军、新四军，主要地是由我们支持了抗战局面。这就是今天中国的抗战形势。

我们的部队，不论在前方打敌人或在后方保卫陕甘宁边区，不论生产或练兵，不论军民关系、官兵关系，都有很大的进步；但是我们还有缺点，我们要改正缺点，进一步提高自己。在去年拥政爱民运动中，我们运用了自我批评的方法，我们有缺点还可以互相批评。军队要有统一领导和纪律，才能战胜敌人；正确的自我批评，对于领导和纪律，不但不会削弱它，而且只会增强它。当然，这种自我批评只有在我们的部队里才有，在国民党军队里这是不可能的。因为我们的军队是真正人民的军队，我们的每一个指战员以至每一个炊事员、饲养员，都是为人民服务的。我们的部队要和人民打成一片，我们的干部要和战士们打成一片。与人民利益适合的东西，我们要坚持下去，与人民利益矛盾的东西，我们要努力改掉，这样我们就能无敌于天下。我们的军队一向就有两条方针：第一对敌人要狠，要压倒它，要消灭它；第二对自己人，对人民、对同志、对官长、对部下要和，要团结。这是党中央和西北局的方针，也是全体人民所要求的方针。

根据一九四四年九月二十三日
《解放日报》刊印。

注　　释

〔1〕这是毛泽东在中共中央办公厅举办的招待八路军留守兵团全体模范学习代表及从敌后转战归来参加整训的各部队战斗英雄代表大会上的讲话。

〔2〕豫湘战役，指日本侵略军发动的打通大陆交通线作战的第一、第二阶段。一九四四年四月中旬，日军以十四万兵力首先发起河南战役，国民党守军蒋鼎文、汤恩伯、胡宗南部在日军进攻面前不断败退，至五月二十五日，郑州、洛阳等三十八个县市相继陷落。五月二十七日，日军又发动湘北作战，六月十八日侵占长沙。六月二十二日，开始对军事要地衡阳发动攻击，遭到中国守军的顽强抵抗，经四十七天激战，大部守军伤亡，八月八日日军占领衡阳。

驳国民党政府提示案[1]

（一九四四年九月十九日）

一看六月五日政府之提示案[2]，就可知道，提示案没有一个字提到抗战（这是最值得注意的），没有一个字提到当前的艰危之局，没有一点表示改弦更张放弃误国政策之意。该提示案要把敌后抗战卓著功勋、抗击了敌伪军六分之五的武装力量的五分之四以上，“限期取消”。即是说，该案允编十个师，依国民党编制每师约一万人，不过十万人，其余三十七万正规军都要“取消”，而且要快快“取消”，试问这不是日本人的腔调吗？日本强盗千方百计用残酷的战争方法所不能“取消”的，现在经过国民党政府诸公一纸提示案，假如真正“取消”了，那岂不是要受到天皇陛下的头等奖赏吗？该提示案又要把由中国解放区人民民主选举出来的，与敌后人民血肉相关、甘苦与共，坚决领导抗战的民主政权，“一律由各该省政府派员接管处理”。但是这些所谓“省政府”也者，究在何处呢？谁也不知道它们逃在什么角落里去了。它们究竟与人民及其艰苦卓绝的斗争有什么关系呢？如果有一天查明了它们的所在地，这些所谓省政府的老爷们，只应该给他们一种公平的待遇，就是“撤职查办”四个大字。何况还有许多卖国贼暗藏在这些所谓省政府里面呢！卖国贼庞炳勋、石友三[3]不都是过去这类省政府的主席吗？至于委员们之投敌叛国者更不可胜计了。总之，这个提示案只是有利于日本侵略者，只是那些为着私利而忘掉国家民族的人们之意旨的反映。说得明白一点，所谓提示案，正是今天一小群只图私党利益、不知民族大义的国民党法西斯分子之卑鄙意识的结晶，是每一个真正爱国者所不可能与不应该接受的，因为谁要接受这种提示案，就无异于帮助日本侵略者。

根据中央档案馆保存的原件刊印。

注　释

〔1〕这是毛泽东审阅新华社九月十九日电讯稿《延安权威人士评国共谈判》时作了大量重要改写的一段话。

〔2〕见本卷第135页注〔7〕。

〔3〕庞炳勋（一八七九——一九六三），河北新河人，一九四〇年后任国民党河北省政府主席，一九四三年投降日本帝国主义。石友三（一八九一——一九四〇），吉林长春人，曾任国民党军冀察战区副总司令兼察哈尔省政府主席、第三十九集团军总司令，在河北省南部和山东省西南部专门联合日军进攻八路军，摧残抗日民主政权，屠杀共产党员和进步分子。一九四〇年六月，与日本驻军签订“防共协定”，准备公开投敌。后被处死。

为林伯渠[1]起草的复王世杰、张治中[2]的信

（一九四四年九月二十七日）

雪艇、文白两先生大鉴：

九月十日两先生来函，及在这次参政会[3]上双方关于谈判经过的报告，和蒋主席在参政会上对于本问题的表示，均已报告我党中央。兹将复示以下几点，奉告两先生，并请转达国民政府蒋主席及贵党中央。

（一）我们对于蒋主席在参政会上表示继续用政治方式解决问题一点，表示欣慰。因为国内一部分强有力的人士，对于内战的准备，并未放松，内战危机，依然存在。并且愈到反攻之时，危机将愈严重。按照他们的计划，是要把反攻与反共合并举行，以达其所谓一举两得之目的的。但是蒋主席在参政会上有此表示，足使我们及国人暂时放心。对于参政会所组织的延安视察团，我们表示欢迎。对于两先生延安之行，仍盼命驾。至于两先生问是否能派负责代表偕返重庆一节，要看延安谈判结果如何而定。但可确告者，只要国民政府与国民党方面不拒绝继续谈判，又能保障来往自由（至今天为止是没有这种自由的），即使无人立即出来，不久一定会有人出来。虽然周恩来、董必武[4]二同志在渝多年，前年林彪[5]师长来渝，祖涵此次

来渝又已五月，无一人获有谈判结果；但是只要还有一线希望，我们总是有人来谈判的。

（二）鉴于目前抗战形势之危急，而国内一般情况远未走上适合抗战需要之轨道，不论在军事上、经济上、文化上、政治上到处都存在着严重的危机，政府与人民之间、军队与人民之间、军官与兵士之间、军官与军官之间、军队与军队之间无一不发生异常严重的脱节现象，全国人民皇皇不可终日，烦闷、苦恼与怨恨的情绪与日俱增，大家感觉没有出路，在此种种情况下，以致军心动摇，民心离异，以致不能停止敌人的进攻，不能配合盟国的反攻。造成这些严重危机的最根本原因，就是由于在一党独裁制度下完全没有民主。因此不能取得人民的信任，不能动员与团结全国抗战力量，不能巩固军心民心，不能使政治、军事、经济、文化各项设施符合抗战、民主与团结的需要。现在唯一挽救时局的办法，就是要求国民政府与国民党立即结束一党专政的局面，由现在的国民政府立即召集全国各抗日党派、各抗日部队、各地方政府、各民众团体的代表，开紧急国是会议，成立各党派联合政府，并由这个政府宣布并实行关于彻底改革军事、政治、经济、文化各方面的新政策。只有这样的新政府，但决不是请客式的、不变更一党专政实质的、不改变政策的所谓新政府，才能一新天下之耳目，才能实行孙中山先生的革命三民主义，才能保障人民有充分民主自由的权利，才能发出积极抗战的军令与民主主义的政令，才能取得人民的信任，而把全国人民动员起来，增强抗战力量，停止敌人的进攻与实行我们的反攻，也才能实行真正由人民选举的国民大会与实现民主选举的政府。有了这样的新政府，国家统一也就可能实现了。如果一党专制的局面继续不变，则无法取得人民的信任，各种危机只会增大，人民不能动员，抗战不能胜利，离心离德的危险现象无法克服，国家统一断乎不能实现。我们这个建议，实是代表全国人民的要求，即贵党中亦有不少人士同具此心。这个建议，祖涵已在此次参政会内正式提出，兹特重申此意。两先生历次谈话与函件，对于实行民主，全属敷衍之词，使人感觉不到任何诚意。即九月十日来信，仍是如此。此计不决，则两党谈判即使可能解决若干枝节问题，至于关系国家民族的重大问题，必不能获得彻底解决的。

（三）两先生九月十日来信中有“要求与时俱增”一项责备之词，不能不予以辨正。林彪师长所提四项〔6〕，时在一年半之前，当时已为政府拒绝，林师长空劳往返。五月间祖涵在西安与两先生所谈，约定各呈报自己中央请求指示，祖涵与两先生均无权作最后决定，故只有六月四日（于六月五日由祖涵面交两先生的）敝党中央所提正式十二条与委托祖涵所提口头八条〔7〕，才是敝党中央的意见。且西安所谈，原约定双方签字呈报双方中央，但祖涵签字后，两先生不愿签字，应即不能成立，何得事后又引为根据？两先生此种作法，说得客气一点，叫做不友好态度；说得正确一点，叫做玩弄无谓的手腕，是只会影响问题的解决的。至于“华中华南”四字，明是电文脱落，后经校正，故即补上。华中、华南广大解放区人民抗日政权之存在，已历多年，岂有不要政府承认之理？

（四）综观两先生九月十日来信，仍如政府提示案〔8〕及两先生前次来信一样，不从抗战利益出发，故总是不着边际，毫无结果。除前述实行民主一项关系国家兴亡之大问题外，关于广大中国解放区军、政两项要求国民政府承认问题，亦复如此。现在再一次明告两先生：全部敌后解放区的军队与政权是一定要请国民政府承认的，而且一定会“与时俱增”。因为整个敌后战场的战争情况，与正面战场恰成相反的对照，在正面是节节败退，在敌后是节节胜利。十八集团军、新四军与华南抗日纵队是在一天一天地发展，收复的国土、解放的人民与民选的政府，也是在一天一天地增多，这些难道国民政府与国民党都不喜欢吗？难道蒋主席也不喜欢吗？不见得吧！不管国民政府、国民党承认与否，万恶的日本强盗总是要打的，而且是要打到鸭绿江边，收复一切国土的。我们所以请求承认，是要求统一，要求国民党、共产党及全国一切抗战力量，都在民主基础之上，而不是在独裁基础之上，统一团结起来，好配合盟国早日把日本强盗打倒。如果你们坚持不承认主义，或少承认主义，祖涵以为是不妥当的。为什么打胜仗的军事力量你们不要，打败仗的军事力量你们尽要呢？为什么收复的国土你们不要，反加责备，而几个月之内从郑州到桂林丧失如此广大国土，你们反而不可惜，不加责备呢？我现在敬告两先生，并请转告国民政府与蒋主席，请你们嗣后再也不要讨厌我们共产党人请求你们承认打胜仗的军队与收复的国土了，因为这种嫌恶情绪是很不合于民族利益的。率直之言，尚乞鉴谅！

林　祖　涵

根据中央档案馆保存的原件刊印。

注 释

〔**1**〕林伯渠，名祖涵，当时任中共中央委员、陕甘宁边区政府主席。抗日战争时期任中共同国民党谈判的代表，这时正在重庆进行谈判。

〔**2**〕王世杰，字雪艇；张治中，字文白。均参见本卷第134页注〔3〕。

〔**3**〕参政会，指国民参政会，是国民党临时全国代表大会于一九三八年三月三十一日决议成立的最高咨询机关。参政员由国民党政府指定，其中国民党人占大多数。中国共产党参政员为毛泽东、秦邦宪、陈绍禹、董必武、林伯渠、吴玉章、邓颖超七人。随着国民党消极抗日、积极反共政策的发展，国民参政会越来越成为国民党政府的御用工具。一九四七年五月举行第四届第三次大会后撤销。

〔**4**〕董必武，当时任中共中央南方局副书记兼宣传部部长、统战部部长。

〔**5**〕林彪，当时任八路军第一一五师师长，一九四二年十月至一九四三年六月，受中共中央委派在重庆与国民党代表进行谈判。

〔**6**〕见本卷第135页注〔4〕。

〔**7**〕一九四四年五月二十二日，中共代表林伯渠将中共中央提出的关于解决目前若干急切问题的意见二十条以书面形式送交国民党代表王世杰、张治中，王、张以二十条如此写法无异暴露政府之罪状为借口，拒绝接收和转呈国民党政府。五月三十一日，毛泽东就修改中共提出的二十条致电林伯渠，指出："为尊重张、王意见，以利谈判，以示我方希望解决问题之诚意，特修改文件内容词句，请再次提交张、王。""又二十条均属事实，请求政府解决极为必要，为尊重他们意见，改为十二条，其余八条，作为口头要求，仍请政府考虑解决。"修正后的十二条为原二十条中关于全国政治方面的三条，关于两党悬案方面的第一至第七条和第十、第十三条。原二十条意见中的其他八条即作为口头要求提出。二十条，见本卷第131—134页。

〔**8**〕见本卷第135页注〔7〕。

新四军是消灭不了的[1]

（一九四四年九月）

一

对于新四军的胜利表示痛恨的，只有两种人，就是日本侵略者与中国蒋介石。日本人的痛恨我们，不必说了。至于蒋介石，他有两件事最受日本侵略者欢迎：一件是反共活动，一件是《中国之命运》。蒋介石的千万件反共活动中，尤以阴谋袭击新四军，逮捕叶挺[2]将军与宣布新四军为“叛军”，最受日本人欢迎。当一九四一年春，蒋介石干出此种破坏抗战、危害国家、背叛民族的罪恶事件时，日本同盟通讯社曾嘉奖说：“蒋介石几年来未作什么好事，但解散新四军一事算是做得好”。

不管日、蒋如何合谋危害新四军，但是新四军依然在发展壮大，依然在打胜仗。

二

时至今日，蒋介石及国民党反动派还在师其故智，天天在强调其所谓“军令政令之统一”。而这所谓“统一”者，不是别的，就是要把八路军、新四军“限期取消”五分之四，和“限期集中使用”。谁也明白，这样的“统一”，也并非“统一”到蒋介石手里，而是实实在在地“统一”到日本人手里。因为五分之四的八路军、新四军“限期取消”了，其余五分之一又“集中使用”起来了，五分之四以上已解放的中国国土，不就“统一”到了日本人手里吗？真是替日本人帮忙的好计策！天皇陛下之传令嘉奖是毫无疑义的了。

但是中国人民是决不准许这样的叛卖阴谋的，八路军、新四军也决不准许这样的阴谋。单拿新四军来说吧，它现在已经成了华中人民的长城，成了华中人民血肉不可分离的一部分。要把它消灭，要把它赶走，日本人办不到，任何什么反动派也是办不到的。

根据中央档案馆保存的原件刊印。

注　　释

〔1〕这是毛泽东审阅《解放日报》社论稿《新四军的胜利出击与中国的救国事业》（一九四四年十月一日发表）时加写和改写的几段话。本篇一，全部是毛泽东加写的；本篇二，大部是毛泽东加写和改写的。

〔2〕叶挺（一八九六——一九四六），广东惠阳人。一九三七年十月起任新四军军长，一九四一年一月在蒋介石发动的皖南事变中被扣押。

同赫尔利的谈话[1]

（一九四四年十一月八日）

我们欢迎赫尔利将军到延安，并感谢赫尔利将军帮助中国团结抗战之热忱。中国的事情很难办，这一点在中国多年和来延安已有一些时候的包[2]上校知道得很清楚，还有许多美国朋友也都知道。中国有丰富的人力、物力，我们所需要的就是团结。但是要团结必须有民主，也就是说我们需要在民主基础上团结全国抗日力量。现在全世界反法西斯战争都打得很好，唯有中国正面战场上打得不像样子，这是因为中国缺乏民主。现在赫尔利将军到来，帮助中国人民一手，促进中国民主团结，我们极表欢迎。尤其是在今天，日寇向中国西南进攻，美军打到菲律宾需要中国配合，但国民党当局所负责的正面战场却天天打败仗。中国人民和盟国朋友都非常着急，希望经过赫尔利将军的努力帮助，中国局势能有一个转机，就是从破坏团结、破坏战斗力、破坏民主、和同盟国[3]关系搞不好的方向，转变到加强团结、加强战斗力、加强民主、和同盟国关系搞好的方向。经过赫尔利将军帮忙，能做到这一点，这是全中国人民都会感谢的。

今天上午赫尔利将军说要自由的、公开的、坦白的谈话，现在我就按照你所提的方法来谈一谈。

直到现在国民党还是一个大政党，拥有庞大的军队，这个军队在抗战头两年打仗打得比较好，现在总算也还在打日本，国民党当局还没有最后破裂民族团结，这是蒋介石先生所领导的党和政府好的一方面。因此，我们一向愿与蒋先生合作打日本，我们从未放弃过这一条。但是，还应当看到另一方面，那就是中国的困难、缺点与严重危机。如果不看到这方面，就不能解决问题。现在中国政府的政策（直到现在还是如此，希望有所改变）是不利于全中国人民的团结的，是妨碍全国人民起来打日本的。

中国现在分为三个区域：敌占区，中国共产党人与非党人士所领导的解放区，国民党直接统治的区域。

对于第一种区域，即敌占区，国民党当局是不管的；对于如何在这个地区内组织地下军以期配合盟军登陆作战，国民党当局也是不管的。

对于第二种区域，即解放区，国民党当局则是拼命妨碍、限制、缩小、消灭，但是解放区还是天天生长。你看解放区为什么这样广大，这就是八年来广大人民艰苦战斗的结果。他们前面要打日本，同时后面又有国民党破坏，他们是处于被前后夹击的非常困难的环境中。关于国民党如何对解放区施行包围、进攻和派遣特务捣鬼等等，可以说是千方百计，一言难尽。

在第三种区域，即国民党直接统治的区域，存在着严重的危机，尤以军事危机为甚。自今年四月起，在日寇进攻面前，国民党军队已由二三百万减至一百九十五万。大部分国民党军队是打不得仗、一触即溃的。在大后方，民不聊生，土匪横行，人民对政府的信任从未有像今天这样低，各界人民包括大学教授、学生、小党派人士以及国民党员,都对当局不满和怨恨。

以上就是中国三个地区的概况,希望盟国朋友能了解真相。

现在日寇进攻中国西南,美军打到菲律宾急需中国配合,我们怎样才能很快解决问题,来团结全中国一切力量,配合盟国迅速打败日本,建立自由民主的中国?上午赫尔利将军说,美国要增加一点力量,来帮助解决这一问题,我们中国人民对此非常高兴。

关于如何解决,赫尔利将军曾提出几个要点〔4〕,希望作为形成协定的基础。我们感觉还有这样一些问题,虽然还没有形成条文,值得提出来谈一谈。

中国大多数人民,包括我们共产党人在内,首先希望国民政府的政策和组织迅速来一个改变,这是解决问题的起码点。如果没有这一改变,也可能有某些协定,但是这些协定是没有基础的。因此必须改组现在的国民政府,建立包含一切抗日党派和无党无派人士的联合政府。同时,现在政府的不适合于团结全中国人民打日本的老政策必须有所改变,而代之以适合于团结全中国人民打日本的政策。

这一改革之所以必要,首先是为了挽救国民党直接统治的区域的军事、政治、财政、经济各方面的严重危机。解放区虽然非常困难,但是没有危机。如果不改组现在的国民政府,就无法振作大后方军队的士气,就无法挽救国民党统治区域的严重危机。国民党总是埋怨盟国军火接济不够,可是如果政府不改组,老的政策不改变,虽有大量坦克、飞机等新式武器,也是无济于事的。国民党统治的各种机构,腐败达于极点,改组政府,首先是为挽救国民党统治区域的危机。如果国民党自以为大权在握,不肯改变,人家有什么办法?可是它自己的危机,便会无法挽救。

关于"政府民主程序"一点,我感觉似乎首先应当改组国民政府,成立联合政府,改变政策。可是蒋先生历次所表示的,却是想拖,拖到战争结束后一年以内,才来办这件事,有人向他提出改组政府和成立联合政府,他便一巴掌打回去。如果这样下去,只有把危机拖长和扩大,使国民政府有崩溃之危险。对于这一危险,不只我们共产党人,就是外国朋友,如许多外国记者,都是感觉到的。

因此,国民党统治区域危机的来源,在于国民党的错误政策与腐败机构,而不在于中国共产党的存在。

现在看一看我们共产党人如何工作。

在沦陷区,我们组织地下军,准备配合盟军作战。

在解放区,我们进行公开工作,组织人民,实行民主,坚持抗战。我们从不妨碍国民党,而国民党却来妨碍我们的抗日民主活动,在一百九十五万国民党大军里面,有七十七万五千人被用来包围我们,其中有一部分在进攻我们。在这种情况之下,我们还是用一切力量对日作战。

在国民党区域,当局见到共产党人,非捉即杀。从一九三九年起,我们在那里的党便被迫成为地下党。只有在重庆,八路军办事处和新华日报社的少数共产党人还被允许公开工作,在西安也只有少数共产党人可以公开活动;在大后方其他各地,我们的党都被迫在地下工作。虽然如此,我们一不罢工,二不罢市,三不罢课,我们还是拥护国民政府打日本。

因此，我愿重说一遍：国民党统治区域危机的来源，在于国民党的错误政策与腐败机构，而不在于共产党的存在。

相反的，我们在敌后战斗的六十三万军队和九千万人民，拖住了日寇的“牛尾巴”，这样保护了大后方；假若没有这个力量拖住日寇的“牛尾巴”，国民党早被日寇打垮了。今年六月间国民党当局提出了一个方案〔5〕，要取消我们军队百分之八十，还要取消解放区的民选政府，这方案如果实行，就没有人拖住日寇的“牛尾巴”，就只有害他国民党自己。

上午赫尔利将军所提的要点中，有一条说改组我们的军队，说在改组后我们的军官和战士将获得和国民党军队一样的薪俸和津贴。这一条主要地恐怕是蒋先生自己写的。我以为应当改组的是丧失战斗力、不听命令、腐败不堪、一打就散的军队，如汤恩伯、胡宗南〔6〕的军队，而不是英勇善战的八路军、新四军。现在美军观察组〔7〕，在参观陕甘宁边区、晋西北、晋察冀等抗日根据地。我们在敌后有几十个根据地，大的有十七个。我们愿意你们组织几百个人的观察组，到各根据地去看看来做出结论，应当改组的究竟是哪一种军队。中国人民的公意是，哪个军队腐败，就应该改组哪个。关于薪饷待遇，国民党军队的士兵饥寒交迫，走路都走不动，士兵月薪五十元，只够买一包纸烟。我们的军队，吃得饱，穿得暖，走起路来蛮有劲。现在要我们拿同国民党军队一样的薪俸，那不是要我们军队也和他们一样吃不饱、穿不暖，走路都没有力吗？这如何使得呢？

我们的意见大要如此。对赫尔利将军为了帮助中国而不辞劳瘁长途跋涉的热忱，我们在延安的人们深表感谢。关于中国三个区域的实况，我们感觉到有告诉你的必要。

在不破坏解放区抗战力量及不妨碍民主的基础上，我们愿意和蒋介石先生取得妥协，即使问题解决得少一些、慢一些也可以，我们并不要求一下子解决所有的问题。但是，要破坏解放区的抗战力量和妨碍民主，那就不行了。

我很愿意和蒋介石先生见面，过去有困难，没有机会，今天有赫尔利将军帮助，在适当时机我愿意和蒋先生见面。

根据中央档案馆保存的谈话记录刊印。

注　　释

〔1〕赫尔利（一八八三——一九六三），美国陆军少将。一九四四年九月以美国总统私人代表身份来华，“调处”国共关系。同年十一月七日带着经蒋介石修改、同意的题为《协议的基础》的文件飞抵延安，在同中共领导人毛泽东、朱德、周恩来进行了三天的会谈后，表示赞同中共关于废除国民党一党专政、成立联合政府的主张，双方共同拟定了《中国国民政府、中国国民党与中国共产党协定（草案）》。但是，蒋介石拒绝这个“协定”，赫尔利即跟着变卦，支持蒋介石的意见，背弃他在延安的诺言。以后，赫尔利任美国驻中国大使，在国共两党多次接触和谈判中，他总是企图施加压力，迫使中共接受国民党提出的不合理要求，并于一九四五年四月二日发表声明，宣称美国政府只同国民党合作，不同共产党合作。本篇是毛泽东同赫尔利第二次谈话的主要部分。

〔2〕包，指包瑞德（一八九二——一九七〇），美国陆军上校。当时任美国驻华使馆武官、美军观察组组长。

〔3〕同盟国，指第二次世界大战期间共同对德、意、日轴心国作战的中、苏、美、英、法等国家。

〔4〕赫尔利带来的《协议的基础》的主要内容是：一、中国政府与中国共产党将共同工作，来统一在中国的一切军事力量。二、中国共产党军队将遵守与执行中央政府及其军事委员会的命令。三、中国政府与中国共产党将拥护孙中山的三民

主义原则，双方将遵行为了提倡进步与政府民主程序的发展的政策。四、在中国将只有一个国民政府和一个军队，共产党军队的一切军官与一切士兵被中央政府改组时，将依照他们在全国军队中的职位得到一样的薪俸与津贴，共产党军队的一切组成部分将在军器与装备的分配中得到平等待遇。五、中国政府承认中国共产党的政党地位，并将承认中国共产党作为一个政党的合法地位，中国一切政党将获得合法地位。

〔**5**〕见本卷第135页注〔7〕。

〔**6**〕汤恩伯，曾任国民党军第一战区副司令长官兼鲁苏豫皖边区总司令，因在河南作战中溃败，当时贬任国民党军黔桂湘边区总司令。胡宗南，当时任国民党军第一战区副司令长官兼第三十四集团军总司令。

〔**7**〕美军观察组，是美国总统罗斯福派驻延安了解中国共产党政治、经济、军事情况的调查组，该组的第一批人员在组长包瑞德上校率领下于一九四四年七月到达延安。

给郭沫若[1]的信

（一九四四年十一月二十一日）

沫若兄：

大示读悉。奖饰过分，十分不敢当；但当努力学习，以副故人期望。武昌分手后，成天在工作堆里，没有读书钻研机会，故对于你的成就，觉得羡慕。你的《甲申三百年祭》[2]，我们把它当作整风文件看待。小胜即骄傲，大胜更骄傲，一次又一次吃亏，如何避免此种毛病，实在值得注意。倘能经过大手笔写一篇太平军经验，会是很有益的；但不敢作正式提议，恐怕太累你。最近看了《反正前后》[3]，和我那时在湖南经历的，几乎一模一样，不成熟的资产阶级革命，那样的结局是不可避免的。此次抗日战争，应该是成熟了的吧，国际条件是很好的，国内靠我们努力。我虽然兢兢业业，生怕出岔子，但说不定岔子从什么地方跑来；你看到了什么错误缺点，希望随时示知。你的史论、史剧有大益于中国人民，只嫌其少，不嫌其多，精神决不会白费的，希望继续努力。恩来同志到后，此间近情当已获悉，兹不一一。我们大家都想和你见面，不知有此机会否？

谨祝

健康、愉快与精神焕发！

毛泽东　上

一九四四年十一月二十一日于延安

根据人民出版社一九八三年出版的《毛泽东书信选集》刊印。

注 释

〔1〕郭沫若，见本卷第89页注〔2〕。

〔2〕《甲申三百年祭》，是郭沫若一九四四年三月在重庆《新华日报》发表的著名史论著作。文中叙述了明末李自成农民起义军在攻入北京推翻明朝以后，若干首领腐化并发生宗派斗争，以致陷于失败的过程。一九四四年四月十二日，毛泽东在延安高级干部会议上说："近日我们印了郭沫若论李自成的文章，也是叫同志们引为鉴戒，不要重犯胜利时骄傲的错误。"

〔3〕《反正前后》，是郭沫若一九二九年写的反映自己一九一〇年至一九一一年生活经历的作品，一九二九年八月由上海现代书局出版。"反正"，指辛亥革命。

给陈毅[1]的信

（一九四四年十二月一日）

陈毅同志：

来示[2]读悉，启示极多，十分感谢！

今日已电渝不交复案[3]，周、董[4]均回，拖一时期，再议下着。至于基本方针，如你所说那样，除此再无二道。

白区劳绩必须承认，你说得非常之对。还有“南北”问题，南方党问题，久想讲，那天临时忘了，恐怕还有别的。[5]七大讲一次，似有必要。一切不公不平之事，必须使之归于公平，以利团结对敌。有所见时，请随时告我。

自从你及聂[6]公开后，伯承[7]即无秘密之必要。昨日党校的会，请他未到，是未正式告他可以公开之故。请你先告他，我亦当告他。

下游干部配备请和彭真[8]一商。你的意见我以为是好的。

你的思想一通百通，无挂无碍，从此到处是坦途了。随时准备坚持真理，又随时准备修正错误，没有什么行不通的。每一个根据地及他处只要有几十个领导骨干打通了这个关节，一切问题就可迎刃而解。整个党在政治上现在是日见成熟了，看各地电报就可以明了。

敬礼！

毛 泽 东

十二月一日

根据人民出版社一九八三年出版的《毛泽东书信选集》刊印。

注 释

〔1〕陈毅，当时任新四军代理军长，这时在延安准备出席中国共产党第七次全国代表大会。

〔2〕一九四四年十一月二十一日，蒋介石在拒绝赫尔利同毛泽东十一月十日在延安签署的《中国国民政府、中国国民党与中国共产党协定（草案）》后，提出另一协定草案，主要内容是要中共交出军队，然后允许中共派几个人到国民党政府去做官。周恩来为中共中央草拟了一个复案，毛泽东将此复案批送中央负责人和陈毅等阅看，征求意见。陈毅在看了复案和研究了有关材料后，于十二月一日写信给毛泽东，信中分析了国共谈判的两种可能的发展趋势，认为蒋介石不会走真正同共产党合作的这条路，而是要照他提出的协定办，因此建议中央暂不交复案，拖一段时间，等待蒋介石集团力量的削弱，同时在此期间发展自己的力量，从而“取得全局的中心地位”。

〔3〕复案，指周恩来为中共中央起草的对蒋介石一九四四年十一月二十一日提出的国共之间的协定草案的答复。

〔4〕周，指周恩来。董，指董必武，当时任中共中央南方局副书记兼宣传部部长、统战部部长。周恩来、董必武在收到毛泽东一九四四年十二月一日关于暂不交复案，“请周、董同时回延”的电报后，于十二月七日回到延安。

〔5〕一九四五年二月十五日，毛泽东在中共中央党校的讲演中，特意补充讲了南方、北方问题，大后方党的问题和白区工作问题。参见本卷第264—267页。

〔6〕聂，指聂荣臻，当时任八路军晋察冀军区司令员兼政治委员，这时在延安

准备出席中国共产党第七次全国代表大会。

〔7〕伯承，即刘伯承，当时任八路军第一二九师师长、晋冀鲁豫军区司令员，这时在延安准备出席中国共产党第七次全国代表大会。

〔8〕彭真，当时任中共中央组织部代理部长。

给谢觉哉[1]的信

（一九四四年十二月一日）

觉哉同志：

此件[2]很好，略有增删，请斟酌。

关于参议会改为人民代表会议[3]，我想对内对外都是会有好影响的，请你和其他同志商量一下。这一点以及此次参议会的其他问题，中央想讨论一次，请告高、林、罗[4]诸同志。

政治民主有其自己的内容，经济是其物质基础，而不就是政治民主的内容。文化是精神的东西，它有助于政治民主，也不就是政治的内容。这些请考虑。

人民各项权利，在我们这里，只能说实现了几个重要部分，例如，管理政府，工作权，在现有物质条件限制下的言论、出版、集会权等。至于休息权，中国目前大体上还谈不到，工农更是如此。教育权、老病保养权，还在走头一步。苏联宪法是几个五年计划的产物，在中国许多部分还是理想，不是事实。又，在我们的这类文件上，不宜提及苏联宪法，免人误会。

敬礼！

毛　泽　东

十二月一日

根据人民出版社一九八三年出版的《毛泽东书信选集》刊印。

注释

〔1〕谢觉哉（一八八四——一九七一），湖南宁乡人。当时任陕甘宁边区参议会副议长。

〔2〕指谢觉哉起草的他准备在陕甘宁边区参议会第二届第二次会议上作的参议会常驻会工作报告。这次参议会在一九四四年十二月四日至十九日举行。

〔3〕毛泽东一九四四年十二月二日又给谢觉哉写信说："参议会改名，关涉各解放区，中央尚未讨论，请暂不提"。

〔4〕高，指高岗（一九〇五——一九五四），陕西横山人，当时任中共中央西北局书记。林，指林伯渠，当时任陕甘宁边区政府主席。罗，指罗迈，即李维汉（一八九六——一九八四），湖南长沙人，当时任陕甘宁边区政府秘书长。

一九四五年的任务[1]

（一九四四年十二月十五日）

一九四四年快要完结了，我们在一九四五年的任务是什么呢？我们有些什么工作在明年要特别注意去做呢？整个反法西斯战争有很大的胜利，打倒希特勒明年就可以实现。我们唯一的任务是配合同盟国[2]打倒日本侵略者。现在美国已打到莱特岛[3]，并可能在中国登陆。同时，日本侵略者已打通了由东京到新加坡的大陆交通线，中国的沦陷区更加扩大了。敌人是否会停止它的进攻呢？我看还不会停止，它还有可能再向我国西南部及西北部进攻。在此期间，日本侵略者必定又要玩弄诡计，企图通过中国的投降主义者，引诱中国政府投降。中国内部的状态仍然是不团结，国共谈判毫无结果，中国人民的抗日力量被中国反动派人工地分裂着。正面战场的战事，节节失败，国民党当局仍然固执其为全国人民所不满意的一党专政及其失败主义的政策，拒绝一切有利于抗战、团结与民主的建议。只有艰难缔造的广大的中国解放区，执行了孙中山先生的革命三民主义，即新民主主义，团结各界人民，建立了英勇的军队，粉碎了一切敌人的进攻，并能发动攻势，收复了广大的失地。在此种情形下，我们应该做些什么呢？

必须使全国人民明白，用人民的力量，促成由国民党、共产党、其他抗日党派及无党派人士，在民主基础上召集国是会议，组织联合政府，才能统一中国一切抗日力量，反对日本侵略者的进攻，并配合同盟国，驱逐日本侵略者出中国。我们经过林祖涵〔4〕同志曾经向国民参政会〔5〕提出了这个问题，后来又向国民党当局用书面提出了，最近周恩来同志又专为此事去重庆谈判一次，但是依然没有结果。在目前，很清楚的，单是谈判是不能成功的，希望全国人民一致起来，大声疾呼，要求国民党当局改变现行政策，以便迅速建立民主的联合政府。这是全国人民的总任务，中国人民不论在大后方，在沦陷区，在解放区，都要为此目标而奋斗。只要中国有一个真正实行民主政策的、能够动员与统一中国一切抗日力量的联合的中央政府出现了，中国抗日战争的胜利与中国人民的解放，就会很快了。为了这个目的，大家应该想出许多办法来。

在大后方，我们必须援助被反动当局压迫的民主爱国运动，必须动员一切力量抵抗敌人的进攻，必须警惕投降主义者背叛民族投降敌人的阴谋活动。青年们及其他各界，应该有许多人到敌人占领的地方去打游击，广大群众则应当准备在一切敌人可能到的地方就地抵抗。同时，解放区则以自己的英勇作战行动及发动新地区的游击战争，有力地援助大后方。大后方的一切人民，一切爱国党派，都有责任为建立民主的联合政府而努力。大后方已经有许多党派，许多工业家、教授们、学生们，甚至许多国民党人，赞成联合政府的主张，认为这是目前抗日救国的唯一正确道路。但是现在的力量还不够，应该号召广大的人民起来为此而奋斗。

在沦陷区，广大人民遭受敌人的残酷压迫，渴望解放。我们必须帮助他们组织起来，准备在时机成熟时，举行武装起义，配合军队的进攻，里应外合地驱逐日本侵略者，解放我们的兄弟姊妹们。这一任务，现在必须提到和解放区工作同等重要的地位。这是十分迫切的工作，不管如何困难都要去做。在这个工作中，法国共产党与法国人民有了光荣的榜样，我们应该学习法国的经验。在沦陷区人民中，应解释民主的联合政府之必要，使他们知道只有这个政府出现了，沦陷区人民的解放就快了，号召他们起来为这个目标而奋斗。

在解放区，这里现在已经成了抗日救国的重心，截至一九四四年十一月止，有了六十五万八路军、新四军及其他人民抗日军队，有了二百多万民兵，有了九千万被解放的人民。一九四四年一年中，我们不论在军事、政治、经济、文化哪一方面，都有了很大的成绩。但是，我们在一九四五年有些什么工作值得特别指出的呢？

我认为，一九四五年，中国解放区应该注意如下各项：

（一）扩大解放区。无论哪一个解放区的附近，或其较远之处，都还有许多被敌伪占领而又守备薄弱的地方，我们的军队应该进攻这些地方，消灭敌伪，扩大解放区，缩小沦陷区。我们必须把一切守备薄弱、在我现存条件下能够攻克的沦陷区，全部化为解放区，迫使敌人处于极端狭窄的城市与交通要道之中，被我们包围得紧紧的，等到各方面的条件成熟了，就将敌人完全驱逐出去。这种进攻，是完全必要的与可能的，我们的军队已经举行了很多这样的攻势，特别是今年有很大的成绩，明年应该继续这样做。在一切新被敌人占领、尚未建立解放区的地方，例如河南等处，必须号召人民组织武装队伍，反对侵略者，建立新的解放区。几年的经验证明，组织众多的经过训练善于执行军事政治各方面任务的“武装工作队”，深入敌后之敌后去袭击敌伪，组织人民，以配合解放区正面战线的作战，有很大的效力，各地都应该这样做。

（二）敌人的进攻（“扫荡”）是不会停止的，我们应该经常警惕，随时准备用反“扫荡”粉碎敌人的进攻，没有这种警惕是不对的。不要以为我们强了，敌人弱了，敌我力量对比形势现在已经改变了，须知敌人还是强的，它决不会忘记向我们进攻，我们还是比敌人弱，我们还要作很大的努力，并执行正确的军事政策及其他政策，才能改变这种形势。只有到了我们占优势的时候，敌人进攻这回事才会成为不可能了。

（三）整训现有的自卫军与民兵，增强他们的战斗力。自卫军与民兵数目还不够，各地除某些个别地方不可能再扩大者外，均应尽量地扩大。九千万人民中，除老幼及患病者以外，一切男女公民，均应组织在自卫军中，在不脱离生产原则下，轮流担任保卫家乡与协助军队的任务。从自卫军中挑选精干分子组织民兵或基干自卫军，在“战斗与生产结合”的原则下，协同军队作战，或者独立自主地作战。九千万人民中，至少应该有百分之五即四百五十万人当民兵，即是说，比现有民兵数目扩大一倍。有些地方，还没有十分重视这个工作。在这些地方，民兵的数量太少了，又缺乏整训，质量也不高，一九四五年必须改变此种情况。自卫军与民兵，均必须不违农时，减少误工，不妨碍生产。在这里，变工〔6〕的方法是必要的，战斗的民兵组织与生产的变工组织，往往可以互相结合。自卫军与民兵的领导机关，必须是民主选举的。只有这样，自卫军与民兵才能扩大，也才能提高战斗力。民兵的重要战斗方法是地雷爆炸，地雷运动应使之普及于一切乡村中。普遍制造各式地雷，并训练爆炸技术，成为十分必要。

（四）整训正规军与游击队。一九四五年，应将全部军队轮番整训一次。按照新方法进行整训，举行群众性的练兵运动。

（五）在老区域，补充原有军队的消耗数额。在新发展区域，在经济条件许可下，应该扩大军队。不论补充军队与扩大军队，均以不加重人民财政负担为条件，这一点必须谨记。如果违背了这一点，我们就会要失败的。

（六）军队内部的团结，非常之重要。我们八路军、新四军，历来依靠官兵一致，获得了光荣的胜利。但是，中国军阀军队的军阀主义习气在我们军队里的影响，仍然是存在的。有些部队，这种习气还是很严重。一九四五年，应该进行广大的工作，将军队官兵关系中的一切不良现象，例如打人，骂人，不关心士兵的给养、疾病及其他困难，对于士兵的错误缺点不耐心教育说服、轻易处罚，以及侮辱或枪毙逃兵等等恶劣习惯及错误方针，从根本上去掉。许多部队，现在还未重视这一工作，由于不明白这一工作是军队战斗力的极其重要的政治基础。目前开始的一年整训计划，军事整训与政治整训应该并重，并使二者互相结合。整训开始时，还应着重政治方面，着重于改善官兵关系，增强内部团结，发动干部与战士群众的高度积极性，军事整训才易于实施与更有效果。这一工作的实行，应在每一部队内部举行拥干爱兵运动，号召干部爱护士兵，同时号召士兵拥护干部，彼此的缺点错误，公开讲明，迅速纠正，这样就能达到很好地团结内部之目的。

（七）加强拥政爱民与拥军优抗两项工作，进一步地改善军民关系。我们八路军新四军和我们解放区人民之间的关系，历来是好的，因此我们能够战胜敌人，巩固与发展解放区。但是，旧军队的习气，同样会传染给我们的，军民关系中的不良现象，例如军队态度蛮横，损害人民利益，纪律不好，不尊重政府等事，也就时常发生。同时，地方对军队帮助不够，优待抗属工作做得不好等等现象，也就存在着。一九四三年，我们曾经指出了这些工作的重要性，但是许多地方还未重视。一九四五年旧历正月，一切解放区应普遍举行拥政爱民运动与拥军优抗运动，一定要做出显著成绩来。已经有了成绩的，必须继续做，必须检查此两项工作的结果。如果我们的全部军队，官兵上下团结一致，从政治上铁一般地巩固起来了，加上军事技术与战术的训练，又加上人民的拥护，中国人民的抗日救国事业，就有了坚强的保障了。

（八）民族统一战线是中国人民抗日救国的根本路线，在解放区，首先表现在各阶级各党派合作的"三三制"〔7〕政府工作中。这一方面的工作，各地有做得好的，有做得差的，各地均应总结经验。共产党人必须和其他党派及无党派人士多商量，多座谈，多开会，务使打通隔阂，去掉误会，改正相互关系上的不良现象，以便协同进行政府工作与各项社会事业。凡参加人民代表会议（参议会）工作、政府工作及社会工作的一切人员，不问属何党派，或无党无派，应该一律被尊重，应该一律有职有权。

（九）减租，各地均有成绩。但是有些地方成绩少些，明减暗不减及恩赐观点仍是存在的。另一方面，也有减得太多，或在减租之后不注意交租等现象。这两种偏向都应纠正。减租之后租约满期的，除在照顾双方利益原则下可由地主收回自种者外，应该重订新约，使农民有地可种。老区域减租未彻底的，应该查租。新区域尚未减租的，应该发动减租。租不减是不对的，减得太过火也是不对的。凡地主因被敌人摧残或其他原因而生活困难的，政府应帮助他们解决困难，给以从事农工商业或参加其他工作之方便。要把这件事当做政府工作之一，借以团结他们反对共同敌人。我们现在是处在农村中，土地问题的正确解决，是支持长期战争的重大关节，希望大家十分注意。

(十)今年绝大多数地方都进行了生产运动，有了显著的成绩，这是非常可喜的一件大事。但是也有一部分地方还未着手进行，另有一部分地方成绩不大，再有一部分地方军队方面有成绩，人民方面缺乏成绩。一九四五年，必须绝无例外地普遍举行大规模的生产运动。一切军队于作战、训练之外，必须从事生产自给，机关学校也是如此。只有特殊情形者，可以允许减少或免除生产。必须动员人民，在自愿原则下，组织生产互助团体，例如变工队、互助组、换工班等。我们的地方工作人员，必须用绝大精力去帮助人民，组织这种互助团体，以便大规模地恢复生产与发展生产，不但应该使人民够穿够吃，而且应该使人民逐渐地有盈余。“耕三余一”〔8〕的口号，除被敌人摧残厉害的地方外，就是在敌后解放区，也是可能实现的。我们解放区的工业品，必须力求自给，必须争取于数年内达到全部或大部自给之目的。由公营、私营与合作社经营这样三方面的努力，达到这个目的是可能的。和生产相辅的是节约，必须尽可能地减少浪费。“发展经济，保障供给”，是我们确定不移的财政方针。如果我们不去从根本上发展经济，而去枝枝节节地解决财政问题，就是错误的方针。如果我们努力地发展了公私经济，我们就能支持不论时间多久的战争，而使精力不至于枯竭。这一点非常重要，必须使一切工作人员及全体军民透彻地认识清楚，以便组织他们从事大规模的生产运动。在公营经济中，按质分等的个人分红制度，是在很多部门内可以实行，并应该实行的。“军民兼顾”、“公私兼顾”两个原则，必须注意不要违背。

（十一）为着战胜日本侵略者，于充分注意军事、政治、经济之外，还要注意文教工作。我们解放区的知识分子，绝大多数都是好人。他们的缺点甚至错误，可以在工作中改造。他们是人民事业的可贵资本，他们应该被重视。他们中有许多人从事军事、政治、经济工作，另有许多人从事文化、教育、艺术、卫生工作。所有这些人员，都应该被重视。今年陕甘宁边区文教工作会议所指出的方向，各地都可以适用。专制主义者利于人民愚昧，我们则利于人民聪明，我们要使一切人民都能逐渐地离开愚昧状态与不卫生的状态。各地政府与党组织，均应将报纸、学校、艺术、卫生四项文教工作，放在自己的日程里面。

（十二）从军队中、农村中、工厂中及政府机关中，用群众民主选举的方法选出优秀分子，充当战斗英雄、劳动英雄及模范工作者，给予奖励与教育，经过他们去鼓励与团结广大的群众。这种制度，对于提高军队的战斗力，提高农业及工业的生产力，提高政府机关及一切其他机关的工作能力，数年来的经验已经证明是极有效果的，各地应该普遍地推广这一运动。

（十三）为着战胜日本侵略者，需要广大的有能力的干部。我们现有的干部，比较从前增加很多，但是仍感不足。干部的能力也提高了，但是仍很不够。特别是下级与初级干部，不论是军队的或地方的，他们的文化程度，他们对于政策的了解程度，以及他们工作技术的程度，一般地是不高的，有些则是很低的。这种情况的原因，在于他们忙于工作，领受教育的机会太少。一九四五年，各地干部教育，应该着重于训练军队的（连至班）与地方的（区、乡）下级及初级干部。在职的用轮训办法，不在职的用学校办法，有计划地将他们提高一步。

（十四）我们工作作风中的一项极大的毛病，就是有些工作人员习惯于独断专行，而不善于启发人们的批评讨论，不善于运用民主作风。当然，这是拿我们解放区的这种作风与那种作风作比较，而不是拿我们解放区与国民党区域作比较。我们解放区是民主的地方，国民党那里是封建的地方，这两个地方是原则上有区别的。但是，我们队伍中确有许多人尚未学会运用民主作风，旧社会传染来的官僚主义作风，依然存在。别人提不得不同的意见，提了就不高兴。只爱听恭维话，不爱听批评话。为怕碰钉子，受打击，遭报复，人们不敢大胆提意见。这是一种很不好的作风，这种作风阻塞着我们事业的进步，也阻塞着工作人员的进步。我提议各地对此点进行教育，在党内，在党外，都大大地提倡民主作风。不论什么人，只要不是敌对分子，不是恶意攻击，允许大家讲话，讲错了也不要紧。各级领导人员，有责任听别人的话。实行两条原则：（一）知无不言，言无不尽；（二）言者无罪，闻者足戒。如果没有“言者无罪”一条，并且是真的，不是假的，就不可能收到“知无不言，言无不尽”

的效果。自从整风以来，我们的工作作风有了很大的进步，这是受到了一切善良人民的称赞的，这是很光荣的。但是我们仍有严重缺点，我们许多人中仍然缺乏民主作风，我们一定要改正这个缺点。我们一切工作干部，不论职位高低，都是人民的勤务员，我们所做的一切，都是为人民服务，我们有些什么不好的东西舍不得丢掉呢？如果我们改正了这个缺点，那我们就能团结更广大的人民，我们的事业就能获得更大的与更快的发展。

（十五）除了上述种种以外，摆在解放区人民面前的极其重要的一项任务，就是想出种种能够促成联合政府的办法来。继续和国民党及其他党派谈判是一种办法，全体人民起来呼吁要求是一种办法，还可能有其他的办法。总之，我们一定要多方努力，将这个适合全民族抗战要求的民主的联合政府，尽可能迅速地建立起来。

我们解放区已做的和要做的工作，当然还有许多，但我以为目前特别值得指出的，就是上述十五项，其他就从略了。各个解放区的情况与工作步骤，在许多点上互不相同，各地应按照自己的特点布置工作，以便适当地完成各项任务。

一九四五年应该是中国人民抗日战争更大发展的一年。全国人民都希望我们解放区能够救中国，我们也有这样的决心与勇气。我希望我们解放区的全体军民一齐努力，不论是共产党人与非共产党人，都要团结一致，为加强解放区抗日工作而奋斗，为组织沦陷区人民而奋斗，为援助大后方人民而奋斗，为建立民主的联合政府而奋斗。

根据一九四四年十二月十六日
《解放日报》刊印。

注　释

〔1〕这是毛泽东在陕甘宁边区参议会第二届第二次会议的演说。

〔2〕同盟国，指第二次世界大战期间共同对德、意、日轴心国作战的中、苏、美、英、法等国家。

〔3〕莱特岛，菲律宾中部米沙鄢群岛之一。一九四四年十月二十日美军开始在莱特岛登陆，同年十二月下旬完全占领该岛。

〔4〕林祖涵，即林伯渠，当时任陕甘宁边区政府主席。一九三八年六月被国民党政府聘请为国民参政会参政员，一九四四年五月至十月受中共中央委派在重庆同国民党谈判。

〔5〕国民参政会，见本卷第217页注〔3〕。

〔6〕变工，参见本卷第76页注〔4〕。

〔7〕“三三制”，见本卷第25页注〔8〕。

〔8〕耕三余一，见本卷第75页注〔3〕。

给邓宝珊[1]的信

（一九四四年十二月二十二日）

宝珊先生吾兄左右：

去年时局转换，先生尽了大力，我们不会忘记。八年抗战，先生支撑北线，保护边区，为德之大，更不敢忘。去秋晤叙，又一年了，时局走得很快，整个国际国内形势都改变了。许多要说的话，均托绍庭[2]兄专诚面达。总之只有人民的联合力量，才能战胜外寇，复兴中国，舍此再无他路。如果要对八年抗战作一简单总结，这几句话，鄙意以为似较适当，未知先生以为然否？何时获得晤叙机会，不胜企望之至。专肃，敬祝

健康！

毛泽东　上

十二月二十二日

根据人民出版社一九八三年出版的《毛泽东书信选集》刊印。

注　释

〔1〕邓宝珊（一八九六——一九六八），甘肃天水人。当时任国民党军晋陕绥边区总司令。

〔2〕绍庭，即刘绍庭。抗日战争时期曾任陕甘宁边区参议会参议员。

对英雄模范须勤加教育

（一九四四年十二月二十四日）

子华〔1〕同志：

关于李勇的落选〔2〕，你们的处理是对的。值得注意者，是李勇的骄傲，主要的由于我们未能向他多作教育，使他不要骄傲。李勇这类现象，陕甘宁边区也发生了，各地还会发生，其责任主要地不是在他们本人，而是在于领导他们的人。嗣后凡当选的英雄模范，须勤加教育，力戒骄傲，方能培养成为永久模范人物。如果只有赞扬，没有教育，骄傲落选，将是必然现象，此点请加注意。

毛　泽　东

亥敬

根据手稿刊印。

注　　释

〔1〕子华，即程子华，当时任中共中央晋察冀分局代理书记、八路军晋察冀军区代理政治委员。

〔2〕指各抗日根据地准备出席在陕甘宁边区召开的英模大会的代表选举中，晋察冀根据地一级英雄李勇因骄傲而落选一事。

时局问题及其他[1]

（一九四五年二月十五日）

同志们：

今天这个报告会是中央党校五部、六部发起的。五部、六部的同志们以及许多别的同志到延安很久了，我一次话也没有来讲过。今天就是专为五部、六部的同志们开这样的会，此外还有许多别的同志参加。

今天要讲的题目是同志们给我出的：一个时局问题，一个山头主义问题，一个审查干部问题。此外，我还想讲一点其他的问题。

一　时局问题

大家关心时局，这很好。所谓时局，有全世界的时局，有我们中国的时局。今天全世界的主要问题是什么？是几个大国能不能团结到底消灭法西斯。中国的主要问题是什么？是中国能不能团结起来消灭日本帝国主义。

关于时局问题，有些报纸特别是敌人方面经常散布谣言，说英国、美国、苏联这三个大国是不能够团结的，说他们的团结是要破裂的，说他们中间有纠纷，有矛盾，有斗争。他们中间有没有纠纷？有纠纷。从前就有过纠纷，现在还有许多问题没有解决，正在开会讨论，将来也还会有。但是在所有的问题中间，有很多问题是能够取得相互一致的，能够和气解决的；当然也有一部分问题有些争论，要经过很长时间才能解决。法西斯主义者就希望三个大国不团结。还有一部分人（我们中国也有这样的人）是反苏反共的，他们早就希望英、美两国有一天去打苏联。这样的人还不少，英、美两国里头也有许多人是反苏反共的，反对他们那个地方的共产党和革命，也反对别的地方的共产党和革命。那末，三个大国的情形到底怎么样呢？可以这样说，磨擦是有的，但是团结占主要地位，占统治地位。这几个大国自从订立了条约共同反对法西斯以来，大部分问题都能解决，现在又在黑海开会〔2〕，我们估计有问题是可以解决的。他们能够团结，并且我们估计不但在战争时期而且在战争以后也是能够团结的，能够保持很长时间的和平。理由是什么？理由就是有一个共同敌人，打倒这个敌人是要各国人民都来参加的。苏联是大指头，是主力。你们看欧洲打法西斯，英、美两国只出了八十个师，苏联出了二百多个师。苏联出了很大的力量，没有苏联就不能够胜利。没有英、美能不能胜利？当然也不能够胜利，但是没有苏联那就更不能胜利。所以苏联是很大的力量，是决定的力量，是少不了的。

英、美两国人民比过去也不同了，现在觉悟起来了。现在四十岁以上的人，都经历过第一次世界大战。我们国家那个时候的政府——北洋政府，就参加了战争。那个时候全世界人民的觉悟程度怎么样？比现在就差得多，英、美两国人民的觉悟，欧洲人民的觉悟，中国人民的觉悟都是如此。那次世界大战是帝国主义战争，是反动的战争。列宁领导的俄国布尔什维克党反对那一次战争，而第二国际领导下的一些国家的工人政党却拥护参加那次战争的本国资产阶级政府，可以看出那个时候无产阶级的觉悟程度怎么样，应当说觉悟程度很低。无产阶级尚且如此，其他劳动人民或知识分子就更不用说了。我们中国那时候怎么样呢?很多人不知道什么叫帝国主义，不知道什么叫共产党，甚至连马克思的名字都没有听到过。一九一七年俄国十月社会主义革命取得胜利，将世界历史划分为两个时代，马克思主义在全世界流行了。十月革命头一天爆发，第二天中国人民就知道了。同志们，革命行动的实际影响比理论宣传文章传播得快得多，当然，没有革命的理论，也就没有革命的行动。十月革命也不是天上掉下来的，是七十年来马克思主义运动的结果。第一次世界大战结束以后，一九二一年中国共产主义的政党才诞生，现在已经发展到一百多万党员。从一九二一年到今年二十四年了，这二十四年中，中国起了变化，而且变化得很快。这二十四年的变化，超过了中国历史上的二千四百年，甚至超过了三千年、四千年。现在，中国人民的觉悟提高了，我看这是很好的。这几年来法西斯到处在侵略，到处在杀人，欧洲人民的觉悟也提高了，美国人民的觉悟、英国人民的觉悟也提高了。现在的一个月抵得历史上的很多年。过几个月之后，比如打到柏林，把德国法西斯打倒了，那对全世界的影响会更大的。这一点我们要看得到。由于这个原因，英、美的人民觉悟了，欧洲人民觉悟了，我们东方中国人民也觉悟起来了。因为人民一致要求打倒法西斯，结果使得各国政府不得不采取打倒法西斯的政策。那一班反动派，英国、美国、中国都有，他们反对联合苏联，但是广大人民不赞成，他们就没有办法。比如美国的选举，孤立派就吃了亏，因为孤立派分子反对同苏联合作，美国工人反对他们，所以他们就倒下来了。同样，我们中国人民的觉悟使得蒋介石国民党反苏反共的阴谋不能得逞。比如前年七、八、九三个月中，国民党宣传要解散共产党，他们说共产国际都解散了，你们为什么不解散？又说什么共产主义不适合中国国情，等等。老百姓的态度怎么样呢？没有一个拍掌的，延安的群众开大会，发通电进行声讨，《解放日报》发表文章揭露国民党破坏团结的行为，第三次反共高潮就是这样打平下去的。

这就是说，大家都拥护英、美、苏三个国家团结，三个国家也会团结。为什么会团结？因为全世界人民觉悟了，因为这一团结现在能够保证打败法西斯，将来能够保证世界的进步。

打日本要打到哪一年终止呢？这是大家关心的问题。现在美国把菲律宾占领了，会不会在中国海岸登陆？日本是不是在几个月之后就会倒？看样子几个月它还不会倒，因为日本法西斯手里现在还有东西，它不和美国人打硬仗，留下本钱慢慢打，它就是这么一个计策。

日本占领了中国大片国土，要靠我们把它打出去，要靠我们党校的同志们毕业之后到华北、华中、华南各个根据地坚持工作，把它打出去。我们现在小米不足，步枪不足，机关枪也不足，军队还不够，根据地还不大，我们还要增加小米、大米，增加步枪、机关枪，增加军队，扩大解放区。同志们都要懂得一个道理，这就是世界上的东西，你不去搬它，它就不动。比如这张桌子，我不搬它，它不走，这把茶壶我不拿它，它不起来。日本人也是这样，要我们“请”他走，他才走的。现在我们的军队发展了，我们的解放区也扩大得很快，生产运动在各个根据地也都发展了，但是还不够，城市工作尤其不够。正是因为我们的力量还小，日本人他才不走，所以我们要准备力量。

国民党和共产党能不能够团结起来？能不能团结一致打日本呢？我们天天要求团结起来。国民党现在口里也讲要团结起来，因为他们不讲不行，但是他们心里恨我们恨得要死。我这个话是有根据的，不是乱讲的。蒋介石亲自讲过：“共产党如果不解散，我死了的时候眼睛还是睁着的。”死后眼睛还不闭，一句古话就叫做“死不瞑目”。现在周恩来同志又到重庆去了，同他们再谈判。看样子国民党是不准备真正解决问题的，说要解决问题就要照他们的办法，我们提的事情他们一样也不办，只是要我们加进他们那个政府里头去，去一两个人到重庆吃大米。我们说，委员长请你办几样事：第一条，废止一党专政。他说此事难办。第二条，成立联合政府。他说那也不行。第三条，承认各党派合法地位。他说这个可以。我们说这要看是怎样的合法，在特务制度底下说合法是合特务制度的法。第四条，我们说你那个特务机关都要不得，要取消。他说那不行，特务机关好得很。第五条，我们说有些东西要取消，就是那些压迫人民自由的命令、法律要取消。这个他也不干。第六条，我们要他释放政治犯。我们说，把张学良〔3〕放出来吧！把杨虎城〔4〕放出来吧！把叶挺〔5〕放出来吧！把几百几千的共产党员放出来吧！然而他有宗旨一条，叫做一个也不放。还有一条，我们说你把包围陕甘宁边区的兵撤走吧，包围我们边区，老百姓不高兴，你打日本没有兵力，就把你在华北、华中打我们的军队开去打日本吧！他也不干。最后一条，我们说我们这个解放区你赞成不赞成？要求你承认一切抗日军队和民选政府。这一条也是谈不好的，去年就谈过。他说共产党领导的抗日军队解散五分之四，也就是说，留下四个师，其他的统统解散。我们提出了八条，他一条都不办。我们说，你先办两三条或者先办三四条吧！他说一条也不办。谈判情形就是这样。

总而言之，同志们，赶走日本侵略者，要靠我们在座的同志，靠我们在西北、华北、华中、华南工作的同志们，靠中国人民多搞小米、大米，多搞步枪、机关枪，多搞军队，扩大解放区，在日本占领区组织游击队，在国民党统治区发展民主运动。做这些事就靠得住，其他的一些事情，比如英、美、苏三国的团结等，都只是条件。

时局问题就讲这些。

二　山头主义问题

大家正在讨论山头主义问题，这是一个事实上存在的问题。我们这个党是由很多部分结合起来的。所谓山头，这是中国社会的产物，是中国革命的产物。中国这个社会，人民受帝国主义和封建势力的压迫，因为受压迫就要革命。中国又是一个农业国家，交通很不方便。内战时期，党以及革命队伍被敌人割开了，分为一个白区、一个苏区。白区有这个省那个省，苏区有这个苏区那个苏区，时间很长，达十年之久。抗战时期也是这样，时间很长，有八年之久，也是这个根据地那个根据地。我们中国是出豆腐的，照割豆腐的办法，划了很多方块，这不是我们自己划的，是敌人给我们划的。

像我们现在这样的党校，内战时期没有办过。现在西北、华北、华中、华南、东北，全国各处大概都有在我们这里学习的。但是，我们的根据地还是被敌人分割的，不是连成一个整体的。一个地方的革命党、革命军队起来打敌人，就很自然地形成各个集团、各个山头。所以我说山头主义是中国社会的产物，是中国革命特殊情形的产物，应该承认这个东西。要消灭这个东西，需要我们开办党校来分析，来讲清楚。但是，只有在将来全国胜利了，有了大城市，到处交通很便利，报纸能够销到全国，电讯能够通到各地，开会也很方便，那个时候才会彻底消灭山头主义。现在不仅我们党校讨论山头主义，延安各个机关也在讨论这个问题。我们提倡各个机关开会，曾经在各个根据地奋斗的人、各部分军队的人开会，检讨历史，进行自我批评加以分析，其目的是什么呢？目的就是要消灭山头，使它溶化，全党都变成一个整体。而各个部分检讨历史，要在一个前提下，就是指导思想必须是正确的，这样检讨才会有益处，才会有益无害。

什么是正确的指导思想呢？我提出几点意见，请大家讨论。

首先是从团结出发，从团结全党出发，从团结一百万党员出发，从四万万五千万人民的利益出发。我们讨论这个问题以及讨论其他任何别的问题，就是这个出发点，或者叫做立场。还有什么别的出发点、别的立场没有？没有了。为了全党与全国人民的利益，这就是我们的出发点，就是我们的立场。

第二是要分析。分析就要批评，批评自己也要批评别人。

我们分析一个事物，首先加以分解，分成两个方面，找出哪些是正确的，哪些是不正确的，哪些是应该发扬的，哪些是应该丢掉的，这就是批评。对自己的工作、自己的历史加以分析，这是自我批评；对别人进行分析，就是批评别人。被批评的时候总会有些不舒服和难过，这是正常的。现在中央有决议案，提倡大家讲话，无论是什么时候，你们凡是看到工作中间有缺点，有毛病，你们就讲。我们工作中间一定会有些毛病，要加以分析，做得正确的就要承认它正确，做得不正确的就要修正，也就是我上次在这里讲过的两条：坚持真理，修正错误。正确的东西就是真理。所谓真理就是在我们斗争实践中被证明了是符合客观实际的东西，它适合人民的要求，使我们取得斗争的胜利。已经被客观事实证明了是真理，那就要承认，而且要坚持；如果有人反对这样的真理，我们就要解释，就要批评。认识了的真理就一定要坚持，如果不坚持会怎么样呢？那就不得了。把真理打烂就是把中国人民打烂，把中国无产阶级打烂，把共产党打烂，革命就会失败。所以大真理也好，小真理也好，整体真理也好，部分真理也好，凡是真理都应该坚持。还有一个东西叫做错误，这就是在人民斗争中间不适合的，在斗争中间讲的话不对的，做的事跌了跤子的，写的决议案或者全部不对或者部分不对的。错误的东西应该丢掉，人民不需要的东西应该丢掉，没有理由保持下来。在实际工作中行不通的，话讲错了，事做错了，决议案写错了，就应该修正。如决议案有十条，九条不错，一条错了，那错的一条就要修改，这叫做修正错误。坚持真理，修正错误，要不要采取这种态度？要的。一个共产党员要不要这样呢？要这样的。在党校学习要不要这样呢？要这样的。这就叫做公道。坚持真理是公道，修正错误也是公道。这就是坚持真理和修正错误的辩证法。辩证法最基本的一条叫做矛盾的统一，一个统一的东西可以分为两个方面，比如对的和不对的，不承认这一条，就是不承认辩证法。如果有人认为他是不能分析的，那他就没有作自我批评的精神准备。许多同志因为没有这种准备，毫无主动性，经常是被动的。我们要提倡主动性，经常检查自己所做的事、所说的话、所写的决议，把自己做的工作加以分析，什么是正确的，什么是错误的，正确的要坚持，错误的要改正。有了这样的精神准备才能办好事。我们党校就提倡这一条。党校出去的同志，都采取一致的态度，坚持真理，修正错误，并且到处宣传，对你前后左右的人宣传，到哪里就跟哪里的人宣传。这样，事情就好办了。当然，自己看不到的缺点、错误还很多，那就要准备请人家讲。缺点错误，有就是有，没有就是没有；有则说之，无则不说；讲对了很好，讲出了真理；讲的不对也不要紧，言者无罪。

同志们！我们奋斗了二十四年，革命还没有胜利，这是因为我们的国家太大了。国家太大就出现一个革命的长期性。国家太大了敌人太多了，三次革命都没有胜利，北伐战争没有胜利，国内战争没有胜利，抗日战争也还没有胜利。现在到了这样的时候，就是有可能胜利。我们有八路军、新四军，有一百多万党员，这就是要胜利的条件。从客观条件（国际条件、国内条件）来说，有胜利的可能，但是还要有主观的条件。主观条件是什么？就是我们要不要胜利，我们思想上有没有准备，这是很重要的。大革命时期是怎样失败的？客观原因是帝国主义力量强大，主观原因是我们没有精神准备，思想糊涂，政策错误，就失败了。内战时期也差不多是这样，白区工作、苏区工作都没有取得胜利，客观条件是由于帝国主义力量太大，国民党力量太大，但是第一条是我们党在政治上还非常幼稚，精神准备不够。这两个时期留下了宝贝，这个宝贝就是人。第一个时期留下的人很少了，是不是还有一两千人，要调查一下。人虽然很少，但这是一堆宝贝，一不是金，二不是银，比金银还贵重。第二个时期的人便多一些了，有多少呢？现在还保存下来的党员有两万左右。第二个时期包括第一个时期有两万人或者两万人多一点，这一批人是很可宝贵的。现在我们有一百多万党员，是哪里来的？是土里长出来的，种子就是那两万多人。前两个时期我们做了正确的事，也做了不正确的事，叫做跌跤子。我们把内战时期的历史检讨了一下，有些同志还检讨了大革命时期和抗战时期，这是很好的事情。检讨的目的在于得出经验教训，不在于把责任加在个别同志身上，因为加在那些同志身上没有好结果，把同志放在磨子里头磨成粉，有什么好处呢？能不能解决问题呢？不能解决问题。

中国共产党经过多年的实践，学会了把自己做的事情加以分析，并且要从团结全党出发。从团结全党出发是第一，加以分析批评是第二，然后再来一个团结。团结、批评、团结，这就是我们的方法，这就是辩证法。如果事情没有搞好，原因在什么地方？原因就是没有照辩证法办事。邓小平〔6〕同志讲：事情怎么样办？照辩证法办事。我赞成他的话。你们各部分开会，检讨历史，大革命时期也好，内战时期也好，抗战时期也好，那部分也好，这部分也好，第一个出发点就是团结。讲团结那就一团和气吧，开会喊一声“团结”，再喊一声“团结”，不就完了吗?照辩证法办事就还没有完,要分析,要批评,要搞清问题,分清是非轻重。讲团结就要加上分析,并且是精密的分析,这一面看一下,那一面看一下,反复地看,思想酝酿成熟。我们有很多经验证明,搞错事情常常是因为看了这个侧面,没有看那个侧面,只听这一面的话,没有听那一面的话。人为什么要长两个耳朵,长一个岂不好吗?这很可以研究一下,我看长两个耳朵的好处是:这个耳朵听这一面,那一个耳朵听那一面。团结加上分析,对各种矛盾的意见、不对头的意见,对每个人的意见,都加以分析:或者全部是对的,只是句把话不好;或者一部分是对的,一部分是不对的;或者全部是不对的。分清是非,然后落在一个地方,就是团结。我们讲团结,是从团结全党出发,不是从团结一个山头出发,不是从团结小部分人出发。如果不谨慎,头一步走得就不对,就不是为了团结,第二步分析工作、批评工作也不很妥当,那末,落下去的地方就必然是不团结。这种情况,我们党的历史上曾经有过不少。了解这些历史很有好处,它教育了我们,使我们觉悟了,盲目性逐渐减少了、去掉了。我们有了现在这样一套正确的方法,这对于我们准备在中国的胜利,有着密切的关系。我们用这样的方法来进行学习和研究,会不会达到胜利呢?会要达到胜利的。这几年全党的工作中有一个整风,就是要在思想上准备胜利,很快我们党要开七大,也是在思想上准备胜利,准备中国共产党在全国的胜利。客观条件有了胜利的可能性,我们现在要加紧主观条件的准备。

在山头主义问题上,各位同志还要注意一点,就是你们毕业以后到每一个地方都要估计到各种情况。王震〔7〕同志率部南下出发时，我对他讲：第一条叫要看到光明，第二条叫要看到困难。要看到光明也要看到困难，这是辩证法，是矛盾的统一。又是光明又是困难，是不是自己打自己的嘴巴呢？讲光明就讲光明嘛，又讲什么困难？我们党的历史上有这样的时候，只讲光明，讲不得黑暗，这不是辩证法，没有照邓小平同志的意见办事。我们讲光明，同时一定要讲困难。一九三七年、一九三八年，进抗大的学生过五关斩六将，像潮水一样涌向延安，滔滔而来，源源不断。我那时不太忙，给他们三天一小讲，五天一大讲，所讲的大都忘记了，但有一点我还记得。我说同志们从广东、广西、湖南、湖北、云南、贵州、绥远〔8〕、新疆，“不远千里而来，亦将有以利吾国乎？”抗战的事是为了国家。我说清凉山上插了一面旗子，叫做新民主主义，中国要独立，要民主，要解决民生问题，这些对不对？很对。有没有希望？很有希望。叫不叫光明？叫光明，十分光明，不是九分光明。但是你们跑到延安来，幻想得很好，把延安看作天堂，这样想就错了。延安不是天堂，也不是地狱，是人间，在天之下、地之上。我一点没有讲错，正确的方法是把延安看作中国社会的一部分，这个地方有很多缺点，我对他们说了七八条，并说你们要装进头脑里去。不然三五个月后，你们毕业时就要长叹一声说：“早晓得是这样的延安，老子就不来了！”果然，后来有人写文章叫《野百合花》〔9〕，如此等等，那些人大概没有听到我讲这些话，或者没有听进去。以后开了文艺座谈会，这个问题讲通了。那末，怎样看延安，怎样看我们的革命根据地呢？照辩证法的方法，从整体出发。陕甘宁边区是什么地方？边区者，中国共产党领导的中国人民革命的根据地之一也。之二晋西北，之三五台山，之四太行山，之五……，东岳泰山，南岳衡山，还有华中、华南，都有中国革命的根据地，中国人民反帝反封建的根据地。这样的定义对不对？当然对。在这样的定义下，对中国共产党领导的中国人民反帝反封建的任何一个根据地采取什么态度呢？首先是万岁！就是一个万岁吗？万岁之外，思想上还要准备着任何一个根据地还有它的缺点。陕甘宁边区十年之后还会有缺点，就是全中国革命胜利了，这里还会有缺点。苏联十月社会主义革命后已经二十多年了，三个五年计划也完成了，红军相当强大，打仗的时候希特勒都怕得很，但是他们还出了戈尔洛夫〔10〕式的人物。所以要有思想准备。你们出发到各地去，到每一个地方要喊万岁，九千岁都不行，因为那里是中国共产党领导的中国人民反帝反封建的根据地，做的是艰苦奋斗的英雄事业。但是同时，你们要有思想准备，准备那里有缺点，有官僚主义，人多了挤在一个小房子里，小米、大米没有那样多。还有，那里不晓得你是团长、旅长，只晓得你有两只眼睛一个鼻子，没有说一声"团长同志请坐呀"，不很尊重，也没有开欢迎大会，让你坐冷板凳，或者你小有缺点人家话就来了。这样，你心里就容易产生一个东西，叫做气。所以同志们都要有思想准备，准备各种不如意的事，有多少封锁线，有敌人袭击，不开欢迎会，开了欢迎会掌声不够，稀稀拉拉的几个巴掌。要讲这些丧气话，但是不是只讲丧气话？不是。我讲的头一条，就是壮气话，没有专讲丧气话。但是如果只讲壮气话，只讲光明、光明、光明，而事实上有缺点，有困难，那也不行。所以要告诉同志们：不要只说丰衣足食、新式武器，不要随意开支票。对同志、对战士、对人民，要讲老实话，是则是，非则非。每一个地方都有缺点、困难，我们要事先估计到那里的缺点、那里的困难。到一个地方不要去批评人家，要采取学习的态度，在那里落下来，工作搞熟了，那里的人了解你了，然后再讲有什么缺点，这样人家就能听进去了，人家就会赞成，也会改的。要采取这样的态度，采取谦虚的态度。现在各个部分开会，领导骨干要经常商量，指导要恰当，作风要好。这一点很重要。指导恰当，运动就能胜利，会就可以开好；指导不恰当，会就开不好。

三 审查干部问题

上次我在这里讲过一次，有很多的同志没有听到，我再讲一下。

前年和去年我们进行了审查干部的工作，这个工作在我们党的历史上曾经进行过，但没有像整风以后的最近两年这样认真来做。在这个工作中，我们取得了很大的成绩，也犯了许多错误，这是两条经验。

第一条经验，成绩是伟大的，这对于我们党、对于中国人民准备胜利是有重要意义的。我们的方针有两条，即采取严肃的态度和谨慎的态度。为什么说在组织问题上我们的党区别于资产阶级的政党，也区别于小资产阶级的政党？因为像共产党这样的严肃性和纪律性，是任何其他阶级的政党所没有的。无产阶级是被压迫的阶级、手里没有权力的阶级，要从被压迫的地位、没有权力的地位求得解放，取得权力，非有严肃的纪律不可，必须坚持集中统一、思想一致、行动一致，保持党的纯洁性。这样的党,是自有政党以来从未有过的模范党派。在整风以前,同志们都知道,我们党在思想上并不纯洁,有非无产阶级思想,主要是小资产阶级思想,并且相当浓厚。现在怎么样?大有进步了。肃清了没有?还没有,还要做工作,所以党校还要办。办党校或其他干部学校的目的,就是要使我们党在思想上是纯洁的,是马列主义的;在组织上也要是纯洁的,我们审查干部就是要在组织上使我们党纯洁。这样一种严肃态度非有不可,但讲起来容易,具体采取怎样的态度时却经常会忘记这一点,似乎不大严肃也不要紧。农业社会的人在观念上反映农业社会的散漫状态,自由主义是小生产的反映。同志们,我们党在七八年中由几万人发展到一百多万人,思想不纯洁,组织不纯洁,有些坏人混进来了,不纯洁的分子混进来了。怎么办?我们在组织上应该纯洁,应该搞清楚。这两年的运动怎么样?我讲有很大的功劳,我们学会了整风、审干、审查党员,这方面有很大的成绩。有人看不到这一点,他只看到我们犯了错误,举了几十件几百件,可我知道的有几千件,拿件数来算还不能否定我们运动的性质。这个运动的性质根本上是正确的,它有益于中国共产党的团结和巩固,有益于中国人民的胜利。我们把许多问题搞出来了,这是一条经验,有了这条经验,将来我们出去,每个人都可以去做建设党的工作,去整理我们党的组织使它纯洁,整理我们同志的思想使它纯洁。一百多万党员中,抗战爆发以后加入的占九十多万。这就发生了一个问题,我们要不要胜利,要不要在全国胜利?如果要的话,就要有一个有纪律的、思想上纯洁的、组织上纯洁的党,合乎统一的标准的党。《联共党史》结束语第一条讲要有一个党,要有什么样的党呢？不是社会民主党，而是有革命作风的共产党。我们要看到成绩，这一条经验对于我们全党的作用是很大的。

第二条经验，就是犯了错误，拿件数来算就很多。党校就犯了许多错误，谁负责？我负责，因为我是党校的校长。整个延安犯了许多错误，谁负责？我负责，因为发号施令的是我。别的地方搞错了，谁负责？也是我负责，因为发号施令的也是我。但是，同志们，对这条错误的本身要加以分析：一个叫做坏处，一个叫做好处，坏处是犯了错误，好处也是犯了错误。在审查干部中，搞清了一些人是同志，或者是特务、叛徒，或者是自首分子，或者是其他党派分子，这些人搞清了，很好。我们对这些人要和气，和他们团结，他们自动讲出的也好，被逼出来的也好，只要讲出来，我们就欢迎，帮助他们改正错误。我讲的话是算数的，发出去的支票是要兑现的。一个支票——一个不杀，这一条兑现没有？还不是兑现了！现在如果口头讲一个不杀，结果杀了两个，那岂不是自己打自己的嘴巴！的确我们是一个也没有杀。要分清是非轻重。是则是，是特务、叛徒、自首分子、其他党派分子，怎么办呢？团结他抗战。人家现在愿意抗战，过去走错了路，现在不再走，就算了。我们宣布这一条，主要是帮助这些走错了路的同志。因为党过去有很多缺点，人家害怕，不敢讲，就没有讲，现在讲出来就很好。对于戴错了帽子的，把非当做是的，怎么办？非则非，取掉帽子，赔一个不是。党校也搞错了一些同志，如果在座的有这样的同志，我赔一个不是。那末，被戴错帽子的人应取何种态度呢？当着我们给他戴帽子的时候，他应该生气吧！他想我不是特务、叛徒为什么给我戴上这种帽子？乱戴一顿，这样对不对？这样不对。现在我把帽子给你拿下来，赔一个不是，你应该采取何种态度呢？你应该还我一个礼吧！现在我向你敬礼，你不还礼，我的手放不下来。同志，过去把你当特务、叛徒，不是当同志，我们搞错了。本来这种愤怒之火要向着敌人而不是向着同志，可是结果是向着了同志，这叫做错了。但是，开始的动机、目的是向着敌人，整个运动的方向是向着敌人，不是向着同志，因此凡是戴错帽子的都取下来。所有这些被戴错帽子的同志，你手中有理，你有道理，我们没有道理，所以你在这点上应该把心安下来。同志们，在我们党的历史上，给人戴错帽子取下来的事有没有？有。但是像我们去年采取的那样的态度，过去就很少，过去搞错了把帽子取下来就不理了。所以我说，在审查干部工作中，对被搞错了的人承认错误，赔一个不是，这是我们的进步，是我们全党的一个进步。我们对人民讲的话，作出的决议案，制定的这样那样的政策，都是这样，凡是搞错了的，都要修正错误，赔一个不是，老老实实地赔不是。我们要有这样的态度。这叫做什么态度？自我批评的态度。斯大林写了一本书叫《列宁主义概论》，讲列宁主义的方法论有四条，其中有一条就是自我批评。我前面讲的山头主义问题，讲来讲去就是讲自我批评这个方法。团结、批评、团结，第二个步骤就是批评和自我批评。中国革命要胜利，我们就要采取这种态度。犯错误本身有两个方面：第一是犯了错误，不好。第二是犯了错误之后又会变成经验，比如以后再来审查干部，双方都有了经验。给别人戴错帽子的同志，因为犯过错误，以后再给别人戴帽子时，就会比过去谨慎。被戴错帽子的同志，以后给别人戴帽子时,也会谨慎,因为他吃过亏。将来我们到北平、上海、南京再去审查干部,做反奸工作时,就会好得多。所以,我说是两条经验:一个是成绩,一个是缺点,这两条都有用处,成绩要发扬,错误要修正。我们采取严肃态度和谨慎态度,这是两条战线的斗争。严肃态度是反对右倾,不严肃就是右倾、自由主义;谨慎态度是反对“左”倾,不谨慎就出乱子。

我要讲的主要问题讲完了。

上次我在这里讲到各部分革命团体,讲到一方面军、二方面军、四方面军,每一方面军里头又有各个部分,其中讲得不完全,还有一个十五军团讲漏了。在我报告以后,有一个同志写信给我,说十五军团从前有过很大的牺牲,应该讲到它。今天我想补充讲讲那天没有提到的问题。

第一个问题,关于南方、北方问题。这个问题我早已注意到了,那天忘记提了。现在在西北、华北、华中这三个地方工作的同志,大体上可以分为两部分:一部分是外面来的南方人,一部分是本地人。这个问题为什么要提一下?因为要使得我们的同志注意这个问题。这个问题的性质就是外来干部与本地干部的关系,军队干部与地方干部的关系。外来干部与本地干部,军队干部与地方干部,在抗战时期发生乱子和磨擦的很多,是一个普遍的现象。我想外来同志首先要有一种认识,要认识陕甘宁边区和华北、华中各地的本地同志们的功劳和他们的长处。我过去没有讲清这点,没有很好分析,也不怪那些同志。整风后我才讲这个问题,综合了好多经验。南方的同志,在西北,在华北、华中,现在还活着的不到二万人,他们有很大的功劳，北方的同志、本地的同志应该感谢他们，西北的人民，华北、华中的人民，应该感谢那些南方的老布尔什维克。中国革命长期在南方发展，到了抗战时期才转移到了北方。太平天国、辛亥革命、北伐战争、土地革命主要的都是在南方，南方是很光荣的。但是同志们，这些革命都失败了，太平天国失败了，辛亥革命失败了，北伐战争失败了，土地革命失败了，都失败了。又有光荣，又有困难，还是讲两方面。南方有老布尔什维克，北方也有老布尔什维克，并且也不很少，陕甘宁边区就有，华北也有一大批，陈毅〔11〕同志讲华中也有。南方的老布尔什维克，不要以为“只此一家，别无分号”。我们要认识这个陕甘宁边区，它有缺点，叫做“地广人稀，经济落后”，但是只有陕北根据地保留下来了，其他的根据地都丢了。陕甘宁边区的作用非常大，我说它是中国革命的一个枢纽，中国革命的起承转合点。长征结束以后，起是从这个地方起的，转也是从这个地方转的。万里长征，脚走痛了，跑到这个地方休息一下，叫做落脚点。我们不是要永远住在这里，这个地方是落脚点，同时又是出发点。你们等两天就要走，将来中央也要走。抗战以来，我们的队伍除新四军外，都是从这里出发的，最近王震又是从这里出发的，戴季英〔12〕也是从这里出发的，北方的队伍都是从这里出发的。在北方，在华北，也有革命好多年的党员，像彭真、薄一波〔13〕，当然还有很多，他们在班房里头同敌人斗争了许多年。在北方、在华北的地方党也发动过一些暴动，虽然是失败了。许多同志经历过三个时期，即北伐战争、国内战争、抗日战争。听陈毅同志讲，华中也发现当地有这样的同志，特别是苏北、苏南。这个问题为什么要提一下？就是我们的同志应该看到这个问题，外来的同志应该看到这一点。不但南方是光荣的，我自己是光荣的，华北也是光荣的，华中也是光荣的；不但一方面军是光荣的，二方面军是光荣的，四方面军是光荣的，陕北红军也是光荣的。各部分里头的每一部分都是光荣的，是不是有一部分就高一等，有一部分就矮一等，我看不高不矮都光荣。南方、北方也不高不矮都光荣。抗战时期入党的有九十几万人，这应当引起几万外来干部的注意和重视；同时，这九十几万人应该感激这几万人，因为他们教会了我们关于战争这一套经验。

第二个问题，关于大后方党的问题。大后方党大概有十万人，是周恩来同志、董必武[14]同志还有在座的许多同志他们负责领导的。在前年审查干部的时候，有的同志觉得那些地方的党不大靠得住，“红旗政策”[15]很多。根据去年甄别的结果，事实上证明也应该是两条：首先应该采取严肃态度，因为在国民党统治底下，有坏人混进来破坏我们，一些坏人混进来了，一些不纯洁的人混进来了，我们今天应该承认这一条。第二条不可夸大，切记不可以为多得了不得。究竟有多少？现在还无法计算，等将来全国胜利后才能搞清楚，但是估计可以作，十万人里头大多数应该说是好的，不是特务。为什么这样讲？因为在那里大批的是农民同志，国民党就是在被它破坏了的地方，对他们也不大注意，我们又采取疏散的方针，到处散了，一盘散沙，所以就能隐蔽下来，就可以不被破坏或者少被破坏。此外，还要估计到国民党的官僚主义，不要把国民党看得神乎其神。我们对自己内部要搞清楚，大体上是这样两条：一条承认地方党有问题；一条承认大多数的同志是好的，是没有问题的，是纯洁的，少部分是不纯洁的，有问题的。这样的估计应该作出来。应该讲南方工作的同志有成绩，总的说来在抗战期间有成绩。在战略方面来说，只有根据地也不行，要有三个方面——解放区、沦陷区、大后方，三位一体，缺一不可。

最后，关于白区工作问题。这个问题我从前没有想到，那天陈毅同志告诉我有这样一个问题，他提得很对。从前我们批评内战时期白区工作的领导路线有问题，有某些时候应该说是有错误，因而使白区工作受了很大的损失。过去说损失百分之百，现在看没有到那样的程度，还剩下一些，大部分是损失了。领导路线是错误的，应该受批评。批评的目的，是为了今后好好地工作，不要再犯那样的错误，并不是说所有在白区工作的同志、干部没有功劳。这就像南方根据地丢掉了，并不等于说红军战士和干部、地方同志和干部他们没有功劳，没有艰苦奋斗、英勇牺牲一样。白区工作的同志中，没有坐过班房还活着的、没有坐过班房牺牲了的、坐过班房还活着的、坐过班房牺牲了的这几部分人，他们为党为无产阶级作了英勇斗争，他们拿着命去拼，因为这样才坐了班房，少数侥幸逃脱的没有坐班房，应该估计到他们斗争的成绩。

这三个问题，因为上次没有讲今天补充一下，我想讲的问题就是这些，完了。

根据中央档案馆保存的讲话记录稿刊印。

注　释

〔1〕这是毛泽东在中共中央党校的报告。

〔2〕指克里米亚会议，又称雅尔塔会议。一九四五年二月四日至十一日，苏、美、英三国首脑在苏联克里米亚半岛的雅尔塔举行会议，协调最后击败德国的军事计划，讨论欧洲的战后安排和对日作战等问题，秘密签订了《苏美英三国关于日本的协定》(即《雅尔塔协定》)，并发表了《苏美英三国克里米亚会议公报》。

〔3〕张学良，见本卷第144页注〔16〕。

〔4〕杨虎城(一八九三——一九四九)，陕西蒲城人。曾任国民党军第十七路军总指挥，西安绥靖公署主任。一九三六年十二月十二日和张学良一起发动西安事变，次年六月被迫“出洋考察”，十一月回国后被蒋介石长期囚禁，一九四九年在重庆被杀害。

〔5〕叶挺，一九三七年十月起任新四军军长。一九四一年一月在蒋介石发动的皖南事变中被扣押。

〔6〕邓小平，当时任中共中央北方局代理书记、八路军第一二九师政治委员。

〔7〕一九四四年十一月上旬，王震、王首道率八路军南下支队从延安出发，王震任司令员。

〔8〕绥远，即绥远省，一九五四年撤销，原辖区划归内蒙古自治区。

〔9〕《野百合花》，见本卷第121页注〔4〕。

〔10〕戈尔洛夫，是苏联剧作家柯涅楚克在话剧《前线》中塑造的苏联卫国战争期间一个前线总指挥，他脱离实际，不肯学习新知识，又好摆老资格。

〔11〕陈毅，当时任新四军代理军长，这时正在延安准备出席中国共产党第七次全国代表大会。

〔12〕戴季英，一九〇七年生，湖北黄安(今红安)人。一九四四年十月被任命为八路军河南军区政治委员，同司令员王树声从陕北率两个团及大批干部进入河南，建立河南人民抗日军。

〔13〕彭真，一九二三年加入中国共产党。一九二九年任中共顺直省委职工运动委员会书记，同年六月被捕，一九三五年出狱。抗日战争时期，任中共中央晋察冀分局书记、中共中央党校副校长、中共中央组织部代理部长等职。薄一波，一九二五年加入中国共产党。曾任中共太原地委组织部部长，一九二九年被捕，一九三六年出狱。抗日战争时期，任山西青年抗敌决死队第一总队政治委员、中共太岳区委书记、中共中央太行分局副书记等职。

〔14〕董必武，当时任中共中央南方局副书记兼宣传部部长、统战部部长。

〔**15**〕抗日战争时期，国民党特务机关曾开办和组织一些伪装进步的报社、书店及文化团体，甚至组织假共产党，诱捕进步青年和共产党员，迫其自首，再让他们加入或留在共产党组织内部充当内奸，同时又派遣干探，以“左”的面目混入共产党机关内潜伏，伺机破坏。国民党的这种反共策略被称为“红旗政策”。在延安整风审干期间，曾出现过对这方面的敌情估计过于严重，反“红旗政策”扩大化的现象。

给萧三[1]的信

（一九四五年二月二十二日）

萧三同志：

你的《第一步》[2]，写得很好。你的态度，大不同于初到延安那几年了，文章诚实，恳切，生动有力。当然，从前你的文章也是好的，但是现在更好了，我读这些文章，很得益处。

为着使延安文艺工作同志们多参加群众性的集会，须关照高岗、贾拓夫、谭政、罗迈、李富春、彭真[3]几位同志，遇有这类会议不要忘记组织文艺同志们去参加。此事请你访他们去谈谈，我有机会也将告诉他们。今年全边区性的大会少开，但地方性的，延市、延安县和延属分区的，必有许多，同县、市、分区的负责同志及宣传部讲通此事，也很必要，可否也请你去谈一下？

同志的敬礼！

毛　泽　东

二月二十二日

根据人民出版社一九八三年出版的《毛泽东书信选集》刊印。

注释

〔1〕萧三(一八九六——一九八三),湖南湘乡人。一九三九年从苏联回到延安。当时任陕甘宁边区文化协会常委。

〔2〕指萧三在一九四五年二月二十日《解放日报》发表的文章《第一步——从参加边区参议会及劳模大会归来》。

〔3〕高岗,当时任中共中央西北局书记。贾拓夫(一九一二——一九六七),陕西神木人,当时任中共中央西北局秘书长。谭政(一九〇七——一九八八),湖南湘乡人,当时任八路军陕甘宁晋绥联防军副政治委员兼政治部主任。罗迈,即李维汉,当时任陕甘宁边区政府秘书长。李富春(一九〇〇——一九七五),湖南长沙人,当时任中共中央副秘书长。彭真,当时任中共中央组织部代理部长。

对《论联合政府》的说明[1]

（一九四五年三月三十一日）

一

中国在这一次有成为独立、自由、民主、统一、富强的中国之可能性，为近百年来、五四以来、有党以来所仅有。我们应该在此时机提出适当纲领，动员全国人民争取其实现，也就是团结全党全民打败日本帝国主义，建设新中国。这个纲领以前大部分是有的，现在加以综合及发挥。

为了达到建设新中国之目的，我们的原则是放手动员群众。抗战以来我们一贯的路线是如此，而另一条路线则是束缚群众。蒋介石就是束缚群众，他在柳州会议[2]上讲所谓精神征服。我们对同志与人民是诚诚恳恳，无所谓精神征服，对敌人则是武力征服。我这个报告讲抗日的部分不太多，有些同志对此有些意见，这是因为思想不很通。《新民主主义论》讲抗日的话还要少一些。还在一九三七年我就提出只有民主才能救中国，当时有同志不赞成，他们不知道抗日的问题是已经定了的，当时的问题是如何抗日。我说的这次有些同志思想未通，但同一九三七年十二月会议[3]至六中全会[4]时期的错误倾向是有区别的，那是主张依靠国民党，不要民主、民生，不要三民主义的。要三民主义是一个原则问题，一定要坚持。同志们的意见很好，百分之九十以上我都采取了。

我们提出放手发动群众是否“左”倾了？对国民党如何措辞，我曾考虑半年之久。是否采取绅士腔调如同招待新闻记者那样？那时我们的名誉很好，可是斯坦因、福尔曼〔5〕对我的谈话就很不满意，那种腔调有一很大缺点，即不能说透问题，不能揭破蒋介石。或者如同苏联的态度那样？这也不适当，因为我们是不合法的，不像苏联，而蒋介石又非罗斯福、丘吉尔〔6〕。那末，是否像《解放日报》那样？也不好，《解放日报》可以那样说，但也并非天天说，我们的负责人就不宜于那样说。我在这个报告里面批评了他九分，批评很尖锐，但留了余地，有希望，虽然只占一分不足。这是需要的，不留这个余地就会犯错误。对国民党抗战成绩我没有多说，从科学的意义上应说国民党是半法西斯主义，我没有说，免得为他们张目。对他们的说法我是随地而异的，其基本精神是我们的独立性更强了，但对蒋介石仍留有余地。

对一切要联合的对象我们都采取联合的态度，但也略示区别，略有批评。这一点也很重要，没有区别是不好的。对资产阶级，我说是多半与土地联系着。对大后方民主运动中的某些分子，也批评其不坚决，指孙科〔7〕之类。有的人看到三月一日蒋介石的讲话与我们的痛驳后，又慌张了；听说赫尔利〔8〕回我们的电报中说不要作最后结论，就又高兴了。中间派是动摇的，中国的政治力量是两头硬中间软。假如中国有农民党，我们也要与它区别。这是要我们共产党员弄清楚的，惟有区别才能领导。

国民党反动派也在动摇，是两面派。一面抗日，一面投降；一面联共，一面反共；一面联苏，一面反苏。蒋介石的欺骗我们都揭穿了，而且有外国人压。赫尔利来延安，美军观察组〔9〕驻延安，这个影响很大，国民党特务机关也受到影响。爱金生、高桂滋〔10〕这些人都说天下是我们的，文化界签名谢冰心、顾颉刚〔11〕都参加了。这个报告中我们没有说这样的话，但有这股神气，我们要准备迎接胜利。

这个报告，蒋介石看了最不高兴，中间派看了又高兴又不高兴。中间派是有前途的，外国人在蒋介石不行了的时候会扶他们，他们的壮大现在对我们是无害的。但他们是动摇的，蒋介石让步了他们就会拥护。三月一日蒋介石发表讲话，罗隆基〔12〕就写文章欢迎“还政于民”；二日我们广播了新华社记者对蒋介石讲话的评论，民主同盟在十日又发表谈话反对国民党包办国民大会。所以，他们是可以听我们的，但需要我们的坚强领导。领导问题我在报告中讲了一下，除农民、小资产阶级知识分子外，还包括其他民主分子。

对外国主要联合苏联，对英、美及其他反法西斯的各国以联合为主，但也有警戒的暗示，希望他们尊重中国人民的意见。

对孙中山讲得是否太多了？不多。我们要善于引用他，这没有害处，只有好处，列宁也要我们发挥他〔13〕。他的遗嘱中唤起民众、联合世界上以平等待我之民族这两条是基本策略，他关于民主讲得最好，要为一般平民所共有。美国共产党现在把华盛顿、林肯〔14〕都当作自己的旗帜，我们就有孙中山，而且有一段姻缘，曾经和他合作过。内战时期不讲他不能怪我们，因为那时我们被打倒在地上，不把孙中山丢开自己就站不起来，如同五四时期打倒孔家店一样。现在不同了。对党内一些人存在不尊重孙中山的情绪，应该说服。

报告中讲共产主义的地方，我删去过一次又恢复了，不说不好。关于党名，党外许多人主张我们改，但改了一定不好，把自己的形象搞坏了，所以报告中索性强调一下共产主义的无限美妙。农民是喜欢共产的，共产就是民主。报告中对共产主义提过一下以后，仍着重说明民主革命，指出只有经过民主主义，才能到达社会主义，这是马克思主义的天经地义。这就将我们同民粹主义区别开来，民粹主义在中国与我们党内的影响是很广大的。这个报告与《新民主主义论》不同的，是确定了需要资本主义的广大发展，又以反专制主义为第一。反旧民主主义也提了一下，军队国家化之类就是他们的口号，但不着重反对旧民主主义，因蒋介石不是什么旧民主主义而是专制主义。资本主义的广大发展在新民主主义政权下是无害有益的，而且报告里也说明了有三种经济成分。国家资本主义在苏联也存在了几年，十月革命后列宁就想要有一个国家资本主义的发展而未得，富农存在得更久一些。

一般纲领与具体纲领，这个区别以前没有指出，其实大革命时期、内战时期、抗战时期的一般纲领都没有改变，以后还可以用若干年。工农民主专政是新民主主义的本质。具体纲领在各个阶段是不同的。联合政府是具体纲领，它是统一战线政权的具体形式。这个口号好久没有想出来，可见找一个口号、一个形式之不易。这个口号是由于国民党在军事上的大溃退、欧洲一些国家建立联合政府、国民党说我们讲民主不着边际这三点而来的。这个口号一提出，重庆的同志如获至宝，人民如此广泛拥护，我是没有料到的。

如果大家同意报告的这些基本观点，则修改后即发给所有代表，代表大会上仍可提出各种修改意见。

二

刚才几位同志提到大会的精神算不算旧账的问题。不算旧账当然不是一个口号，总结经验也可以说是算账，但我们的算账不要含有要搞垮谁的意思。参加七中全会的同志应当用很好的理由与态度去说服七大的代表们要有这种自觉，把过去历史问题托付给七中全会解决比较好，以便自己集中力量解决抗战建国的任务。过去的历史错误主要是一个社会现象，由于党在政治上不成熟，犯错误的同志是因为不自觉，以为自己是对的才要在党内党外打倒一切。现在大家都觉悟了，主要思想都一致了。王明〔15〕同志最近写信给我，也赞成反对国民党反动派与团结全党两点，这是很好的。如果在大会上讨论历史问题，势必要扯两三个星期，转移了中心议题，而结果仍不会超过现在的决议草案。扯到军事历史、华北历史、各个山头等等，更是扯不清楚。决议草案中没有说百分之百，没有说品质，没有说非法，也没有说宗派，这些不说至多成为缺点，而说得不对却会成为错误。遵义会议〔16〕、六中全会都采取了这个方针。

政治报告中关于军事方面有一点还要说明的，即共同建设人民的军队问题。抗战中我军内部情况已有很大变化，有一些军事首长不是共产党员。军队要全部是共产党员是不可能的，即使内战时期红军中的党员也不过占三分之一。如果有的军队和我们合作，以后又不合作了，这时我们应该让他们走，留余地，不要伤感情，即使再变成敌人也不过同合作以前一样。同别的军队的外部合作，山东做得很好，我们许多地方还是"左"了，需要耐心说服。

联合政府有三种可能性：一种是坏的我们不希望的可能性，即要我们交出军队去做官。军队我们当然是不交的，但政府还是独裁的，我们做官不做呢？我们不要宣传去做，也不要拒绝，要准备这种可能性。其坏处是在独裁政府做官，不过这是可以向群众解释的（为了委曲求全，而这个政府我们是不赞成的），但也有好处，可以做宣传工作。第二种可能性，也是以蒋介石为首，形式是民主，承认解放区，实质仍是蒋介石的独裁政府。第三种可能性，是以我们为中心，在我们有一百五十万军队、一亿五千万人民时，在蒋介石的力量更加缩小、削弱，无联合可能时，就要如此做，这是中国政治发展的基本趋势和规律，我们要建设的国家就是这样一个国家。这个问题不在报告上写。还有，七大的方针是只解决已经成熟的问题，故历史问题延至现在的七中全会解决才成熟，各地的历史问题现在就不必急于解决，因为不成熟。

根据中央档案馆保存的讲话记录稿刊印。

注　　释

〔1〕这是毛泽东在中共六届七中全会上的讲话。

〔2〕指蒋介石一九四〇年二月二十三日至二十五日在柳州召集的军事会议。

〔3〕十二月会议，指一九三七年十二月九日至十四日在延安召开的中共中央政治局会议。会上，王明作了《如何继续全国抗战和争取抗战胜利呢？》的报告，提出“一切经过统一战线”的口号，否定洛川会议通过的关于共产党在统一战线中的独立自主原则和开展游击战争的方针。由于毛泽东等的抵制，王明的错误意见没有形成决议，没有在全党占据统治地位。

〔4〕六中全会，见本卷第143页注〔4〕。

〔5〕斯坦因，美联社、英国《曼彻斯特卫报》、美国《基督教科学箴言报》驻重庆记者。福尔曼（一八九八——一九七八），合众社、伦敦《泰晤士报》驻重庆记者。一九四四年六月，他们参加中外记者西北参观团访问延安，毛泽东分别同他们进行了谈话。

〔6〕罗斯福，当时任美国总统。丘吉尔（一八七四——一九六五），当时任英国内阁首相。

〔7〕孙科，当时任国民党政府立法院院长。

〔8〕赫尔利，当时任美国驻中国大使。

〔9〕美军观察组，见本卷第226页注〔7〕。

〔10〕爱金生，今译为阿特金森（一八九四——？），美国《纽约时报》驻重庆记者。一九四四年任重庆外国记者俱乐部主席，同年九十月间曾到延安参观访问。高桂滋（一八九一——一九五九），陕西定边人，当时任国民党军第十七军军长。

〔11〕谢冰心，一九〇〇年生，福建长乐人，作家。顾颉刚（一八九三——一九八〇），江苏苏州人，历史学家。他们参加了一九四五年二月二十二日发表的重庆文化界《对时局进言》的签名。

〔12〕罗隆基（一八九八——一九六五），江西安福人。当时任中国民主同盟中央执行委员。

〔13〕列宁在《中国的民主主义和民粹主义》一文中指出，随着中国无产阶级的日益成长，“一定会建立这样或那样的中国社会民主工党，而这个党在批判孙中山

的小资产阶级空想和反动观点时，一定会细心地辨别、保存和发展他的政治纲领和土地纲领的革命民主主义内核”。(《列宁选集》第2卷，人民出版社1972年版，第428页)

〔**14**〕 华盛顿(一七三二——一七九九)，美利坚合众国的奠基人，第一任总统。北美独立战争时期，任大陆军总司令。一七八七年主持费城会议，制定联邦宪法。一七八九年当选总统。林肯(一八〇九——一八六五)，一八六一年至一八六五年任美国总统，主张维护联邦统一，废除奴隶制度。南北战争爆发后，颁布《宅地法》和《解放黑奴宣言》，保证了战争的胜利。

〔**15**〕 王明，见本卷第76页注〔11〕。

〔**16**〕 遵义会议，见本卷第102页注〔14〕。

自己动手，克服困难

（一九四五年四月九日）

郑、李、陈〔1〕：

寅寒郑电、卯冬三人电〔2〕，均悉。

（一）派兵困难，不要依靠。

（二）你们将重点移到路西〔3〕，向老河口方向发展是对的，兵力部署你们自己调剂。

（三）财经、民运干部，已令组织部考虑酌派。

（四）你们除食粮外，其他用费应由主要依靠税收转到主要依靠生产自给，放手由各区自己生产解决，只有这一办法才是最可靠办法。一九四〇、四一、四二整整三年陕甘宁边区财政困难情形比你们还要厉害，从四三年起就是依靠这一办法解决了问题。仅有人口一百五十万的边区，却养活了十万公家人而民不伤。五台、太行两区的困难也比你们要大，去年一年大生产运动，情形就变了。今年应该是你们展开大生产运动的一年，万勿错过春耕时机，望在财政会上切实讨论，口号是“自己动手，克服困难”。一面酌增公粮，必可保证供给。关于扩兵，要在新发展区域去扩，依照那里人民的可能负担条件，酌量扩大部队。关于群众工作不好，应通令一切党、政、军、民一齐动手做群众工作，将一齐动手打敌人，一齐动手生产自给，和一齐动手做群众工作三者结合起来。总之，一切依靠最广大群众力量去解决问题，放手将解决问题的责任交给各分区，交给广大群众。你们上面领导同志只总其大纲，给予号召、指导、检查和调剂，实行集中领导、分散经营的原则。切不可将一切重担都由上面负起来，致使下面都望着你们要吃、要穿、要办法，你们虽忙甚急甚，也不能尽如人意。这是游击战争特点所引起的方法，不知你们认为是否可行，请考虑酌办为盼。

毛　泽　东

卯佳

根据手稿刊印。

注　　释

〔1〕郑，指郑位三（一九〇二——一九七五），湖北黄安（今红安）人，当时任中共鄂豫皖边区委员会书记、新四军第五师政治委员。李，指李先念，当时任新四军第五师师长和鄂豫皖湘赣军区司令员兼政治委员。陈，指陈少敏（一九〇二——一九七七），山东寿光人，当时任中共鄂豫皖边区委员会副书记。

〔2〕寅寒郑电，指郑位三一九四五年三月十四日给中共中央并华中局的电报。卯冬三人电，指郑位三、李先念、陈少敏一九四五年四月二日给中共中央并华中局的电报。

〔3〕路西，指平汉路以西地区。

对《关于若干历史问题的决议》草案的说明[1]

（一九四五年四月二十日）

这个决议不但是领导机关内部的，而且是全党性质的，同全国人民有关联的，对全党与全民负责的。哪些政策或者其中的哪些部分是正确的或者不正确的，如果讲得合乎事实，在观念形态上再现了二十四年的历史，就对今后的斗争有利益，对今后党和人民有利益。正确和错误的标准自然是马克思主义，但人民利益同样是标准。人民对于各党派的情形并不很了解，但懂得根据他们的政策来作判断。国民党致力国民革命凡五十年了，其中做了些好事，但做了更多的坏事，所以人民不喜欢它。我们做了好事，但也犯了些错误。现在的决议就是说这些问题，所以是关系于全国人民的。

这个决议有两个问题：做不做？如何做？不做就是怕犯错误。看趋势是要做，但决议现在还有缺点，还需要修改，所以今天也只要求基本通过。我想决议的基本思想是不错的，党内的小资产阶级思想需要纠正，使革命不受损失。至于各个历史问题的叙述是否完全正确，那就不一定了。我们现在只能准备在二三十年后来看，这个决议还是功大过小，那就很好了。如何做？交七大还是交七中全会讨论通过？原来是准备交七大的，后来决定交七中全会。这是一个政策性的问题，不是随便决定的，因为这样可以避免大会把重心放在历史问题上。

内容上的其他问题：四中全会〔2〕是否根本错了？现在弄清楚了，四中全会在根本上是错误的。共产国际的问题为什么不提？故意不提的。共产国际现在不存在了，我们也不把责任推给共产国际。共产国际对中国革命总的来说是功大过小，犹如玉皇大帝经常下雨，偶尔不下雨还是功大过小。没有共产国际的成立和帮助，中国无产阶级的政党是不能有今天的。他们需要我们，我们也需要他们。

治病救人的方针证明是有效的，要看什么时候需要强调哪一个方面。前年十二月以后治病太多，救人差一点，所以去年就多加些“甘草”。最近的情形也是如此。一九四〇年不许提路线〔3〕，一九四一年谈了路线〔4〕，以后就发生了王明同志的问题〔5〕。他养病的时候，我们整了风，讨论了党的历史上的路线问题，“项庄舞剑，意在沛公”〔6〕，这是确实的，但“沛公”很多，连“项庄”自己也包括在内。发展的过程就是如此。到了现在，这个决议就比较好，把治病救人两方面统一起来了。王明同志写了这封信〔7〕，内容有无缺点错误还可以研究，但其态度是好的，应该欢迎的。其他许多同志的意见都很好。错误不是少数人的问题，写几个名字很容易，但问题不在他们几个人。如果简单地处理几个人，不总结历史经验，就会像过去陈独秀〔8〕犯了错误以后党还继续犯错误一样。对陈独秀应该承认他对中国共产党和中国人民是有功劳的，大体上如同俄国的普列汉诺夫〔9〕。李立三〔10〕在大革命时代也有功劳。党是政治团体，不是家族或职业团体，党员都是来自五湖四海，因为政见相同结合起来的。政见不同就要有争论,争论时要分清界限。

从前许多同志都苦于中国没有马、恩、列、斯那样的革命领袖,我也是如此,中国的落后不能产生列宁那样的伟人。现在提出一个任务,就是加强对马、恩、列、斯著作的学习,首先是我需要加强。凡是政治上过去犯过错误现在改正了的同志,我们都要团结他们,全党要像决议上所说的团结得如同一个和睦的家庭一样。这个支票是要兑现的。决议把许多好事挂在我的账上,我不反对,但这并不否认我有缺点错误,只是因为考虑到党的利益才没有写在上面,这是大家要认识清楚的,首先是我。孔夫子七十而从心所欲不逾矩,我即使到七十岁相信一定也还是会逾矩的。

抗战时期有两个关节就是整风和生产,没有这两项党就不能前进。两万五千共产党员发展到几十万,绝大多数是农民与小资产阶级,如果不整风党就变了性质,无产阶级其名,小资产阶级其实,延安就不得下地,王实味〔11〕、“轻骑队”〔12〕、“西北风”〔13〕占了统治地位,只有经过整风才把无产阶级的领导挽救了。生产运动也是这样,没有生产运动,党就要向后退,就要往下垮。这些都是学习来的,草鞋没样,边打边像,这是有些道理的。我们就是这样慢慢学习着前进,现在也并不是什么都学会了,只是错误犯得少一些。

防止敌人利用,这一点也要说一下。人家成立了一个“非常委员会”,我们的决议还没有做他们就利用,说什么四中全会是正确的,现在做了决议他们更要利用,更要挑拨,我们必须准备。团结——批评——团结,这是不怕挑拨的。但是小广播就不同,这需要搜集并加以分析。其中有许多是闲话,是没有恶意的；有许多是错误的，但也不一定是恶意的；至于有恶意的也要听，因为只有听了才能发现它的恶意。总之，有则改之，无则加勉，把各种闲话都引到自己的责任上来，这就卸下一个大包袱，不至于多生气。一九四一年边区老百姓中有人说雷公咋不打死毛泽东，这就引起我的警觉，分析原因，发现是征粮太重了，于是就发展大生产运动。党校去年有人说我是官僚主义，这也使我下决心到党校去多接近一些人。

根据中央档案馆保存的讲话记录稿刊印。

注　　释

〔1〕这是毛泽东在中共六届七中全会上的讲话。

〔2〕四中全会，见本卷第76页注〔12〕。

〔3〕在一九四〇年十二月四日召开的中共中央政治局会议上，毛泽东发言指出：十年内战后期的“左”倾错误给革命造成的损失，比立三路线还大，使红军损失十分之九，根据地损失不止十分之九。遵义会议决议只说是军事上的错误，没有说是路线上的错误，实际上是路线上的错误，所以遵义会议决议须有些修改。在会议讨论中，有同志不同意提十年内战后期的错误是路线错误。因此，毛泽东稍后在为中共中央起草的关于时局与政策的指示（其中的政策部分编入《毛泽东选集》第二卷，题为《论政策》）中，只说在土地革命时期后期有“许多过左的政策”，这种过左政策是“‘左’倾机会主义的错误”，没有提是路线错误。

〔4〕一九四一年九月十日至十月二十二日，中共中央政治局举行扩大会议（通称九月会议），检讨党的历史上特别是十年内战后期的路线问题。毛泽东在会上作《反对主观主义和宗派主义》的报告，指出：苏维埃运动后期的主观主义表现更严重，它的形态更完备，统治时间更长久，结果更悲惨。一九三二年到一九三五年共三年多时间的党的路线，尚未作总结，现在要准备在党的七大作总结。遵义会议实际上变更了一条政治路线。会议经过讨论，对十年内战后期的错误是路线错误这个问题，取得了一致的认识。毛泽东为会议起草的结论草案中，指出：“九一八

事变至遵义会议这一时期内，中央的领导路线是错误的。遵义会议及其以后，中央的领导路线是正确的。”

〔5〕一九四一年九月十日至十月二十二日举行的中共中央政治局扩大会议，一致认为十年内战后期的错误是路线错误，但对四中全会的路线是否错误，认识不一致。陈绍禹(王明)在会上没有作自我批评。他在十月七日同中央负责同志的谈话中和在十月八日中央书记处会议的发言中，仍然拒不承认错误，反而说中央在抗战时期的方针、政策有问题，提议要检查中央的路线。由于陈绍禹提出的是重大的政治问题，所以毛泽东在十月八日书记处会议上说要对他提出的问题展开讨论。从十月十二日起，陈绍禹称病不参加会议，讨论未能进行。

〔6〕典出《史记·项羽本纪》。项庄是项羽的武将，沛公即刘邦。公元前二〇六年，刘邦攻占秦都咸阳后，派兵守函谷关。不久，项羽率军攻入，进驻鸿门(今陕西临潼东)，准备消灭刘邦。经项羽叔父项伯调解，刘邦亲至鸿门会见项羽。宴会上，项羽谋士范增以“助兴”为名命项庄舞剑，欲乘机刺杀刘邦。项伯亦拔剑起舞，常以身体掩护刘邦。此时，刘邦谋士张良至军门告诉刘邦参乘樊哙：“今者项庄拔剑舞，其意常在沛公也。”于是樊哙带剑拥盾闯入，刘邦才能乘隙脱身。

〔7〕指王明一九四五年四月二十日写给任弼时并转毛泽东及扩大的六届七中全会各同志的信。他在信中表示赞同《关于若干历史问题的决议》，并检讨了自己在土地革命战争时期的错误。

〔8〕陈独秀，见本卷第101页注〔8〕。

〔9〕普列汉诺夫(一八五六——一九一八)，前期是俄国马克思主义宣传家。一八八三年创建俄国第一个马克思主义团体“劳动解放社”。翻译和介绍了许多马克思和恩格斯的著作，为马克思主义在俄国的传播起了重大作用。一九〇三年俄国社会民主工党第二次代表大会后，逐渐转向孟什维克，后成为第二国际机会主义的首领之一。

〔10〕李立三，见本卷第101页注〔9〕。

〔11〕王实味(一九〇六——一九四七)，河南潢川人。曾在延安中央研究院任研究员，他写的题为《野百合花》的一组杂文，分两次发表在一九四二年三月十三日和二十三日《解放日报》的《文艺》副刊上。

〔12〕“轻骑队”，是中共中央青委机关在延安整风运动中办的墙报。

〔13〕“西北风”，是中共中央西北局机关在延安整风运动中办的墙报。

中国共产党第七次全国代表大会的工作方针[1]

（一九四五年四月二十一日）

代表同志们！今天我们能够开一次很好的大会。这个时机很好，我们有了很大的力量，我们党较之过去是空前地团结了。

我们大会的方针是什么呢？应该是：团结一致，争取胜利。简单讲，就是一个团结，一个胜利。胜利是指我们的目标，团结是指我们的阵线，我们的队伍。我们要有一个团结的队伍去打倒我们的敌人，争取胜利，而队伍中间最主要的、起领导作用的，是我们的党。没有我们的党，中国人民要胜利是不可能的。

中国人民要求解放的斗争，不讲很远的历史，单讲比较近一点的历史，也有一百多年了。从一八四〇年和英国人打仗的鸦片战争起，到一九四五年，已经是一百零五年了。这一百多年中间，有很多很大的变化，最大的变化是由旧民主主义革命转到新民主主义革命。以前没有无产阶级的领导。当着资产阶级刚刚开始产生，或者稍微长大一点，或者后头更长大一点的时候，当着无产阶级还没有自己的先锋队的时候，无产阶级的觉悟程度还不高，但是资产阶级有各种优势，它在文化上、经济上、政治经验上都占优势，它有政党，有口号，有自己奋斗的目标。而无产阶级没有这些，它是跟着资产阶级走的。只是近二十几年，无产阶级才有了自己的政党、口号和奋斗目标。

近代中国最著名的斗争，有鸦片战争、太平天国运动、中法战争、光绪二十年的甲午战争，后头又有戊戌变法、义和团运动，以后接着是辛亥革命。革命是反对两个东西：一个叫做外国的压迫，一个叫做封建制度的压迫。中国人民对这两个东西总是不满意，总是要起来反抗。起来一次，被打下去，再起来一次，又被打下去，这样的历史差不多有八十年。一九一九年的五四运动是在什么情况下发生的呢？是在第一次世界大战之后。人类的历史，据说有五十万年。〔2〕这五十万年之中，一段是野蛮史，一段是文明史。文明史只有五千年或者稍多一点。我们中国的历史算长得很，但也只有四千多年至五千年。从黄帝纪元算起到辛亥革命四千六百零九年，再加辛亥革命后的三十四年，也只有四千六百四十三年。其实所谓黄帝那个时代，还不是文明社会。文明社会从奴隶社会算起，在中国据现有的可靠资料，应从商、周算起。文明社会五千年来，才发生第一次世界大战。这一次世界大战，是在世界资本主义发展到了二十世纪的时代，资本家撞了资本家，市场少了，有的抢到的地方广一些，有的抢到的地方狭一些，因此打起来。这就是所谓帝国主义时代。整个人类历史上的第一次世界性的大战，是在一九一四年发生的，在座的凡是三十岁以上的人就会知道，记得此事。这次战争，刚才讲了，是世界经济发展的反映，世界经济发展到那种程度，就要出这种问题的。马克思主义者早已预料到了这一点。这次战争是破坏的战争，是非正义的战争，是损害人类利益的战争，是抢夺市场的战争，这是它的消极方面。但是它也产生了积极的方面，就是出现了俄国十月革命，在很多国家中产生了共产党，很多国家的无产阶级产生了自己的先锋队，我们中国就是一个。跟着世界战争来了一个世界革命时期。首先在俄国爆发了十月革命，后来接着有德国革命、匈牙利革命、意大利革命，但是这些都被打垮了。因为这些国家的无产阶级还是分裂的，有共产党，有社会民主党，无产阶级的觉悟也不够。胜利的只有俄国的十月革命。在第一次世界大战和十月革命胜利之后，世界的面目、历史的方向就变了。世界历史几千年以来都在发展着，进步着，但只有到了第一次世界大战和十月革命之后，才产生了新的方向。奴隶社会及其以后的封建社会、资本主义社会，都是人剥削人的社会。十月革命后的新的历史方向，就是取消人剥削人的制度。俄国人民已经得到了胜利。许多国家都有了共产党。我们党一九二一年建立，到今年已经有了二十四年的历史。日本共产党一九二二年建立，印度共产党一九二〇年建立。东方几个大国如此，其他如法国、德国、意大利、英国、美国的共产党，大体上都是这个时期产生的。一九一九年，列宁组织了第三国际。

中国从五四运动起，由旧民主主义革命转到了新民主主义革命。五四运动是群众发动的，是群众的队伍在街上公开反对自己的敌人。开始只是觉悟的、先进的学生参加，发展到"六三"时，在上海已经不只是学生，而且有广大的工人、商界参加，后来，汉口、长沙，长江流域，珠江流域都卷进这个潮流里去了。五四运动有中国最觉悟的分子参加，当时的觉悟分子有陈独秀、李大钊。在五四运动中有左翼、右翼，陈独秀、李大钊是代表左翼的。那个时候，中国还没有共产党，但已经有少数人有初步的共产主义思想。

十月革命一声炮响，给全世界无产阶级及其他先进分子上了共产主义的一课。马克思、恩格斯创立马克思主义学说始于一八四三年（鸦片战争后三年），但由一八四三年到一九一七年，七十四年之久，影响主要限于欧洲，全世界大多数人还不知道有所谓马克思主义。马克思主义产生于欧洲，开始在欧洲走路，走得比较慢。那时我们中国除极少数留学生以外，一般人就不知道，我也不知道世界上有马克思其人，现在十四五岁的娃娃都晓得，所以我说，同志们，你们很幸福。我们那时候长得很大了，还不知道天多高，地多厚，根本不知道世界上还有什么帝国主义，什么马克思主义。进了学校，也只晓得几个资产阶级的英雄，如华盛顿、拿破仑〔3〕。以前有人如梁启超、朱执信，也曾提过一下马克思主义。〔4〕据说还有一个什么人，在一个杂志上译过恩格斯的《社会主义从空想到科学的发展》。〔5〕总之，那时我没有看到过，即使看过，也是一刹那溜过去了，没有注意。朱执信是国民党员，这样看来，讲马克思主义倒还是国民党在先。不过以前在中国并没有人真正知道马克思主义的共产主义。十月革命一声炮响，比飞机飞得还快。飞机从莫斯科到这里也不止一天吧，但这消息只要一天，即是说，十一月七日俄国发生革命，十一月八日中国就知道了。那个时候，把俄国的革命党叫做过激党。七十多年马克思主义走得那样慢，十月革命以后就走得这样快。因为它走得这样快，所以一九一九年中国人民的精神面貌就不同了，五四运动以后，很快就晓得了打倒帝国主义、打倒封建势力的口号。在这以前，哪个晓得提这样的口号呢？不知道！这样的口号，这样明确的纲领，从中国无产阶级产生了自己的先锋队——共产党起，就提出来了。

一九二一年，我们党开第一次代表大会。在十二个代表中，现在活着的还是共产党员的(叛变了的如张国焘〔6〕之流不算)，一个是陈潭秋〔7〕，现在被国民党关在新疆监牢里，一个是董必武〔8〕，现在飞到旧金山去了，我也是一个。十二个代表中现在在南京当汉奸的就有两个，一个是周佛海〔9〕，一个是陈公博〔10〕。会是在七月间开的，我们现在定七月一日为党的周年纪念日。本来是在上海开的，因为巡捕房要捉人，跑到浙江嘉兴南湖，是在船上开的。发了宣言没有？我不记得了。当时对马克思主义有多少，世界上的事如何办，也还不甚了了。所谓代表，哪有同志们现在这样高明，懂得这样，懂得那样。什么经济、文化、党务、整风等等，一样也不晓得。当时我就是这样，其他人也差不多。当时陈独秀没有到会，他在广东当教育厅长。我们中国《庄子》上有句话说："其作始也简，其将毕也必巨。"〔11〕现在我们还没有"毕"，已经很大。《联共党史》开卷第一页第一行说，苏联共产党是由马克思主义的小组发展成为领导苏维埃联邦的党。我们也是由小组到建立党，经过根据地发展到全国，现在还是在根据地，还没有到全国。我们开始的时候，也是很小的小组。这次大会发给我一张表，其中一项要填何人介绍入党。我说我没有介绍人。我们那时候就是自己搞的，知道的事也并不多，可谓年幼无知，不知世事。但是这以后二十四年就不得了，翻天覆地！整个世界也是翻天覆地的。中国是翻天覆地的二十四年，世界是翻天覆地的二十八年。这二十八年是苏联共产党取得革命胜利后的二十八年，中国共产党的二十四年也是同过去大不相同的二十四年。这一点是要使广大人民知道的。

从古以来没有这样的人民，从古以来没有这样的共产党。在这二十四年之中，经过共产主义的小组，经过北伐战争，轰轰烈烈壮大起来了。但中间被人家拦腰一枪打在地上，爬将起来又和他打，叫做土地革命。从一九二一年至一九二七年主要是北伐战争，从一九二七年至一九三七年是国内战争，一九三七年至现在是八年抗日战争。现在的同志经历三个时期的不多，经历两个时期的那就很多。这是就我们全党讲。在座的代表中，这个统计还没有做，究竟是三朝元老多，还是两朝元老多，还是一朝的多，现在还不知道。这二十四年我们就是这样走的：七年是从建党到北伐战争，十年国内战争，八年抗日战争。我们党尝尽了艰难困苦，轰轰烈烈，英勇奋斗。从古以来，中国没有一个集团，像共产党一样，不惜牺牲一切，牺牲多少人，干这样的大事。

第一次大革命的七年当中，党员的最高数字不超过六万人。被人家一巴掌打在地上，像一篮鸡蛋一样摔在地上，摔烂很多，但没有都打烂，又捡起来，孵小鸡，这是一大经验。被人家打了一枪，发了气，再干，干得很好，如打倒封建势力，打倒帝国主义，很对。蒋介石与帝国主义、封建势力勾结，我们就提出革命口号，叫打倒蒋介石，和他打了十年。打蒋介石是不错的，但是如何组织队伍，以及组织了队伍又如何放枪，这就发生了很多不同的意见，这就是我们在《关于若干历史问题的决议》上所讲的。大体上说，不同的意见主要不外乎这三个问题：

第一，什么是敌人，什么是朋友；第二，如何组织队伍；第三，如何打法。在这三个问题上发生的分歧中，有一部分同志的意见大体上比较恰当，适合中国国情，比较正确些，在组织队伍、如何打法的问题上比较好一些，但也不是十全十美的。当时党内的同志天南地北，除了几个被国民党悬赏几万元捉拿的人以外，大都互相不知道。可是意见可以相同，或者在这样一个问题上相同，或者在那样一个问题上相同。

孙中山这个人我见过，在座的同志看见过他的还有。他是一九二五年去世的。当他致力于国民革命三十九年的时候，我见到了他，那时他已将近六十岁。当时国民党开第一次全国代表大会，在座的林老〔12〕也是参加的一个。我们以共产党员的资格出席国民党的代表大会，也就是所谓“跨党分子”，是国民党员，同时又是共产党员。当时各省的国民党，都是我们帮助组织的。那个时候，我们不动手也不行，因为国民党不懂得组织国民党，致力于国民革命三十九年，就是不开代表大会。我们加入国民党以后，一九二四年才开第一次代表大会。宣言由我们起草，许多事情由我们帮它办好，其中有一个鲍罗廷〔13〕，当顾问，是苏联共产党员，有一个瞿秋白〔14〕，是加入国民党的中国共产党员。孙中山这个人有个好处，到了没有办法的时候，他就找我们。鲍罗廷说的话他都听。那时候叫做“以俄为师”，因为他革命三十九年老是失败。我们当时提出打倒帝国主义，打倒封建势力，打倒贪官污吏，打倒土豪劣绅，有很多人反对我们，说中央委员会的委员是三十六天罡星〔15〕。搞军队也是国共合作，当时的主要干部，军队的与党的，都有国共两党的人。第一军是蒋介石当军长，恩来同志是党代表，第二军军长谭延闿，党代表是李富春同志，第六军党代表是林老。那个时候也就是联合政府，军队是政府的主要部分，所以联合政府以前就有过。

北伐胜利，轰轰烈烈。可是这一时期的末尾一段，我们党搞得不好，出了一个陈独秀主义。后来，陈独秀反对我们，搞成托陈取消派。但是关于陈独秀这个人，我们今天可以讲一讲，他是有过功劳的。他是五四运动时期的总司令，整个运动实际上是他领导的，他与周围的一群人，如李大钊同志等，是起了大作用的。我们那个时候学习作白话文，听他说什么文章要加标点符号，这是一大发明，又听他说世界上有马克思主义。我们是他们那一代人的学生。五四运动替中国共产党准备了干部。那个时候有《新青年》杂志，是陈独秀主编的。被这个杂志和五四运动警醒起来的人，后头有一部分进了共产党，这些人受陈独秀和他周围一群人的影响很大，可以说是由他们集合起来，这才成立了党。我说陈独秀在某几点上，好像俄国的普列汉诺夫〔16〕，做了启蒙运动的工作，创造了党，但他在思想上不如普列汉诺夫。普列汉诺夫在俄国做过很好的马克思主义的宣传。陈独秀则不然，甚至有些很不正确的言论，但是他创造了党，有功劳。普列汉诺夫以后变成了孟什维克，陈独秀是中国的孟什维克。德苏战争以后，斯大林在一篇演说里把列宁、普列汉诺夫放在一起，《联共党史》也说到他。关于陈独秀，将来修党史的时候，还是要讲到他。至于内战时期犯"左"倾错误的李立三〔17〕同志，第一次大革命之前，曾和少奇同志一起在安源做过工人运动，后来五卅运动中在上海也起了很大作用，也有功劳。

现在讲一讲《关于若干历史问题的决议》。这个决议，经同志们详细讨论过。同志们提议将这个问题交七中全会处理，不提交大会，使得大会成为团结的大会，胜利的大会。这个意见很好，这是为全党、为全国的人民、为党的将来着想的。决议昨天七中全会基本通过了，交给大会以后的新中央采纳修改。

大会的工作方针就是团结和胜利。大会的眼睛要向前看，而不是向后看，不然就要影响大会的成功。大会的眼睛要看着四万万人，以组织我们的队伍。

我们现在还没有胜利，力量还小，前面还有困难。我们有九十多万军队，但不是集中的，而是被分割的，打麻雀战；我们根据地有九千多万人口，但也不是一整块，也是被分割的；我们的敌人还很强大，有强大的日本帝国主义，还有国民党，这两个敌人不是一个类型的，一个守着我们的前门，一个守着后门。所以我们必须谨慎谦虚，不要骄傲急躁，要戒骄戒躁。谦虚就不骄，就可以戒骄。从前讲“大贾深藏若虚”，做生意的人本钱大他就藏起来，如像没有一样。我们也是这样，我们要保持谦虚。在我们的历史上也有这样的教训，就是大不得，小了就舒舒服服，没有事情，一大就胀起来了，脑壳胀得很大，骄傲起来了，心里也躁了，躁得很。急躁和骄傲是连在一起的，骄傲就要急躁，急躁的人没有不是骄傲的、不谨慎的、粗枝大叶的。我们现在学会了谨慎这一条。搞了一个历史决议案，三番五次，多少对眼睛看，单是中央委员会几十对眼睛看还不行，七看八看看不出许多问题来，而经过大家一看，一研究，就搞出许多问题来了。很多东西在讨论中你们提出来了，这很好，叫做谨慎从事。要慢慢来，天塌不下来的。从古以来，天都没塌下来过。以前有一个杞国，有人怕天掉下来，天天忧愁，谓之“杞人忧天”。到现在几千年了，二十四史都没说天掉下来过。就是掉下来，我们同志当中也有几个很高的可以撑住，不要紧。若干历史问题的决议，经过三番四复的研究，现在还是基本通过，选举了新的中央委员会之后，再拿去精雕细刻。但这样是不是还会有漏洞呢？还可能有。经过十年八年之后，修中共党史的时候可以看出来，如果有漏洞，就是有漏洞，就说“这一条历史过去搞掉了，不对，要重新添上”。这没有什么，比如积薪，后来居上，我们对前人也是这样的。有漏洞就改，原则是坚持真理，修正错误。

《联共党史》是一九三八年出版的。苏联一九一七年就胜利了，三八年才由中央出版《联共党史》，经过二十年，可见此事不易。我们在这个短短的历史决议案中，要把二十四年的历史都写进去，那就更不容易。自然我们还不是修党史，而是主要讲我们党历史上的“左”倾错误，讲党史上一种比较适合于中国人民利益的路线与一种有些适合但有些不适合于中国人民利益的路线的斗争，无产阶级思想同小资产阶级思想的斗争。这个问题经过了几年的酝酿，现在比较成熟了，所以写出决议案把它解决了。至于抗战时期的问题，现在还没有成熟，所以不去解决它。这个历史决议案，在将来来看，还可能有错误，但治病救人的方针是不会错的。

历史决议案上的问题，是关系到多数人的问题还是少数人的问题？我说是关系到多数人的问题，关系到全党和全国人民的问题。所以我们要谦虚谨慎，不要骄傲急躁。这是多数人的问题，也是我们自己的问题。少数人的问题是容易解决的，比如提名字,提上一两个人的名字,那并不难,但多数人的问题并不是那样容易解决的。我们这次写历史决议案是很谨慎的。

我们在其他问题上,也应该这样。我们要英勇奋斗,但又要谦虚谨慎。历史的教训就是要我们谦虚谨慎。过去有的同志很急躁,希望革命明天就胜利。但是可惜没有胜利,一拖拖了十年。有了三十万党员、几十万军队,头大了,急躁起来了,结果只剩了一个陕北。有人说,陕北这地方不好,地瘠民贫。但是我说,没有陕北那就不得下地。我说陕北是两点,一个落脚点,一个出发点。七大在陕北开会,这是陕北人的光荣。陕北已成为我们一切工作的试验区,我们的一切工作在这里先行试验,在这里开七大,在这里解决历史问题。

我再讲一讲治病救人。治病救人是说,为了救人而去治病。人本来是好人,但病菌进去了,得了病,就请医生看一看,吃点药,治好了。要救人不治病不行,要治病不救人也不行,无论偏向哪一方面都不好,都应该改正。一切同志,要在这个历史决议案下团结起来,像决议案上说的团结得像一个和睦的家庭一样。过去常说,团结得像一个人一样,那是写文章的词藻。我们这回说,团结得像一个和睦的家庭一样。家庭是有斗争的,新家庭里的斗争,是用民主来解决的。我们要把同志看成兄弟姊妹一样,从这里能得到安慰,疲劳了,可以在这里休息休息,问长问短,亲切得很。至于犯过错误,那也不是一两个人,大家都犯过错误,我也有过错误。错误人人皆有,各人大小不同。决议案上把好事都挂在我的账上,所以我对此要发表点意见。写成代表,那还可以,如果只有我一个人,那就不成其为党了。要知道,一个队伍经常是不大整齐的,所以就要常常喊看齐，向左看齐，向右看齐，向中看齐。我们要向中央基准看齐，向大会基准看齐。看齐是原则，有偏差是实际生活，有了偏差，就喊看齐。但是，官长不能打士兵，这就是说，干部与党员要有正确的关系。一个队伍里头，人们的思想有正确的，也有错误的，经常是不整齐的。但对犯错误的同志要有好的态度。家庭里是很少有开除家籍的事情的。阿Q[18]到底姓什么虽不清楚，但也没有听说他曾被开除家籍。阿Q斗争起来也算英勇。他的缺点是主观主义、宗派主义，加党八股，毫无自我批评精神。人家的疮疤他要揭，他的疮疤人家揭不得。至于教条主义和党八股，那厉害得很，长凳一定要叫长凳，不能叫条凳，叫条凳是路线错误，那样教条主义，那样党八股！但是，写阿Q的作家还是喜欢阿Q的，因为反革命把他枪毙了。所以对于有缺点错误的人，我们要团结。

共产党里头闹别扭的有两个主义：一个教条主义，一个经验主义。这个决议上说我曾受了多少次的打击，我说要勾掉。还有说反罗明路线[19]就是打击我的，事实上也是这样，但是把它勾掉好，不必写这些。我这个人也犯过错误。一九二七年我写过一篇文章，有马克思主义的观点，但是在经济问题上缺乏马克思主义的观点，所以经济问题写错了。[20]此外，在二十多年的工作中，无论在军事、政治各方面，或在党务工作方面，我都犯了许多错误。这些东西都没写上去，不写并不是否定它。因为按照真实历史，真实情形，我是有错误的。又如最近写决议案，写过多少次，不是大家提意见，就写不这样完备。我们大家都是半殖民地半封建社会出来的人，只有这样多的一点知识，这样大的一点本领。说我毫无本领，一点也不懂马列，那我也不同意。一个托派分子，过去是共产党员，名叫叶青[21]，他说毛泽东这个人一点马列主义也没有，只有一个主义叫做毛泽东主义，代表农民小资产阶级的主义。这我不赞成。好像我这里没有，他那里倒有很多马列主义，甚至都在他那里。说我马列主义成了堆，那也不是。人家喊万岁，我说我五十二岁。当然不可能也不应该有什么万岁，但总是引出一个任务来，即还要前进，要再长大一点。说懂一点马列主义，也引出一个任务来，也是要前进。全世界自古以来，没有任何学问、任何东西是完全的，是再不向前发展的。地球是在发展的，太阳是在发展的，这就是世界。停止了发展就不是世界。整个宇宙不晓得经过多少万万年，现在比过去是进步了。地球上出了生物，出了动物，出了人类。人类又有几十万年的历史，出了文明社会，出了资本主义社会，出了社会主义社会。马克思主义宇宙观教给我们，要懂得将来还要进步到一个共产主义社会。中国经过新民主主义社会，将来还要进步，直到阶级没有了，政党也不要了，共产党、国民党一概不要，八路军、新四军也不要了。太阳、地球在很远的将来也都有一天要毁灭。旧的东西毁灭了又有新的产生。有马克思主义观点的人，一定要这样看问题。但今天要政治不要？要。什么是政治？孙中山说，政治就是众人之事。从科学上说来他这话不对。他这话只有一个革命意义，即是反封建，因为封建社会的政治是皇帝一人专制。但原始共产社会有众人，没有政治。政治是从奴隶社会才开始有的。从一定意义上讲，政治就是阶级斗争。恩格斯说阶级斗争有三种：政治斗争、经济斗争、理论斗争。后面两种斗争也都含有政治性质。马克思主义者应该有这种观点，这是彻底革命的观点。因此，我们要经过战争，经过阶级斗争，要放手发展壮大共产党，壮大八路军、新四军。

人世间的事总是不完全的，儿子比老子完全一些，孙子比儿子完全一些，后来居上。

这次大会有些同志未当选为代表，不能出席，也不能旁听，很着急。其实这没有什么，大家可以解释解释。就拿我来说，我是“一三五不论，二四六分明”，逢双数的大会，我都没有参加。五次大会我参加了，但没有表决权。我当时身为农委书记，提出一个农民运动决议案，中央不通过，五次大会也没有采纳。现在党是比过去公道些了，但是不公道的事仍然会有的。

这就是说，事情总是不完全的，这就给我们一个任务，向比较完全前进，向相对真理前进，但是永远也达不到绝对完全，达不到绝对真理。所以，我们要无穷尽无止境地努力。

现在又出了一个“共产党”，那是国民党特务机关集合了一些叛徒，组织成的一个“非常委员会”。他们已经发出了宣言，口号是打倒毛泽东。我们这个历史决议出来后，敌人一定会利用它。但是我们不管他们利用不利用，还是作出了这个历史决议。我们要不听任何敌人的挑拨。党内也可能有一些有歪风的人进行挑拨。不要怕这些挑拨。在党内，在革命队伍内，我们有一条方针，就是团结，在原则基础上的团结。

总起来说，我们党二十四年来有成绩，成绩也相当的大。我们要继续抓紧马克思主义的武器，要有自我批评的精神，全党团结如兄弟姊妹一样，为全国胜利而奋斗，不达胜利誓不休！

根据一九八一年七月十六日《人民日报》刊印。

注　　释

〔1〕这是毛泽东在中国共产党第七次全国代表大会预备会议上的报告。

〔2〕迄今为止的考古发现证明，人类的历史至少有二百万年。

〔3〕华盛顿，见本卷第279页注〔14〕。拿破仑（一七六九——一八二一），法国资产阶级军事家和政治家。一七九九年雾月十八日（十一月九日）发动政变，组成执政府，任第一执政。一八〇四年称帝，建立法兰西第一帝国。

〔4〕梁启超（一八七三——一九二九），广东新会人，戊戌维新运动的重要活动家。辛亥革命后组织进步党，一九一六年该党演变为研究系，他是首领。一九〇二年至一九〇四年，梁启超在他主编的《新民丛报》上，几次讲到过马克思。朱执信（一八八五——一九二〇），原籍浙江萧山，生于广东番禺，同盟会会员，近代著名的民主革命者。一九〇六年一月，他在《民报》第二号上发表《德意志社会革命家小传》，片断地介绍了马克思、恩格斯的生平及《共产党宣言》的一些内容，还提到《资本论》。同年，他又在《民报》第五号上发表《论社会革命与政治革命并行》，说社会主义“自马尔克（按：即马克思。——引者）以来，学说皆变，渐趋实行，世称科学的社会主义”。

〔5〕一九一二年，上海出版的《新世界》半月刊，连载了施仁荣译的恩格斯的《社会主义从空想到科学的发展》，译文题为《理想社会主义与实行社会主义》。

〔6〕张国焘，见本卷第101页注〔7〕。

〔7〕陈潭秋（一八九六——一九四三），湖北黄冈人。中国共产党创建人之一。一九三九年任中国共产党驻新疆代表和八路军新疆办事处主任。一九四二年被军阀盛世才逮捕，一九四三年九月被秘密杀害。由于消息隔绝，这个报告中还说他“现在被国民党关在新疆监牢里”。

〔8〕董必武，当时任中共中央委员、中共中央南方局副书记。一九四五年四月，受中共中央的委派，参加中国代表团赴美国，出席在旧金山召开的联合国大会。

〔9〕周佛海（一八九七——一九四八），湖南沅陵人。一九二一年参加中国共产党第一次全国代表大会，一九二四年叛党。抗日战争爆发后，随汪精卫叛国投降日本侵略者，任汪伪政府行政院副院长等职。

〔10〕陈公博（一八九二——一九四六），广东南海人。一九二一年参加中国共

产党第一次全国代表大会。一九二二年自行宣布脱离共产党，后被开除党籍。抗日战争爆发后，随汪精卫叛国投降日本侵略者，先后任汪伪政府立法院院长、行政院院长、代理“国民政府”主席等职。

〔**11**〕见《庄子·人间世》。

〔**12**〕林老，指林伯渠。

〔**13**〕鲍罗廷（一八八四——一九五一），苏联人。一九二三年十月到广州，任共产国际驻中国代表和苏联政府驻广州革命政府的代表及国民党的政治顾问，参加起草国民党第一次全国代表大会宣言。一九二七年七月武汉国民政府叛变后回国。

〔**14**〕瞿秋白（一八九九——一九三五），江苏常州人。一九二二年加入中国共产党，是党的早期领导人之一。一九二四年一月，出席国民党第一次全国代表大会，参加大会宣言的起草，并当选为候补中央执行委员。

〔**15**〕据道家说，北斗丛星中，有三十六个天罡星。《水浒传》中把梁山泊的前三十六名头领称为三十六天罡星。国民党第二届中央执行委员会有三十六名委员。

〔**16**〕普列汉诺夫，见本卷第286页注〔9〕。

〔**17**〕李立三，见本卷第101页注〔9〕。

〔**18**〕阿Q，鲁迅《阿Q正传》中的主人公。

〔**19**〕罗明（一九〇一——一九八七），广东大埔人。一九三三年在中央革命根据地担任中共福建省委代理书记时，曾因提出闽西上杭、永定等根据地边缘地区的工作条件比较困难，党的政策应当不同于根据地的巩固地区，而受到党内“左”倾领导者的打击。当时这些领导者把他的意见错误地说成是“悲观失望的”、“机会主义的、取消主义的逃跑退却路线”，并且开展了所谓“反对罗明路线的斗争”。

〔**20**〕这里可能是指一九二七年三月至四月在中共湖南区委机关刊物《战士》周报上最早发表的《湖南农民运动考察报告》中的一个观点。文中有这样一段话：“因为工业品特贵，农产品特贱，农民受商人剥削非常厉害，不得不消极的自卫。看这个趋势，农村将完全退缩到自足经济时代，除盐以外，农村将抵制一切商品进乡，同时又将尽量阻止农产品进城，如现在把谷米阻得天死地煞一样。”后来作者修正了这个观点。

〔**21**〕叶青，见本卷第122页注〔19〕。

在中国共产党第七次全国代表大会上的口头政治报告〔1〕

（一九四五年四月二十四日）

同志们！我代表中央委员会向同志们作报告。政治报告的书面稿已经印发，大家都看到了，所以我就不照这个书面稿来讲，只讲一下这个报告里头提出的一些问题，以及这个报告里头没有充分展开来说的一些问题。我讲三个问题：路线问题，几个政策问题，关于党内的几个问题。

一 路线问题

我们党的七大应该决定一条什么路线呢？一条什么政治路线呢？怎么样决定才好呢？我们想，应该是："放手发动群众，壮大人民力量，在我党的领导下，打败日本侵略者，解放全国人民，建立一个新民主主义的中国。"这就是我们党的路线，我们党的政治路线。这里所说在我们党的领导之下，放手发动群众，壮大人民力量，就是组织我们的队伍。组织队伍干什么呢？不干别的，就是要打倒敌人——日本帝国主义和它的走狗。打败以后,得来一个什么结果呢？就是得到全国的解放,全国人民的解放,建立一个新中国,一个新民主主义的中国,一个独立的、自由的、民主的、统一的、富强的中国。这就是我们的总路线。

这样的路线是不是我们党历来就有的呢?是的,我们党历来就是这样的路线。俄国十月革命以后,中国革命的性质就起了变化,由旧民主主义革命转变为新民主主义革命。尤其是中国共产党产生以后,在北伐战争、土地革命战争、抗日战争三个时期里,中国人民不都是在为新民主主义的中国而奋斗吗?正是这样。

我们的路线,我们的纲领,拿一句话来概括,就是“无产阶级领导的人民大众的反帝反封建的革命”。无产阶级领导的人民革命是什么性质的革命？是无产阶级领导的人民大众的反帝反封建的革命,这就是新民主主义的革命。因此,我们的政治就是无产阶级领导的人民大众的反帝反封建的政治,我们的经济就是无产阶级领导的人民大众的反帝反封建的经济,我们的文化就是无产阶级领导的人民大众的反帝反封建的文化。政治、军事、经济、文化,总之当前的各个革命任务,都是这样一种性质,各个革命力量都是这样一种性质。这条路线里面有一个队伍问题,有一个敌人问题,还有一个队伍的领导者、指挥官问题。这个队伍就是人民大众,这个敌人就是帝国主义和封建势力,这个领导者、指挥官就是无产阶级。无产阶级领导什么呢？领导人民大众。领导人民大众干什么呢？干反帝反封建。

我们的纲领就这样几个字,可是常常被我们的一些同志忘记了。是不是忘记反帝呢？有时也忘记，不过反帝不大容易忘记，比较记得牢一点。反封建有时就忘记了。反封建为什么有时会忘记呢？是因为忘记了农民。

是要农民呢？还是要地主呢？在这个问题上，要地主，就忘记了农民；要农民，可以不完全忘记了地主。要农民不忘记地主比较容易，要地主不忘记农民就比较困难。所谓人民大众，主要的就是农民。不是有一个时期我们忘记过农民吗？一九二七年忘记过，当时农民把手伸出来要东西，共产主义者忘记了给他们东西。抗战时期，这种差不多相同性质的问题也存在过。靠什么人打败日本帝国主义？靠什么人建立新中国？力量在什么地方？有些人在这个时候弄不清楚，给忘记了。

人民大众最主要的部分是农民，其次是小资产阶级，再其次才是别的民主分子。中国民主革命的主要力量是农民。忘记了农民，就没有中国的民主革命；没有中国的民主革命，也就没有中国的社会主义革命，也就没有一切革命。我们马克思主义的书读得很多，但是要注意，不要把“农民”这两个字忘记了；这两个字忘记了，就是读一百万册马克思主义的书也是没有用处的，因为你没有力量。靠几个小资产阶级、自由资产阶级分子，虽然也可以抵一下，但是没有农民，谁来给饭吃呢？饭没得吃，兵也没有，就抵不过两三天。

所谓无产阶级领导，就是共产党领导。中国共产党是无产阶级的政党。无产阶级里头出了那样一部分比较先进的人，组织成一个政治性质的团体，叫共产党。共产党里当然还有别的成分，有别的阶级如农民、小资产阶级出身的人，有别的阶级出身的知识分子。但出身是一回事，进党又是一回事，出身是非无产阶级，进党后是无产阶级，他的思想、他的行为要变成无产阶级的。共产党是要革命的，革命就要组织队伍，组织队伍主要是组织农民，还有其他阶级，包括小资产阶级、自由资产阶级，有时还有大资产阶级，甚至地主。队伍要有司令官、指挥官，司令官、指挥官在中国主要是两个，或者是无产阶级，或者是大资产阶级、大地主。中国这个社会两头小，但是两头强，中间大，但在政治上是软弱的。中间阶层是动摇的，无论哪个中间阶层都有它的动摇性。坚决的阶级就只有两个：无产阶级和大地主大资产阶级。他们的政治代表分别是共产党和国民党。自由资产阶级也同我们争领导权，不要以为自由资产阶级就革命得不得了，同共产党差不多。自由资产阶级也有它独立的意见，有它独立的政治团体，现在就是民主同盟。民主同盟里有一部分小资产阶级，但主要的是自由资产阶级，它有它的性质。最近《参考资料》发表的民主同盟主席张澜老先生的一篇声明，同志们不知道看了没有，那就是他的立场，他的独立的政见。最近左舜生〔2〕在招待外国记者的会上，又发表一个声明，也有他独立的立场。现在，民主同盟在联合政府的主张上，与共产党是一致的，国民党说民主同盟是共产党的友党，我们要团结它，联合它。但是它有它独立的意见，它现在是“左右开弓”，区别于两方面，进行两条战线的斗争。一方面是不赞成国民党一党专政，另方面也不完全同意共产党，它说它是站在国民党和共产党中间。这个话说得很透彻，是对的，它自己规定了它的性质，属于中间派。

大革命后期，在执行无产阶级领导的人民大众的反帝反封建的革命这条路线上，我们党是犯过错误的，那时光讲无产阶级领导，而实际上放弃了领导。在那时以前，从一九二一年到一九二六年的一个很长时期内，中国共产党的广大同志，组织工人，领导工人运动，领导学生运动；后来推动国民党改组，帮助组织国民党；最后在革命过程中组织了广大的农民协会，会员有几千万人，主要是在南方各省，北方也有。这是不是马克思主义呢？昨天林老〔3〕讲得好，那时候有马克思主义，马克思主义传到中国来，被中国人民拿到了，也实行了，但是又似乎不很多，甚至似乎没有。这就是说，在那时候有一部分人是不懂马克思主义的，那时候我们党的领导中占统治地位的以陈独秀〔4〕为代表，他到了大革命后期就不要马克思主义了。

什么是不要马克思主义？就是忘记了无产阶级的领导，忘记了人民大众，忘记了农民。当地主哇哇叫的时候，就向农民泼冷水。他又要无产阶级的领导，又不要农民，你看无产阶级的领导权还有没有？在中国，现在搞马克思主义，怎样搞法呢？他不搞无产阶级领导，他又不要这个领导地位，那还领导什么呢？无产阶级领导，主要应当领导农民，他不要农民，当农民伸出手来的时候，就泼冷水，因为地主也伸出手来了。地主说：共产党，你可不行！于是乎，共产党就夹在地主与农民中间，最后接受了地主的影响，向农民泼冷水。反帝反封建不要农民，还有什么反封建？没有反封建，还有什么反帝呢？帝国主义是干什么的？就是看到中国身上有油水，要揩一点油。中国五个人里面，有四个是农民，如果把四万万五千万人分成五份，每一份是九千万，那末就有四个九千万是农村人口，只有一个九千万是城市人口。用五个指头去打那个“帝”，他说多了，无须乎那么多，要割掉四个，拿一个指头去打，力量大得很，那个“帝”

就慌得不得了，就哇哇大叫哭脸了，光哭还下不得台，就跪在我们面前。你看四个指头都掉了，就剩下了一个，无产阶级也孤立了，变成了无军司令、空军司令。当一个总司令，你总要有兵。你没有农民，你看小资产阶级还来不来？他跑到你屋子一看，没有几个人，就吓得不来了。小资产阶级最容易变，有时他神气十足，把胸膛一拍，“老子天下第一”；有时就屁滚尿流。你屋子里一个兵也没有，又没有饭吃，他老先生望一望就开了小差。这怪不怪人家？不怪，怪我们总司令，因为你不招兵。小资产阶级的脾气就是这样，他看力量，看政策，你力量大，他就积极，“我来一个怎么样？要不要我去打先锋？”他看见你屋子里没有几个大人，就说：“下一回来吧！我今天还有事，家里老婆生病。”只有无产阶级招兵买马，积草屯粮，五个指头中间有了四个指头，另一个指头无产阶级占了一半，大地主大资产阶级成了指甲，那半个指头是小资产阶级、自由资产阶级，这时如果你再说：“来不来？同志，来开会吧！”他就是老婆有病，也不说了。他看见你有那样大的力量，就说：“我家没有事，饭有得吃，老婆很好。”

我们曾经犯过错误，忘记过领导权，忘记过农民群众。所谓领导权，你总要有一个东西去领导，有被领导者才有领导者，有被领导才发生领导的问题。你不要农民，小资产阶级跑了，自由资产阶级也跑了，大地主大资产阶级集中力量来打我们，无产阶级就从台上滚下来了，鼻子也跌烂了。然后爬起来望一望：“为什么你打老子？你蒋介石不是朋友！”于是脑子清醒了，搞了一个土地革命。土地革命时期又来了一个急性病。但还是不要农民，不要领导权，不要中国人民最大的力量，五个指头不要四个。为什么急性病也不要农民呢？因为急性病就是要工人暴动，城市起义，对搞大城市很积极，农民虽然也要，但是是附带的，它不注意去研究农民，研究他的面貌，他的眼睛，他的个子大小，研究他姓张姓李，心里想些什么，有些什么吃的。有的人走遍了多少省份，走过二万五千里再加多少里，参加土地革命多少年，可是出一个题目给他："什么叫富农？"他说对不起，没有研究。问他："什么叫中农？"也没有研究。即便是走马观花，那也应该看啊，可是他走马不看花，这个花就是农民。当然下马看花是更仔细，那叫做调查研究。犯急性病的人连小资产阶级、中产阶级也不要，结果自己变成了空军司令，队伍越打越小。我们党有两次变小过，大起来又小了，大起来又小了。头一次，五万多党员剩下没有多少；后来一次，三十万党员也剩下没有多少。按比例说，头一次的损失还小些，五万多人剩下万把人，剩下了五分之一；后来三十万剩下不到三万，只有二万五千左右有组织的党员，还不到十分之一。现在又大起来了，小指头变成了拳头，今后不要再让它变小了。

抗战爆发以前，我们的准备就是这样。抗战一起来，我们的方针就是"放手发动群众，壮大人民力量"。那时候，中央认为只有人民战争，才能打败日本。所谓人民战争，基本上或者说主要的，就是农民战争。我们从来没有说过，没有广大农民参加的抗日战争，可以打倒日本。从有马克思主义以来，已经有一百零二年了，所有全世界真正的马克思主义者，是不是说过不要人民的斗争可以打败敌人呢？从来也没有说过。所谓人民的斗争，或者是比较和平的斗争，比如罢工、思想斗争、经济斗争、政治斗争，或者是政治斗争的最高峰，也就是战争。如果有一个什么人，自称为马克思主义者，说“不要人民的斗争可以打败敌人”，那末，他说这句话的时候，就宣告了他本人不是一个马克思主义者，原来他自称为马克思主义者是假的。有些人有这种思想是暂时的，是暂时的动摇，好像不要人民的战争也可以打败敌人。那他想依靠什么力量呢？比如，依靠国民党，甚至依靠国民党里面的顽固部分，认为依靠他们可以打败日本。但是过一个时期，他又觉得这样不行了。那时候这些人的马克思主义不是很多，后来才多起来的。在我们党里头，这种情况很多，这种同志也相当多。我们党一九三七年五月开了全国代表会议〔5〕，八月开了洛川会议〔6〕，十一月在延安开了一个党的活动分子会议。在这些会议上，中央曾经肯定了这样一条路线，就是：放手发动群众，壮大人民力量，在我们党的领导之下，打败日本帝国主义，解放全中国，建设新民主主义的新中国。这条路线被这些会议批准了、决定了。在这些会议上，中央不相信不发动人民战争的专制政府能够解放中国，这一点，在决议案上是写了的，在文件上也写了的。一个压迫人民的专制政府能够解放中国吗？依靠它能够胜利吗？我们是坚决不相信的！因为相信了这个，马克思主义就跑掉了，至少是在一个早晨暂时地跑掉了。以后就要找一下，把马克思主义找回来。马克思主义，你要找它，它就会回来，你不找它，它就不会回来，因为它不晓得你要不要它！我们不相信不要广大人民的力量，能够轻轻巧巧地打败日本。我们这样地提出问题，不是将无产阶级的纲领降低到资产阶级的纲领，而是要将资产阶级的纲领提高到无产阶级的纲领。这样的提法曾经被人家驳过，说这不是马克思主义，说这个提法是要领导权。他们说，资产阶级的纲领，特别是代表大地主大资产阶级的国民党的纲领有力量，要在广大人民中，在农民中，在小资产阶级中进行宣传，共产党这一套没有用处！

对于这一个问题，我们应该加以分析，并广泛地宣传我们的主张，说："农民们！小资产者们！各位同胞！你们要知道：只有自己团结起来，改造我们的国家制度，把它改造成为有民主，有人民的军队，有人民的政府，有人民的团体的，日本帝国主义才能打倒！如果没有这些，中国就是黑暗的中国，日本帝国主义就打不倒！即使借外国的力量把它打倒了，中国还是黑暗的！"我们的宣传员就是要讲这样一些话。对于非共产党员，我们要告诉他们，要向他们宣传："全国人民要团结起来，组织人民的军队，组织人民的政党，组织人民的政府；要改造国民党，改造国民政府，改造国民党的军队。"我们为什么要提出改造它呢？是要把它提高到我们纲领的水平上。但是你要它起来，它就不起来，怎么办？那就要依靠全国人民，依靠进步力量的发展，依靠中间势力的争取，还有依靠国民党里头的民主分子。我们曾经设想过改造国民党，这件事似曾犯过错误，就是说这个估计不确当，没能照那时候我们所设想的做，国民党并未改造。应当说，要改造它并没有错误，但是它不听你的。国民党能不能改造呢？可能，也不可能。我们那时候要改造它，就要创造一定的条件，要发展进步势力，争取中间势力，并且国民党内部要发生分化，但是没有来得及。进步势力没有发展得那样大，中间势力也没有来得及争取，国民党里头的民主分子又被法西斯卡住了，结果改造就落空了。这样我们蚀本了没有？一个大麻钱的本也没有蚀。我们说改造它，并不是说我们就不发展进步势力，不发展八路军，不发展新四军，不做广大的宣传，而且说要改造它这个宣传本身就是一个收获。老百姓听了我们这个话以后，会觉得共产党的话有道理，委员长的脸上是不大好看，所以要叫他洗一下。听说西安有一次开大会，三青团〔7〕的人当主席，当时到了很多农民，散会的时候台上喊口号"蒋委员长万岁！"农民就喊"赶快完粮纳税！"什么原因呢？因为国民党要农民开会没有别的，就是要农民完粮纳税，他们脑子里装的就是完粮纳税，所以台上有人一喊，他们也就喊出来了。国民党那个脸上黑得很，如果说要给它洗脸，全国四万万五千万人里头恐怕就有四万万三四千万人是赞成的。我们提出要委员长洗脸，他不洗，我们并没有蚀本，而且赚了钱，这就是让老百姓知道了为什么要他洗脸。同志们，直到今天我们是不是还是这个方针呢？是请他洗脸，还是要割他的头？直到今天，我们还是请他洗脸，不割他的头。我们开这个会，不是决定割头！这个头割不得！还是执行"洗脸政策"，请他修改他那个错误政策。至于他洗不洗？还要看，今天他不洗，到明天洗不洗呢？那很难说。年纪大的老人不爱洗脸，老同志不要怪我，委员长也很老，他不洗的可能性比洗的可能性大，或许稍微抹一下做个样子，也许连抹都不抹，弄得满头大汗，乌烟瘴气！

同志们！在中国境内和我们争领导权的，要把中国拖回到黑暗的世界里面去的，主要是什么人、什么力量呢？这就是国民党内的反动集团，大地主、大资产阶级、大银行家、大买办的代表。

在一九三八年党的六中全会〔8〕上，我们纠正了上面所讲的这类错误思想，即不要求国民党洗脸，而是说它那个脸漂亮得很，我们的脸上都是灰，比不上它，至多和它差不多。时时拥护国民政府，事事拥护国民政府，处处拥护国民政府，就是这类错误思想的一个标准的口号。这样的东西是错误的。

六中全会来了一个纠正，许多同志了解了这个问题。六中全会以后，还有人觉得国民党很好，很漂亮，后来出了一个《限制异党活动办法》，又出了一个第一次反共高潮，出了这两件事情以后，国民党“跳加官”戴的一副假面具脱掉了，他那个不好看的样子就露出来了，这时我们一些同志就逐渐觉悟了。以后又有第二次反共高潮即皖南事变〔9〕，第三次反共高潮，一九四三年七月要解散共产党，取消边区。到这个时候，我们党内就大体上肃清了对国民党的幻想。消除了认为国民党不要改造，中国就可以有救，日本就可以被赶出去的思想；改变了认为主要的不是依靠我们自己，发展我们的力量，发展解放区，使八路军、新四军不受限制的思想；树立了要放手动员人民群众，壮大人民力量，在我们的领导下打倒日本侵略者，建设新中国的思想，在广大的人民中间，在同志们的脑子中间，展开了一幅新图画。所以思想这个东西很怪，要去掉那一部分坏的东西，不适合于马列主义的东西，不适合中国情况的东西，就要经过一定的阶段，就要有经验，单靠讲是讲不通的。列宁说“要在经验中来教育人民”，因为人民是只信经验不信讲话的。但是讲还是要讲的。我们有两个大教员：一个是日本人，一个是委员长。这两个大教员不要薪水给我们上课。没有这两个大教员，就教育不了中国人民，教育不了我们党。至于我们党里面有一些小教员，字也认得不多，也讲不出好多道理，他们去讲人家就不听。后来请了一个日本人，一个中国人，一个是日本法西斯，一个是委员长，这两个教员帮我们一教，就教好了。

六中全会以后，我们党坚决实行了对农民、小资产阶级、中产阶级，甚至于对地主的领导权。在我们解放区搞减租减息、交租交息，地主也跟着我们走。由于坚决实行了这样一个领导权，我们发展了军队、解放区和我们的党。从此以后，就打败了日本侵略者无数次的进攻，并且逐渐展开了攻势，比如像去年开始的攻势，今年就更大了。抗战初期我们是攻势，中期是守势，现在是攻势为主，防御为辅，这是对日本而言。对国民党，我们打退了它的三次反共高潮及无数次的进攻，包括思想上的进攻，政治上的进攻，军事上的进攻，将国民党放在一个什么地位了呢？使它的影响低落了，势力缩小了。国民党也请了一个教员，跟我们是同一个教员，叫冈村宁次〔10〕，他从前住在北平，现在住到委员长附近去了。这个教员一教，国民党的影响就低落了，势力就缩小了。现在国民党的影响还有没有呢？还相当大。国民党有“余致力国民革命，凡四十年”，又加上二十年，共有六十年的历史，我们还不到人家的一半，只有二十四年的历史。要我们的影响去，他们的影响才会走；我们的影响不去，他们的影响就不走。所以说，国民党的影响是低落，而不是没有，势力缩小了，但还有相当大的力量。他们有一百五十万军队，我们只有九十一万军队；他们有国际地位，我们没有；他们有两万万人口，我们只有一万万人口；他们有六十年的影响，我们只有二十四年的影响。

由于在抗战时期正确地执行了我们党的路线，坚决地放手发动群众，壮大人民的力量，在我们党的领导下打败敌人，建设新中国，无产阶级领导的人民大众的反帝反封建的抗日战争，就把国民党挤到了那样一个地位，即影响低落，势力缩小，而把我们党放在了这样一种地位，即成为抗日救国的重心，全国广大的人民都拿眼睛望着我们。

现在已经完全证明，只有这样的路线，才是正确的路线。力争领导权，力争独立自主的路线，是我们党中央的路线，是反映了全党大多数同志要求的路线，是反映了全国大多数人民要求的路线。这条路线是从哪里来的呢？是从天上掉下来的吗？不是。是从外国送来的吗？也不是。它是从中国自己的土地上生长出来的。鲁迅讲过：路是人走出来的。〔11〕我们这条路线，也是中国人民用脚踩成的。力争领导权，力争独立自主，就是无产阶级领导的人民大众，也就是共产党领导的人民大众，反对日本帝国主义及其走狗的抗日战争的路线。这条路线的正确性，现在已经完全可以证明得清清楚楚了。现在不比一九三七年冬天，也不比一九三八年，甚至不比六中全会后一个时期，但是直到第三次反共高潮时，还有若干同志不相信这一条路线。那末，是不是现在都觉醒了呢？都相信得那样彻底了呢？都是马克思主义万岁了呢？我看有各种不同的情况，有万岁的，有九千岁的，有八千岁的……。就是从我们党员来讲，一百二十一万党员的认识也是不同的。最近华北、华中开了很多座谈会，反映出来不但在党外人士中间有相当多的人，而且在党员中间也有些人，对于我们这样一条路线，是不完全认识、不完全清楚的。所以说，在我们广大党员中，马克思主义是有的，但程度上差别很大，我看是从一岁到九千九百九十九岁都有，虽然万岁也有。

我们对国民党的方针，是又团结又斗争。讲到斗争，我们是有理、有利、有节的。我们是在自卫的立场上和它斗，我们是有理的；这斗争是局部的，对我们有利才斗；但这种斗争又是暂时的，为了团结我们是有节制的。反过来讲，自卫的、局部的、暂时的斗争，要有利于团结。国民党天天想打我们，但也不敢和我们作大的决裂。我们的斗争也是有节的。比如我们去了一封信，要求派人参加旧金山会议〔12〕，国民党开始不肯，但结果我们还不是去了？至于我们说去三个，他说你去一个，一个就一个，我们不大争，现在我们的代表〔13〕已经到了华盛顿。同志们！权利是争来的，不是送来的，这世界上有一个“争”字，我们的同志不要忘记了。有人说我们党的哲学叫“斗争哲学”，榆林有一个总司令叫邓宝珊〔14〕的就是这样说的。我说“你讲对了”。自从有了奴隶主、封建主、资本家，他们就向被压迫的人民进行斗争，“斗争哲学”是他们先发明的。被压迫人民的“斗争哲学”出来得比较晚，那是斗争了几千年，才有了马克思主义。放弃斗争，只要团结，或者不注重斗争，马马虎虎地斗一下，但是斗得不恰当、不起劲，这是小资产阶级软弱性的表现。小资产阶级还有另外一种性质，叫革命性。他们革命是革的，但是有点软弱。现在已经完全证明软弱是不对的。有一个章乃器〔15〕，我给他戴上一顶帽子，叫“章乃器主义”，我想戴得是有道理的。此人现在已同我们讲和，他对周恩来同志说他犯了错误，这很好。一九三七年十一月，我在党的一次会议上批评过他，说章乃器的哲学不好，因为他那时提出了“少号召，多建议”。这是自由资产阶级软弱性的表现，他的意见被我们战胜了。他是中间派，只有我们坚决地联合他，才能在长期的经验中教育他。以后自由资产阶级还会拿它的软弱性经常影响我们，因为它有那样一种性质，好像《红楼梦》上的林黛玉洗澡后身上发出的那样一种“香”，自由资产阶级身上也出了那样一种“香”，这种香就是“软弱香”。它出了那种“香”就要找市场出卖，有目的地向我们延安送，给我们党以坏的影响。我们的宣传有时也太刺耳，玫瑰花虽然可爱但是刺多扎手，“羊肉好吃烫得慌”。对于那些绅士，玫瑰花虽可爱，但因为刺多他们不大喜欢。他们喜欢薛宝钗，不喜欢探春。这个是很麻烦的。同志们！麻烦还在后头，不要怕麻烦。要革命就会有麻烦，而且有时非常麻烦。如果想省掉麻烦，就坐在家里抽长烟管。现在夏天来了，坐在树底下，拿一把大蒲扇，那麻烦比较少。但是还有风波，鲁迅不是写过一篇《风波》吗？世界上不会没有风波，怕风波就不能做人，那就赶快到阎王那里去交账。我们党现在经常遇到风波，有大风波，中风波，小风波，我们不要怕风波。现在我们的意志更加坚强了，不至于被风波淹没。要在中国这个海里淹死我们党，那是不可能的，也是不会的。

关于这一部分，最后我讲几句，结束一下。

第一、农民的情况怎样？农民抱什么态度？八年以来也好，二十四年以来也好，农民非常欢迎我们的政策，非常欢迎像我刚才所讲的政策。但是作为党来说，作为领导思想来说，我们和农民要分清界限，不要和农民混同起来。这对于农民出身的同志可能不容易理解，“我就是农民，为什么不能和农民混同呢？”我说你现在叫做共产党员，农民是你的出身，出身和入党是两件事情，共产党是无产阶级的先锋队。但是这一点要慢慢地搞清楚，一年搞不清楚，两年，两年搞不清楚，三年，不要讲我们共产党开了会，你就照念。昨天有一位同志说：季米特洛夫〔16〕书上写的一个德国同志，在柏林一次失业工人大会上讲话时，就照念了共产国际执委会十三次全会的决议，所以老百姓不喜欢听。现在我们也不要照抄七大。七大说“不要和农民混同起来”，你回去这样一讲，很多农民同志就不赞成，他说他就是农民。我说不要和农民混同，是说要把农民提高一步，提高到无产阶级的水平。将来几十年以后，要把一切党外农民，提高到无产阶级的水平。如不相信这一条，就不是马克思主义者。将来我们要搞机械化，要搞集体化，那就是提高他们。

第二、小资产阶级怎么样？小资产阶级出身的知识分子，党内也好，党外也好，有他的动摇性，也有他的革命性。动摇性是他们坏的一方面，但是一般地说来，能够用教育的方法去克服。从党内来说，延安整风就是一个证明。艺术家和作家，对文艺座谈会这样的方法也赞成，从前他们不知道怎样做，我们党给他们指出方针，向他们进行教育工作，不是命令主义，而是逐渐使他们自觉，这就很有成效。克服小资产阶级的动摇性，要靠我们党经常地向他们进行适当的宣传，主要是靠实际行动，靠我们自己有广大的力量，有广大的解放区和军队。

第三、自由资产阶级怎么样？自由资产阶级有更大的动摇性，但自由资产阶级现在要民主，他们要他们所想的民主，因此他们是我们的同盟军。自由资产阶级在我们坚决的影响下，是能够中立，以至于跟我们一道走的。比如对联合政府这个口号，他们是赞成的；又比如在几次反共高潮中，他们是抱中立态度。国民党和共产党打架，他们在两边劝架，给这边说不要这样，给那边说不要那样。最明显的，就是一九四一年三月一日开国民参政会，我们的参政员不出席，委员长一定要我们出席，我们一定不出席。我们说："你给我们一点东西，我们才出席。"他们说"出席以后再给"，我们说"给了以后再出席"。就这样几反几复，我要你给，你要我出，结果一个不给，一个不出，还是给的没有给，出的没有出。在这中间，一些中间人士就两面拉，对国民党说"你给吧"，对我们说"你出吧"。这是自由资产阶级动摇性的一个标本例子。这样的事，多得很，现在时间有限，一下子说不完。总之，在我们坚决的影响下，能够使自由资产阶级中立，以至于使他们跟我们走。

第四、大地主、大资产阶级怎么样？大地主、大银行家、大买办阶层是以国民党反动集团为代表的，他们是国内抗日战线中的反动派。我们对他们的态度就好像英国共产党对丘吉尔〔17〕一样。昨天报纸上有英国共产党总书记一篇文章〔18〕，同志们可以看看。他提出的口号是同自由党、工党、公安党成立联合政府，在下次大选当中用选举来推翻丘吉尔。他说的"推翻"在我们中国容易引起误会，因为我们的特点和外国不同，在我们这里，"推翻"就是要争取领导权，过去我们曾经"推"过一次，我们要力争领导权。所谓力争，要注意这个"力"字，大地主、大资产阶级千方百计要争取领导权，要把广大人民，主要的是三万万六千万农民放在他们的领导之下，不受我们的影响。中国什么人身上有油水？油水最多的就是农民。日本人打来就是要刮中国农民的油水，蒋介石也要刮农民的油水，还要注意中国将来会有斯科比〔19〕老先生来刮油水。在希腊，斯科比就是代表英国刮希腊人民身上的油水的。大地主、大资产阶级要把中国变成黑暗的中国，因此他们是我们长期斗争的对象。

最后，讲到外国。外国怎样呢？苏联，毫无问题是朋友；是中国人民最好的朋友，我在报告中讲得很清楚。其他外国，几个大国，同盟国〔20〕，也要坚决地联合他们；但是他们搞得不对的地方，也要斗一下。为什么《解放日报》上没有登这个话呢？没有登不是永远不登，并不是否定要斗一下。他们要推出斯科比，那就不行。我在报告中提醒了这个意思。在国外还有反动势力，而反动势力还很强大。现在整个国际形势是好的，有苏联参加的反法西斯阵线的团结，主要是英、美、苏三国的团结。这个团结是主要的，统治一切的。现在的世界面目已完全变化了，这一方面在我的报告中写得很多，很充分。关于黑暗的一面，我写得很少。给蒋介石撑腰的那些外国人，他们的脸也不好看，有些装着天官赐福的样子，还是不好看，我们要警觉。

这是第一个问题，可以叫形势与路线。

二　政策方面的几个问题

政策有各方面的政策，纲领有一般的纲领、具体的纲领。

第一个问题，一般的纲领与具体的纲领。这样的划分是不是从这次才开始的呢？从前也是有划分的，不过从前没有在同一个地方把它分开来写：头一条是一般纲领，第二条是具体纲领。比如《新民主主义论》那本小册子，没有说具体的政策，只提到一般纲领。但是我们各个时期都有具体的政策，比如抗战初期的十大纲领[21]，抗战中期各方面的具体政策，在陕甘宁边区有二十一条施政纲领[22]，其他敌后各抗日根据地也都有大同小异的纲领，性质相同，条文小异。内战时期，党的第六次代表大会所决定的十大纲领[23]，就是新民主主义总路线下的具体纲领，更具体的还有土地法、婚姻法、政治工作条例等等。北伐战争时也有类似的东西，党发布过很多对时局宣言，都是具体的纲领。这次我们把这个问题在这里说清楚一下，使我们的同志们懂得新民主主义就是我们的总纲，有纲有目，“纲”就是鱼网上拿在手里的大绳子，“目”就是鱼网的眼。

第二个问题，关于孙中山。在我的报告里很说了几句好话。孙中山这位先生，要把他讲完全。我们是马克思主义者，是讲历史辩证法的。孙中山的确做过些好事，说过些好话，我在报告里尽量把这些好东西抓出来了。这是我们应该抓住死也不放的，就是我们死了，还要交给我们的儿子、孙子。但是我们和孙中山还有区别，孙中山的三民主义比我们的新民主主义差，新民主主义的确比三民主义更进步，更发展，更完整。现在的新民主主义在将来还会发展得更加完整。我们党内有一种情绪，不喜欢孙中山，这种情绪在相当广大的党员中存在着。认真说，这种情绪是不大健全的，是还没有真正觉悟的表现。这是反映了内战时期的情绪，那时候，因为环境不同，连孙中山也不要了。那个时期为什么我们不大讲孙中山？因为我们被国民党一下子打倒在地，爬起来也红眼了。蒋介石手里打着孙中山的招牌到处乱杀人，这时候，群众对孙中山也就不喜欢。在十年内战中不要孙中山，这也很难怪，因为我们的力量小得很。在抗战初期，我们的力量也还小，所以那时候我们要孙中山所发生的影响不大，因为人家还看不起我们。将来我们的力量越大，我们就越要孙中山，就越有好处，没有坏处。我们应该有清醒的头脑来举起孙中山这面旗帜。

第三个问题，关于资本主义。在我的报告里，对资本主义问题已经有所发挥，比较充分地肯定了它。这有什么好处呢？是有好处的。我是在这样的条件下肯定的，就是孙中山所说的“不能操纵国民之生计”的资本主义。至于操纵国民生计的大地主、大银行家、大买办，那是不包括在里面的。在写具体纲领的时候，有人提出增加一条：“没收大地主、大银行家、大买办的财产”。其实在全文里，引用了孙中山所说的“凡本国人及外国人之企业，或有独占的性质，或规模过大为私人之力所不能办者，如银行、铁道、航路之属，由国家经营管理之”〔24〕，意思已经有了。现在如果讲没收，就是要没收蒋介石、宋子文、孔祥熙这三家，那就不大好。所以我没有讲要没收他们的财产，但是这个意思也讲了，因为那是孙中山讲过的。在后头，我还要讲新的资产阶级民主革命，他们就是这个革命的对象，因为他们不是一般的资产阶级。所谓一般的资产阶级，就是指中等资产阶级和小资产阶级，也就是中小资产阶级。孙中山讲过的“操纵国民之生计”的特殊的资产阶级，则不在其内。将来我们的新民主主义，在大城市里也要没收操纵国民生计的财产，没收汉奸的财产（这一点，我在报告里已经讲过了）。我们是在这样的条件下，没收这些财产为国家所有的。另外，在下面我也说到要广泛发展合作社经济和国家经济，这二者是允许广泛发展的。

我们这样肯定要广泛地发展资本主义，是只有好处，没有坏处的。对于这个问题，在我们党内有些人相当长的时间里搞不清楚，存在一种民粹派的思想。这种思想，在农民出身的党员占多数的党内是会长期存在的。所谓民粹主义，就是要直接由封建经济发展到社会主义经济，中间不经过发展资本主义的阶段。俄国的民粹派就是这样。当时列宁、斯大林的党是给了他们以批评的。最后，他们变成了社会革命党。他们"左"得要命，要更快地搞社会主义，不发展资本主义。结果呢，他们变成了反革命。布尔什维克就不是这样。他们肯定俄国要发展资本主义，认为这对无产阶级是有利的。列宁在《两个策略》中讲："资产阶级民主革命，与其说对资产阶级有利，不如说对无产阶级更有利。"〔25〕我们不要怕发展资本主义。俄国在十月革命胜利以后，还有一个时期让资本主义作为部分经济而存在，而且还是很大的一部分，差不多占整个社会经济的百分之五十。那时粮食主要出于富农，一直到第二个五年计划时，才把城市的中小资本家与乡村的富农消灭。我们的同志对消灭资本主义急得很。人家社会主义革命胜利了，还要经过新经济政策时期，又经过第一个五年计划，到第二个五年计划时，集体农庄发展了，粮食已主要不由富农出了，才提出消灭富农，我们的同志在这方面是太急了。

第四个问题，关于共产主义。这个问题，在我的报告里已经提到了，但是没有强调。为什么不强调呢？如果要强调，就要列出共产主义的纲领，可是我们认为现在还是不列出的好，因为共产主义的纲领就是消灭私有制，消灭阶级。把这些东西写上去，只有一点好处，就是对教育党员是有利的，因为我们有很多同志还不晓得什么叫共产主义。从前我在井冈山打土豪时，曾到一个土豪家里去看有没有书，一个老妈妈走出来问我来干什么，我说来找东西，她说："昨天已经共了产，东西都共掉了，现在没有东西可共了。"我们的农民同志很多都认为，把地主的财产分给他，这就叫共产主义。这当然不对。

有人说我们党要改改名称才好，他们说我们的纲领很好，就是名称不好，"先生之志则大矣，先生之号则不可"。不但蒋委员长来电报要我们改名称，中间派也劝我们改名称，像左舜生就说过："你们的纲领实在好，如果你们不叫共产党，我就加入。"前年七、八、九三个月的反共高潮中，我们有很多东西搞出去了。他们看到之后，非常高兴，说纲领很好，就是名称不好。很多美国人也要我们改名称，我们若是改了名称，他们就喜欢了。他们喜欢我们改成国民党，大概世界上最好的名称莫过于国民党了。另外，还有一个第三党，然而它也不过是第三而已。再有还可以叫保守党。但是，一切问题并不在乎名称，你叫保守党也好，什么党也好，他们还是叫你红党。美国的新闻记者福尔曼写了一本书叫《红色中国的报导》。还有一个美国记者斯诺写了一本书叫《红星照耀中国》，现在翻译为《西行漫记》。不论你名称怎样改，它都是红的。你粉白了，不要胭脂，只要水粉，他们还总是把红账挂在你的身上。所以并不在乎名称。国民党这名称总算好吧，但是为什么人家还是那样不喜欢国民党呢？从前有许多人怕小孩害病或死掉，就故意起个坏的名字叫猫，叫狗。历史上有个人名叫王镇恶〔26〕，名字这样好听，可是他还是死了。我们是不是要起一个名字使党不死呢？随便你起一个什么名字，只要它所做的还是那样，那是不会改变实际的。有一个新闻记者叫爱金生〔27〕，多少带点自由主义,是一个旧民主主义者。他称我们为“温和的民主集中制”,可见我们并不那样“红”。资产阶级的代表都那样讲,所以我们党的名称还是不要改。我们的名称,中国人民是喜欢的。

第五个问题,关于国民党。对国民党我们尖锐地批评它,但也很客观,并没有超过他们的实际。他们有一点好处,我们也要给他们挂在账上。可惜国民党的好处不多,虽然想挂,却是很难,只能挂几笔,而且还拖了一个尾巴,要委员长洗去脸上黑的东西。这是我们的方针。我们一方面是尖锐的批评,另一方面还要留有余地。这样就可以谈判、合作,希望他们改变政策。我们说过打倒委员长没有呢?没有。在我的报告里,就连一个委员长也没有提。这位委员长写了一本“很好”的书,叫做《中国之命运》,本来应当提一提,但还是没有提,这实在是可惜。我的报告里提到的,去世的人有孙中山,现在又加上一个罗斯福〔28〕,活着的人革命的有斯大林,反革命的有希特勒,其他的人以少提为妙。因此,我们给国民党留有余地,就不会犯错误;如果不留余地,实际的结论只有一条,就是“打倒”,那我们就会犯政治上的错误。关于这一条,委员长也看出来了,他有几次要挑动我们去犯这样的错误,挑动我们的军队打出去,向西安打,挑动我们提出推翻国民党。同志们!我们要注意这些东西,注意这些挑动。你说要合作,那好得很,但是你必须要洗一洗脸,才同你“结婚”;你若不洗脸,那就不好看,就不同你“结婚”。这就是我们的方针。

关于自卫与反击。我们要站在自卫的立场反击国民党的进攻,一个是自卫,一个是反击。一切国民党的大小进攻,必须给以反击,给以回答。不论是文的也好,武的也好,特别是武的，只要它进攻，就要把它消灭干净。我们曾经提出，要坚决、彻底、干净、全部消灭之。我和国民党的联络参谋也这样讲过，我说我们的方针：第一条，就是老子的哲学，叫做“不为天下先”。就是说，我们不打第一枪。第二条，就是《左传》上讲的“退避三舍”。你来，我们就向后转开步走，走一舍是三十里，三舍是九十里，不过这也不一定，要看地方大小。我们讲退避三舍，就是你来了，我们让一下的意思。第三条，是《礼记》上讲的“礼尚往来”。来而不往非礼也，往而不来亦非礼也，就是说“人不犯我，我不犯人；人若犯我，我必犯人”。还在一九三九年我们就提出了这个口号，现在还是这个方针。好比说，我们有一百条枪，你们缴了我们九十九条，我们当然不高兴，但是不怪你们，因为你们本领大，高明得很。但是，就是只剩一条枪，我们也要打到底的。只要我们手里还有一条枪，我们被打倒了，就把枪交给我们的儿子，儿子再交给孙子。有一个愚公移山的故事〔29〕，说在山西有一座太行山和一座王屋山，现在这两座山比较矮，从前比较高，不大好走路。有一个人名叫愚公，是一个很笨的老头，在他附近还住着一个老头名叫智叟，是一个很聪明的老头。有一天他们两个人吵起架来了，为什么吵架呢？因为愚公要把太行山、王屋山移掉，带着他的儿子孙子挖山、挑土。那个聪明的老头就告诉他不必挖了，太行山、王屋山这样高，怎么能挖掉呢？愚公说：这两座山虽然高，但是我死了还有儿子，儿子死了还有儿子的儿子，儿子的儿子死了还有儿子的儿子的儿子，父而子，子而孙，孙孙子子，子子孙孙无尽，而山是不会再增高的。后来，有一个神仙为愚公的精神所感动，报告了上帝，上帝就派人把山移走了！这个故事是书上讲的，并不是我编造的。

世界上的反革命，日本侵略者和中国的反动派，不把他们打倒是不行的。对于国民党的进攻，我们是站在自卫立场上反击的。超过这个自卫的立场，我们就要犯错误。但有些同志劲来了，就忘记了这一点，这是不好的。基本是自卫的立场，有了这样的立场，就不会犯错误。自卫就是有理，局部就是有利，暂时就是有节，这就是有理、有利、有节。违反了这个方针，就会犯错误。麻烦是很多的，我们和国民党的麻烦更多得很。

第六个问题，关于改造旧军队。改造旧军官，利用旧军官，这里有思想问题，要在我们全党进行广泛的宣传。旧军队多得很，这中间有很多的军官需要改造，不能个别地对付，要有整个的政策。除彻底的反动派改造不了外，大部分是可以改造的。过去在这个问题上犯过错误，不相信旧军官能改造，认为旧军官不好搞，旧军官没有马列主义，不会有布尔什维克。其实，在半殖民地半封建的中国社会里，许多旧军官是受蒙蔽的，是要找饭吃、找出路的，到我们这里才有出路，我们不怕他们造反。世上最怕的是造反，但造反也不可怕。造反有两种，一种是公开造反，一种是秘密造反，搞特务。公开造反我们有准备，而且公开造反已造了好多年，并未造出结果来。秘密搞特务我们要防备，害人之心不可有，防人之心不可无。我们的眼睛望着他，这就是严肃性、警惕性。另一个就是走人，如果他带了枪走，我们并不蚀本，因为枪支是他带来的又带走了。你要走，送你几块法币，开个欢送会，并且告诉他将来要来还可以来，这就叫做政治。对比较进步的军队，要适当地帮助，从前我们对这些军队也有过帮助。有两种极端思想，一种是对旧军队一个都不要，不信任还要缴枪，这是不好的。另外一种是对比较进步的军队，什么东西都送给他，这叫帮倒忙，也是不好的。我们改造旧军队，要进行两条战线的斗争。

第七个问题，关于我们的军队。八路军，新四军，山西的新军〔30〕等等，也是实行统一战线的政策，内部外部都是实行统一战线政策，这就是联盟的意思。内战时期的红军也是联盟，是工农联盟，党和非党的联盟，我们的军队没有一个不是这样的。我们的军队，不像国民党的军队那样人人都要入党，我们也讲过党军，但这是指的党的领导，不是要求军队里所有的人都是党员。历来我们军队中的党员最多只有一半，经常是三分之一到五分之一，党员是占少数的。在军队里，少数共产党员应该跟多数的党外人士合作，所谓“人士”就是指农民、工人、知识分子。我们的军队是人民大众的军队，它属于人民大众，它为人民大众，这也就是民有、民治、民享，是新三民主义即新民主主义的军队，是在共产党领导下的人民大众的反帝反封建的军队。这个军队是在无产阶级领导下的。有些人听说无产阶级领导他，他就不高兴。有些人却偏要喊你要归我领导，如果你不归我领导那就不正确，路线就发生问题。这种神气就不好，人家就不大欢迎。在这里，我们要讲清领导的性质。什么叫做领导？它体现于政策、工作、行动，要在实际上实行领导，不要常常叫喊领导。常常叫喊领导，人家不愿听，就少说些。对领导权要弄清其性质，而不要天天像背经似地去念。

现在，我们的军队在尽可能地扩大和党外人士的合作。最近山东有三支伪军过来了，现在他们不叫伪军叫八路军了。我们给他们开会搞通思想，改造思想，他们一开始是害怕的，以后逐渐打破了思想顾虑，觉得很舒服。这个方法很好，《解放日报》也发表了社论。我们大会各代表，如果觉得这个方法很好，就做一个决定，大家照此去做。只要不反对革命，我们就和他合作，另外拿一只小眼睛去注意特务活动。和民主分子合作，怕什么呢？我们有饭大家吃，有敌人大家打，发饷是没有的，自己动手，丰衣足食，还实行三大纪律、八项注意，七搞八搞便成了正果。像梁山泊，就实行了这个政策，他们内部政治工作相当好，当然也有毛病就是了，他们里面有大地主、大土豪，没有进行整风。那个卢俊义是被逼上梁山的，是用命令主义强迫人家上去的，他不是自愿的。

我们对于只要不是坚决的反动分子，而愿意革命并和我们合作的，就来者不拒，"姜太公钓鱼，愿者上钩"。姜太公他发表宣言：你愿来就来，不愿来的就拉倒。人家了解得很清楚，钓鱼都可以发宣言，我们也可以发表一个宣言。

第八个问题，扩大解放区。在一切可能进攻的地方，就要发动攻势。但是我们要注意防御敌人的进攻，敌人进攻我们就粉碎它，我们要以进攻为主、防御为辅。

在抗战初期，是进攻的，到处发展。在抗战中期一九四一年至一九四二年，是缩小，以防御为主。一九四三年至一九四四年，又向前发展。根据这两年的经验，我们规定了这样两条：第一条是进攻，第二条是防御。不要因为一九四一年和一九四二年受了损失，被蛇咬了一口，看见绳子就怕。根据一九四三年和一九四四年，特别是一九四四年的经验，我们的任务需要发展攻势，扩大解放区，集中大的兵力（五至六个团）和小的兵力（武工队），到敌后之敌后举行攻势。因为日寇的情况变化了，它的兵力疲惫，自顾不暇，而我们的地方扩大了。我们和敌人两方面的情况都变化了，世界的情况也变化了，柏林快打下来了，所以我们应该集中相当的兵力，在可能条件下，对敌人最薄弱的地方举行进攻。这对我们的防御，也有很大的好处。现在各地作的关于一九四五年任务的计划，第一条就是进攻，第二条就是防御。这不是冒险主义，因为我们讲是在可能条件下，不是讲在没有可能的条件下去进攻，而且还讲了敌人有可能来进攻我们，要注意巩固根据地，所以这不是冒险主义。

第九个问题，准备转变。由分散的游击战逐渐转变到正规的运动战，由游击战为主逐渐转变到以运动战为主。在抗战初期，我们提出过，但那时只是一种希望。那时候的任务是什么呢？有些同志在这个问题上没有搞清楚。那时我们前面的敌人是日本人，后面有国民党内的反动派，我们被夹在中间。我们的力量在那时是个小手指头。一九三六年我们在全国的军队，包括南方游击队，仅有三万人，到一九三七年增加了一点，也不多。那时候我们的任务是增加力量，长大起来。加一个指头，又加一个指头，再加一个指头，使它长大起来。怎样长法？靠打麻雀战，打游击战。麻雀满天飞，哪里有东西吃，就飞到哪里去。六中全会时我们特意为游击战列出十八条好处，这个方法是好的，八年来证明了这一点。满天的麻雀就是种子，可以发很多芽。有了这个种子之后，党建立了，政权建立了，根据地有了，老百姓有了，饭也有得吃了，干部也锻炼出来了。那时候我们到处飞，前面的敌人日本人搞我们，后面的国民党反动派也搞我们，他们两个都在挑动我们，挑动我们干什么？集中兵力打大仗。他们对我们一鼓一骂，一个说共产党英勇，是抗日民族英雄，一个又骂我们是机会主义，怕死。谁愿意当机会主义？谁不愿意当民族英雄？但是我们还要学麻雀，虽然麻雀有机会主义，哪里有粮食到哪里去，虽然它现在还是小麻雀，但集合起来有九十一万。是不是就永远做麻雀，"麻雀万岁"呢？客观事实完全证明了，我们这个麻雀与别的麻雀不同，可以长大变成鹏鸟。从前中国神话中说：有一个大鹏鸟，从北方的大海飞到南方的大海，翅膀一扫，就把中国扫得差不多了。我们也准备那样，准备发展到三百万、五百万，这个过程就要从小麻雀变成大麻雀，变成一个翅膀可以扫尽全中国的大鹏鸟。

我们现在要"就敌就粮"。敌人的据点很多，但敌人只有点、线及小面。敌人要搞点、线，我们就分散搞面，这是"就敌"。人要吃饭，集中在一起没有饭吃，要分散吃饭，这是"就粮"。内战时期搞正规化，就是因为忘记了人是要吃饭的，路是要用脚走的，子弹是会打死人的，没有搞通这一点。军队不生产，专门吃老百姓的，吃上几个月，吃上一年，粮食吃完了，只好向后转，开步走，来个万里长征，可谓"英雄豪杰"。现在我们要集中更大的兵力，以多胜少，去打敌人薄弱的地方。你一百人，我一千人，一千人可以消灭你一百人。此外，还要转向正规化。报告里写了这样一条，有哪一天我们得到新式武器，就会更加无敌了，就能最后打败日本帝国主义。这里就包含准备转变的意思。在解放区的任务里面，我讲到进攻为主、防御为辅，就是说，进攻应在前，防御应在后。我们要有这样的准备，将来一旦得到新式武器时，如果没有准备就不好了。现在情况变了，我们的方针也要变，要来一个完全彻底的马克思主义。我们历史上的马克思主义有很多种，有香的马克思主义，有臭的马克思主义，有活的马克思主义，有死的马克思主义，把这些马克思主义堆在一起就多得很。我们所要的是香的马克思主义，不是臭的马克思主义；是活的马克思主义，不是死的马克思主义。我们要做好准备，由小麻雀变成大鹏鸟，一个翅膀扫遍全中国，让日本帝国主义滚蛋。

要转变，但不能希望一切皆在一个早上改变。要看具体情况，有力量就打堡垒，打大城市。打堡垒时打得开，有饭吃，我们就打；打不开，又没有饭吃，我们就向后转，把队伍分散开，来一个“聋子放爆竹——散了”。还有一个十几年来争论的问题，就是从乡村到城市，还是从城市到乡村，争得一塌糊涂。正确路线是要先搞乡村，要研究农村情况。大家说这是正确的路线，是马克思主义。马克思主义者走路，走到哪个地方走不通就要转弯，因为那个地方走不过去。当然在乡村尽走尽走，走他几百万年，这也不叫马克思主义，而叫反马克思主义。真正的马克思主义是：当需要在乡村时，就在乡村；当需要转到城市时，就转到城市。现在要最后打败日本帝国主义，就需要用很大的力量转到城市，准备夺取大城市，准备到城市做工作，掌握大的铁路、工厂、银行。那里有成百万的人口，比如北平有一二百万的人口，保定、天津、石家庄的人口也很多。把重心转到城市去，必须要做很好的准备。不要想到城市就忘了乡村，说要我搞乡村工作我就不干，不分配我搞城市工作就是干部政策不正确。你也去城市，他也去城市，城市没有那么多房子，乡村没有人去，行吗？所以我在报告中号召大批知识分子下乡，不要穿学生装，而要穿粗布衣。但我们夺取了大城市，像北平、天津这样大的三五个中心城市，我们八路军就要到那里去。我们一定要在那里开八大，有人说这是机会主义；恰恰相反，八大如果还在延安开，那就近乎机会主义了。

城市工作要提到与根据地工作同等重要的地位，这不是口头上讲讲的，而是要实际上去做的，要派干部，要转变思想。七大散了会，要把干部一批一批地派出去，在可能的条件下，一批一批地走。到城市去做秘密工作，不要像《水浒传》里的好汉，行不改名，坐不更姓，而是要改名换姓。梁山泊也做城市工作，神行太保戴宗就是做城市工作的。祝家庄没有秘密工作就打不开，如果内部没有动摇，内部不发生问题，就很难解决问题。

由于作战方法从游击战转变为正规战，工作重心从乡村转向城市，我们也要准备在这个转变上发生意见分歧。在这个问题上，我看一定会或多或少发生意见上的分歧，我们准备得好，意见上的分歧可能少一点，准备得不好，意见上的分歧可能多一点。这一点中央应该有准备，各地也应该有准备，事先要头脑清醒，首先是高级干部要头脑清醒，这样意见分歧可能减少一些。

第十个问题，军队与地方。要深入农村，争取国民党统治区，争取沦陷区。我们要夺取大城市，但我们现在的旗子并没有插在北平、武汉，还是插在山上，像清凉山、太行山、五台山等等。我们现在的根据地，是战略的出发地，但现在拥有的人口太少了，我们要发展到全国四万万五千万人口的一半。我们要是发展到两万万人口，事情就好办了。现在我们有一百万军队，但这个军队是分散的，不可能在一个地方集中十万军队。首先因为没有饭吃，又没有飞机大炮。要是把五台山、太行山、晋绥、山东的军队,集中几万人,拿着步枪去打北平就不行。一个吉安,攻了八次没有攻进去,一个赣州,攻了七次没有攻进去,原因不是热情不够,也不是马列主义不显灵,而是我们能用来攻城的东西太少了,想爬也爬不上去。如果将来有了武器,能够装备一二十万的军队,我们就能集中地从日本人手里打开石家庄、保定、北平,一路打下去,不向后退,或者退了一两天,又向前进。能够装备一二十万军队,条件就不同了,力量就不小了。将来我们是"武器加数量",我们要有几百万军队,全国就在我们手里。将来三百万到五百万的军队是需要的,这样才能使整个中国胜利,天下太平,使中国成为独立、民主、自由、统一、富强的中国。必要的时候,我们可以扩大几百万军队,全国老百姓负担也并不太多,但是要有武器。在目前情况下,扩大军队要不加重老百姓的负担。我们将在一切可能的条件下扩大军队,但是如果到处扩大,扩大得不亦乐乎,一月、两月没有小米、大米了,老百姓哇哇叫喊,那就不对了。所谓在可能的条件下扩大,就是不加重老百姓的负担。

第十一个问题,召开中国解放区人民代表会议〔31〕。召集这样一个会议,是我们大会向各解放区人民的提议,这是一件大事。报纸上还没有公布。现在只能是召集代表会议,代表不是普选的,是由军队、政府、民众团体选派的,这样简便一些。开人民代表大会就要调查年龄、有没有选举权等,普选还是在战争结束后搞比较好。当然要搞也可以搞,现在各解放区也有普选,但是这次我们要求比较快,不能太慢了。决定召集这个会议,要准备召开以后发表宣言,作决议案,建立经常的领导机关,这个机关不叫政府,而叫"中国人民解放联合会"。这是我们拟定的、心里设想的东西，报纸上现在不登，也不写，只在这里讲一讲。要召集会议作出决议案，发出宣言，打电报给委员长，请他组织联合政府。同志们！我那个政治报告名叫《论联合政府》，关于这个问题我今天讲得很少，在这里就讲一下。请委员长组织联合政府，我们请了没有呢？请过多次了，前些日子周恩来同志去请过，我们《解放日报》、新华社不是几天就请一次吗？你每请一次，他总是摇头，不大高兴。他说组织联合政府就是要"推翻政府"。组织联合政府怎么就是推翻政府呢？我们说是和他联合，他说是要推翻他的政府。我们说开党派会议，他就叫"分赃会议"，他说他的政府是赃，不赞成人去分。周恩来同志同蒋介石讲："孙中山先生讲过，将来要召集国民会议。"他就说："你们把我的政府当作北洋军阀的政府，你们就是总理！"那个人实在难得讲理，还有一点流氓脾气，比较坏。

我们召开解放区人民代表会议，党外人士要占大多数。我们准备选举一个机关，它的名称叫什么好，大家都想一想，你们想的也许很好。现在拟定的名称叫"中国人民解放联合会"。国民党有一个政府，我们避免对立，所以叫"中国人民解放联合会"。要解放中国人民，谁人敢讲不要解放呢？人民都有抗日的权利，都要争取这个权利，反动派如干涉进步，取消人民的抗日权利，是绝对不许可的。提起这样的事情，有些人会骂我们"称王称霸"，我们就是称王称霸，是称解放之王，称解放之霸。什么人敢不要我们解放！

三 关于党内的几个问题

第一个问题，关于个性与党性。这个问题有人在整风中间提出过，外面也有人讲过我们。有一个新闻记者写了一篇文章登在《大公报》上，说共产党是要消灭个性，只要党性，他们的许多文件上只讲党性，还作出增强党性的决定等等。这种意见是不正确的。我在报告里讲了，中国是半殖民地半封建的国家，帝国主义与封建势力是摧残个性的，使中国人民不能发展他们的聪明才智，他们的身体也不能发展，精神也不能发展，都受到了摧残。我曾经讲过：鲁迅的骨头很硬，半殖民地的国家有像鲁迅这样硬的骨头是很可贵的。半殖民地的国家是穷得很的，人民生活痛苦，饱受压迫，于是有那么一些人就变成了洋人的奴隶，即买办。上海有所谓“外国火腿”，就是外国人踢了一脚，算作给一个“火腿”。到过上海的人，还看见过有的公园有“华人与狗不准入内”的牌子。民族战争就反对这些东西，外国民族压迫中国民族是不行的，我们要独立。外国野蛮的法西斯压迫中国人民，不讲道理是不行的！中国共产党代表全国人民要求独立！中国如果没有独立就没有个性，民族解放就是解放个性，政治上要这样做，经济上要这样做，文化上也要这样做。广大群众没有清楚的、觉醒的、民主的、独立的意识，是不会被尊敬的。讲到我们党内，这一点是不是有不同？是有不同的。党这个军队同人民的其他军队比较有许多特点，它是先进的部队，是有组织的先进部队，比较别的组织更有组织性，更加严密，更加统一，共同为着一个目标奋斗。一个军队，要有统一纪律，要听号令：立正，稍息，向左看，向右看，开步走，瞄准放。不然敌人在前面，一个往东放，一个往西放，是要被敌人消灭的。党这个军队也是一样，没有统一纪律，没有民主集中制，没有民主或者没有集中都不行。像封建社会皇帝专政是不行的，那是封建时代的事。我们实行革命人民的民主，它和资产阶级的民主、旧民主是不同的，它是更广泛的民主。党是人民中优秀分子的结合，大家是自觉地愿意受约束，就是承认党纲、党章，服从党的决议案，愿意自我牺牲。所以有些人就不能加入我们的党，他不受调动，他干这样工作也好，干那样工作也好，往东也好，往西也好，都得由他，而党员就要服从组织，服从党的决议。

我们党现在是不是统一了？历史决议案上写着空前的统一，这是说比较过去要统一，没有讲党是完全统一的。有的同志讲："放下来没有问题，提起来问题很多。"这句话有道理。因为我们党在抗战时期发展了四五十倍，一九三六年有组织的党员才两万多，现在到了一百多万，这样大的党自然不免有各种意见的分歧，所以我们做了一项工作，就是开展整风运动。这是使党推向前进的运动，如果没有整风，党就不能前进了。那时分歧达到这样的程度：有一个王实味〔32〕在延安写了一篇文章叫做《野百合花》，很多人愿意看。一九四二年春季中央研究院整风时出了墙报，那墙报受到欢迎，桥儿沟、南门外很多人都到研究院去看墙报，引起我也去看了一次。当时，很多文化人总是和工农兵搞不到一起，他们说边区没有韩荆州。我们说边区有韩荆州，是谁呢？就是吴满有、赵占魁、张治国〔33〕。这个故事可以说一下。唐朝时，有一个姓韩的在荆州做刺史，所以人们把他叫作韩荆州。后来有一个会写文章的人叫李太白，他想做官，写了一封信给韩荆州，把他说得了不起，天下第一，其实就是想见韩荆州，捧韩荆州是为了要韩荆州给他一个官做。因此就出了“韩荆州”的典故。那时延安有很多人想找“韩荆州”，但是找错了方向，找了一个打胭脂水粉的韩荆州，一个小资产阶级的韩荆州，就是《前线》里的客里空〔34〕。他们找不到韩荆州在哪里，其实到处都有韩荆州，那就是工农兵。工人的韩荆州是赵占魁，农人的韩荆州是吴满有，军人的韩荆州是张治国。广大的党员还认识不清这个问题。总之，没有整风党是不能前进的。我们做的第二项工作是解决了生产问题，没有生产党也不能前进。当时我们没有东西吃，王实味挑动勤务员反对我们，他像是站在勤务员的立场上反对所谓“三等九级”、吃小厨房，因为那时大厨房没有什么东西吃，其实小厨房东西也不多。后来我们用发展生产解决了这个问题。一九四一年边区要老百姓出二十万石公粮，还要运输公盐，负担很重，他们哇哇地叫。那年边区政府开会时打雷，垮塌一声把李县长打死了，有人就说，唉呀，雷公为什么没有把毛泽东打死呢？我调查了一番，其原因只有一个，就是征公粮太多，有些老百姓不高兴。那时确实征公粮太多。要不要反省一下研究研究政策呢？要！从一九二一年共产党产生，到一九四二年陕甘宁边区开高干会〔35〕，我们还没有学会搞经济工作。没有学会，要学一下吧！不然雷公要打死人。当时我们的同志，不管是参加过万里长征的也好，千里长征的也好，老共产党员也好，抗战时期到延安的青年也好，延安人民对我们是什么态度？我说就是“敬鬼神而远之”。为什么会这样呢？因为他们觉得共产党虽然很好，他们很尊敬，但是加重了他们的负担，他们就要躲避一点。直到去年春季，赵毅敏[36]同志带着杨家岭组织的秧歌队，跑到安塞扭秧歌，安塞正在开劳动英雄大会，那些老百姓也组织了秧歌队，和杨家岭的秧歌队一块扭起来，我说从此天下太平矣！因为外来的知识分子和陕北老百姓一块扭起秧歌来了。从前老百姓见了他们是敬鬼神而远之，现在是打成一片了。还有到杨家湾小学工作的一位知识分子女同志，在清凉山工作的一位知识分子医生，他们和老百姓结合得很好。我们各个根据地都有这样的共产党员，到哪个地方就和哪个地方的人民打成一片，为老百姓"鞠躬尽瘁，死而后已"。因此，没有整风和生产这两个环子，革命的车轮就不能向前推进，党就不能前进了！从前有一段时间《解放日报》有三分之一的同志进医院，周扬[37]同志也告诉我，鲁艺的学生每天早晨起来刚抬头就打瞌睡。为什么呢？因为没有东西吃。如果我们解决了整风和生产这两个问题，我们的事业就会前进。整风是前进的精神基础，生产是前进的物质基础，我们党学会整风和生产是从不自觉到自觉的。我们的党现在比较统一了，可以说是空前的统一，历史问题也比较恰当地解决了，但是还有问题。那天在预备会议上我已经讲过：我们党并不是完全统一的，我们还需要更高的统一，更高的团结。要团结就要有民主，没有民主，没有批评与自我批评，不把意见搞清楚是不可能团结的。许多不公平的事情要逐渐走向公平。哪一天都有不公平的问题，因此我们哪一天也要解决问题。问题是解决了又发生，发生了又解决，我们就是这样地前进。中央和各级领导机关的领导同志，要注意听人家的话，就是要像房子一样，经常打开窗户让新鲜空气进来。为什么我们的新鲜空气不够？是怪空气还是怪我们？空气是经常流动的，我们没有打开窗户，新鲜空气就不够，打开了我们的窗户，空气便会进房子里来。我们的房子是什么房子呢？是政治房子、政治工厂。开工厂就得有原料，有工人，有技师、工程师。原料为什么不够？人员为什么不够？就要想想自己的责任。有没有贴广告？广告大不大？有没有出高价收买原料？事实上原料并不要花什么钱，只要贴上"欢迎"两个字，各种原料就源源而来。所以各种各样的意见，都要让它发表，要做到"知无不言，言无不尽；言者无罪，闻者足戒；有则改之，无则加勉"。这是老话，但很有意义。我要声明一下，如果有什么人讲起来讲得很好，做起来不兑现，他讲的他自己也不执行，那就不对。

讲到个性与党性，党性就是普遍性，个性就是特殊性。没有一种普遍性不是建筑在特殊性的基础上的。没有特殊性哪里有普遍性？没有党员的个性，哪里有党性？党性是共同的性质、普遍的性质，全党每一个人都有的性质。比如讲政策上的统一，联合政府、新民主主义的纲领以及各部分的纲领、整风、生产等，应在这些原则上，在马克思主义思想的基础上统一起来，这是共同的。至于每一个党员是不是不相同？当然不相同。个性不能强同，人就有老的、少的、男的、女的各种各样的不同，工作也各有军事、政治、经济、文化、党务等的不同。在军事工作方面又有军官、政治工作人员、后勤工作人员的不同，党务工作方面也有根据地、沦陷区等各种工作地区的不同。在对马克思主义的了解程度上人们也不相同，同一个人在幼年时期和年纪大时对马克思主义的了解也不相同。总之，有工作的不同，地位的不同，性别的不同，年龄的不同等等，抹煞这种不同，就是不让同志们发展长处。这些都不能统一在一条轨道之上。太阳系有九大行星，就是金星、木星、水星、火星、土星、天王星、海王星、冥王星，地球也是一个。它们各循其自己的轨道，按着一定的次序走，它们都是从太阳星云分裂形成的，大小样子不同。至于行星上的东西，也不见得都是一样。太阳上没有人，我们地球上就有人，其他八大行星上面是不是也有一个有人，现在不能讲，我没有调查过。从前古时候地球上也没有人，没有水，没有空气，自从有了空气有了水，然后才能有生物，有了生物然后才能有人。天上的星星自己也常闹独立性，你们晚上抬头看，有时能看到有的星跑掉啦！它也闹独立性。总而言之，党员是有各种不同的个性，谁要抹煞各种不同的个性是不行的。抹煞各种差别，结果就会取消统一，抹煞特殊性也就没有统一性。这是一个问题。

第二个问题，关于对党内几部分干部的问题。党内有几部分干部，平时感觉对他们不很公平，我们对这几部分同志要特别注意。

(一)理论工作者。我们整风讲实事求是，反教条主义，这样一反，好像理论工作者就不那样吃得开了。我们应该重视理论工作者，应该重视理论。列宁说过："没有革命的理论，就没有革命的运动。"〔38〕因此我们党内要学习理论。从前我在六中全会上讲过，我们党的理论水平是很低的，现在比较过去是高了一些，但是还不够。现在我们党当然有些进步，但从中国革命运动的要求来说，我们的理论水平还不够。革命要求我们能说明中国的革命运动，说明这个运动的各个方面，说明它的内部联系，包括军事、政治、文化、经济，整个革命工作的各个侧面及其内部联系，并总结经验，把它提高起来，使之条理化、系统化。什么是理论？就是有系统的知识。马列主义的理论，就是以马克思主义为基础的有系统的知识。

作翻译工作的同志很重要，不要认为翻译工作不好。我们现在需要大翻译家。我是一个土包子，要懂一点国外的事还是要靠翻译。我们党内能直接看外国书的人很少，凡能直接看外国书的人，首先要翻译马、恩、列、斯的著作，翻译苏联先进的东西和各国马克思主义者的东西。还有历史上的许多东西，虽然不是马克思主义的，但带有进步意义的，还有一些民主主义者的东西，我们都要翻译。

因此我们要重视理论工作者，看得起他们，把他们看成我们队伍中很有学问的人，有修养的人，要尊敬他们。

（二）知识分子。知识分子不一定都是理论工作者。我们党里头，知识分子的增加是很好的现象。一个阶级革命要胜利，没有知识分子是不可能的。你们看过《三国演义》、《水浒传》，魏、蜀、吴三个国家，每个国家都有每个国家的知识分子，有高级的知识分子，有普通的知识分子，那个穿八卦衣拿鹅毛扇子的就是知识分子；梁山泊没有公孙胜、吴用、萧让这些人就不行，当然没有别人也不行。无产阶级要翻身，劳苦群众要有知识分子，任何一个阶级都要有为它那个阶级服务的知识分子。奴隶主有为奴隶主服务的知识分子，就是奴隶主的圣人，比如希腊的亚里士多德、苏格拉底〔39〕。我们中国的奴隶主也有为他们服务的知识分子，周公旦〔40〕就是奴隶主的圣人。至于封建时代的诸葛亮、刘伯温〔41〕，《水浒传》里的吴用，都是封建社会里的知识分子。因为整风审干，好像把知识分子压低了一点，有点不大公平。好像天平，这一方面低了一点，那一方面高了一点。我们这个大会，要把它扶正，使知识分子这一方面高一点。是不是要反过来？那也不是。我们要欢迎他们为我们党服务，为我们党的利益而奋斗，为人民的利益而奋斗。我们的党，我们的军队，我们的政府，我们的经济部门，我们的群众团体，要吸收广大知识分子为我们服务，我们要尊敬他们。

（三）在沦陷区、国民党区工作的同志。这些同志一到根据地里头，他们就感觉吃不开。根据地里的首长多得很，看起戏来，首长总是坐在前面，有大首长、中首长、小首长，这些同志心里怄气。审干的时候又找了他们的麻烦。“你是哪里来的？上海？西安？”“有没有问题？”看了又看，有点不相信。“你住在哪一个旅馆？”“有没有介绍信？”因为我们根据地都要介绍信，以为在上海住旅馆也要介绍信，你说没有介绍信，那就怪得很。我们搞错了的就要说对不起，戴错了帽子的就要恭恭敬敬地把帽子给脱下来，承认错误。这些同志对根据地的工作作风不习惯，是可以理解的，这个作风问题恐怕要三年五年才可以慢慢地一致。

（四）本地干部、本地军事干部。我在报告里头已经写了，要像看待自己的兄弟姊妹一样看待本地干部。我们的军队每到一个地方，就要帮助本地干部搞出军队来，搞出民兵、自卫军来，搞出地方兵团、地方部队，然后在这个基础上就可以搞出主力兵团、主力部队。我初到陕北，开头忽视了这一个问题。这个边区是高岗〔42〕同志他们一手搞起来的，因为我对这个问题处理不好，所以陕北人就讲闲话。有人说，陕北人只能建立苏区，不能当红军。出了这样的言论，是由于对本地一些军队处理得不好。至于华北、华中、华南各地有没有对本地干部和本地军队处理得不恰当的呢？如果有，应当承认是不对的，应当纠正，如我在陕北应当承认的一样。上面那些话，证明这些同志是受了气。我提倡做调查研究，但我到陕北后开始在这方面就没有调查研究，现在我们有了调查研究。同时希望在南方、在北方、在东方、在西方工作的地方同志多提出意见。我们要把窗户打开，让空气流通，听听消息，听听舆论，有缺点有错误的改正一下。这一条搞不好就不行。这个问题，曾经引起我们历史上的大纠纷。这一次开完大会之后，还有很多人要到各地去。去年去湖南的有王首道、王震〔43〕，去河南的有戴季英、王树声〔44〕，出发的时候我就对他们讲过这些话。不要怕多讲，不要怕讲得舌敝唇焦，现在看来，舌也没有敝，唇也没有焦，我们说得还不够。世界上的人都是有缺点的，布尔什维克也不是那样完美，多少还会有毛病，那叫什么？叫带着缺点的布尔什维克。你说他不是布尔什维克，那也很难讲。“我为党英勇奋斗，为什么还不是马列主义？”不能那样讲。我想这一条我也在内，如果说我是完全的布尔什维克，那不见得，说我一点布尔什维克气味都没有，也不是那样，许多同志给我写信，还是写此致“布礼”。我想了一下，我们可以叫带着缺点的布尔什维克。缺点中间有一个，就是背上了一点东西，比如讲多走了路，多走了二万五千里，就增加了身上的包袱。我不是讲每一个同志，或者具体指某些同志，请同志们不要见怪。但是有相当一些同志，走了二万五千里，变成了一个包袱，增加了他的负担，变成了一个驼子，因为他背的包袱太大了。你走的路多，但是你失去了根据地，江西根据地现在就没有了；人家没有走路，但是陕北还是一个根据地。同志！你走了路，把根据地丢了，人家向你要那个根据地，你赔得起吗？你赔不起，我也赔不起。如果要赔法币边币，还可以想一点办法，但是要赔江西根据地，就毫无办法。人家没有走路，但是有根据地；我们走了二万五千里的路，没有了根据地。你们看，就是用脚一尺一尺走的路走多了，就成了包袱。还有地球也走路，地球围绕太阳转几转人就增加了几年寿命，年纪愈长，包袱愈大，年纪老的同志们不要怪我这样说，我今年也五十二岁了，地球走的路也变成了我们的包袱。青年同志也有他们的包袱。他们的眼睛尖，耳朵听得很远，眼明手快，这是他们的长处，但青年同志说老头子“昏庸老朽”，那可不行。青年同志不要讲人家“昏庸老朽”，老头子也不要讲人家“年幼无知”。大家都是从幼年来的，年幼知道得少，会慢慢地多起来。人家懂得的东西不如你知道得多，但你也不是什么都知道。要讲务农不如吴满有，要讲做工不如赵占魁，要讲当兵不如张治国。几万万样事情我们只能做一两样，那是有限度的，我们不知道的、不会做的东西多得很。如果我们把态度改好了，每到一个地方，就和那里的人民打成一片，尊重那个地方的同志，提高共产主义的觉悟，就能缩小山头主义。我们要肃清山头主义，就要承认山头，照顾山头，这样才能缩小山头，消灭山头。所以我们要承认有山头，不承认也不行，承认以后要照顾各个部分，各个集团，各个历史不同的部分、不同的问题。如果他们的精神上被石头压着，有些石头还是我们自己的手放上去的，我们就要替他们解开。凡是他们精神上压着的石头，不论是大石头，中石头，小石头，我们都要替他们解开。是我们的手放上去的石头，就要用我们的手解下来，使得这些同志精神愉快，得到解放，发扬积极性。这样，才能够很好地团结全党、团结全国人民走向胜利。为此目的，我们每到一处，不要当钦差大臣，要先看到人家的长处。大家都是新民主主义解放区的，都是共产党员，都是同志，不应该发生看不起的问题。内战时期我们曾在这个问题上吃了很大的亏。我们延安的同志大多进过党校，在座的同志是参加七大的，你们懂得的东西更多，这是很好的。将来出去，人家一定很尊重你们，需要你们去传达七大精神，大家眼望延安，信仰延安，但是同志们，我们一定要采取上面所说的态度，不当钦差大臣，到任何一个地方，都要"鞠躬尽瘁，死而后已"。我们鉴于历史上受了很大的痛苦，不自觉的盲目性实在要不得，要来一个自觉性，自觉地注意这一点。每到一个地方，就要尊重那个地方的人民，那个地方的军队，那个地方的政府，跟他们搞好关系。这是共产党员的义务。

（五）经济工作和后勤工作干部。在军队里面有后勤工作，在整个根据地、解放区有广大的经济工作，有广大的同志在做这方面的工作。因为对这方面的工作过去我们提倡、宣传得不够，使得许多同志感觉到，在这些部门工作被人家看不起，没有地位。我曾经讲过，延安有一个同志告诉我，要他做总务处长，他不愿意当，为什么？因为人家看不起。人家问他做什么工作？他说我做一般工作。为什么他说做一般工作呢？是因为做总务工作吃不开，现在我们应当使他们吃得开。有些同志认为，做军队工作、党务工作吃得开，在军队里面是做军事工作、政治工作吃得开，做后勤工作还是吃不开。因为他们吃不开，所以应该把他们放在一定的地位上，使他们吃得开。

（六）民运工作干部，工、青、妇干部。这些干部也感觉吃不开。有人把他们叫做“杂牌军”，其实都是“中央军”，没有什么杂牌军。大城市打开以后，广大的工人运动、青年运动、妇女运动都要开展起来。我们的党是工人阶级的政党，我们已经牺牲了很多工人同志，现在留下的做工人运动的干部不多了，可能有几十个、几百个，我们要照顾他们，尊重他们。同样，没有青年工作、妇女工作的干部也不行。

（七）抗战时期入党的干部。我们现在还叫他们是新干部，好像老干部就是万里长征来的，那就没有几个大人，不过一两万而已。同志们，在座的多数同志是老干部，因为你们富有经验，领导正确，所以被选为代表，这是很好的。在大革命时期、内战时期做工作的同志，数目虽小，没有他们却不行，因为他们很有经验。但是如果把经验当作包袱，那就不好，要轻轻快快。对同志们讲一个数目吧！现在，抗战时期入党的有一百一十几万，北伐和内战时期入党的顶多还有两万人，我们算一下，总共一百二十来万。这两万人的眼睛，不要只看着自己，还要看到那一百一十几万。否则，你看着我，我看着你，味道大得很，在镜子前照了又照，似乎漂亮得很。唉呀，这样不好，我们年纪比较老，并不十分漂亮，还是他们比较漂亮，因为他们比较年轻。在抗战时期入党的大多数是青年同志，当然年纪大的也有。我们有我们的长处，他们有他们的长处，没有我们不行，没有他们也不行。两万人的眼睛要看这一百一十几万人，要尊重他们，不要使他们感觉这两万人是不好接近的，是不好谈话的，要谈话的时候，先要想几天几夜，跟你谈话时到底怎样讲法。要使他们像胡适之说的“有什么话，说什么话；话怎么说，就怎么说”〔45〕，也就是要打成一片，使新老干部团结起来。抗战时期很长，对抗战时期入党的干部，不要笼统地叫新干部，因为都叫新干部，好像只有我是老干部，我老子天下第一，你小子天下第二。

（八）党外干部。这也是个很大的问题。如果在全中国，我们的党员有四百五十万，也只占人口的百分之一，而现在我们占的比例是百分之零点几。如果我们有四百五十万党员，在一百个人里，也只有一个共产党员。他的任务是什么？他的任务是团结九十九个非党人士。我们要组织军队，打倒敌人，就必须这样做。一个共产党员，如果不能团结多数人，团结工人、农民、知识分子、小资产阶级和其他民主分子，那就不算是一个好共产党员。世界上为什么需要共产党呢？要共产党干什么呢？共产党有无存在之必要呢？叶青说中国共产党没有存在之必要，那是反动派的提法，我们不赞成。我们自己也可以提出要不要共产党的问题，是因为世界上的小米太多，剩下了，非请我们吃不可，因此需要共产党，还是因为房子太多，专门要有一批房子给共产党住呢？当然都不是。世界上需要共产党，就是为了团结大多数人，组织军队，打倒敌人，建设新中国。此外还有什么事？没有了。这就是说，我们吃一点小米，吃一点大米，穿一点衣服，都是为了给人民做事，团结广大的群众，组织军队，打败敌人，建设新中国。如果革命不是这样的革法，那末，就是专门革财政厅的命。有的人不革别的命，一心一意甚至几十年的工夫，专门革财政厅的命，那是不好的。同志们不要见怪，我讲的不是哪一个人，或者哪几个人，不过我总有这样的感想，就是我们要做事情，就要了解了解，要研究一下，尤其是对各种所谓小事情，如生产、卫生、文化、民众团体、政权工作等各种具体工作。老百姓的许多东西我们要学，我们的知识很差，首先我的知识很差，运盐怎样运，我不大了了，合作社怎样办，我不大了了，我没有办过合作社。因此向我们提出了一个任务，就是要学习。经验不够，就要研究，就要工作，在工作中进行研究。

党外的人占百分之九十九，只有他们和我们一起革命才能取得胜利，单靠党员毫无办法，是不是这样？这是不是真理？完全是真理。他们中间有领袖，有干部，我们要帮助他们，培养人民中的优秀分子，同时尊重他们，和他们好好合作。对这些党外干部，将来我们各地的领导机关、组织部门要有调查研究，要有一些办法，教育的办法，团结的办法，比如开座谈会、谈心等等办法，对他们进行帮助和培养。

最后一个问题，就是要讲真话。那一天我讲过，我们要谦虚谨慎，不骄不躁。今天再说这样一点，就是要讲真话，不偷、不装、不吹。偷就是偷东西，装就是装样子，“猪鼻子里插葱——装象”，吹就是吹牛皮。讲真话，每个普通的人都应该如此，每个共产党人更应该如此。

什么叫不偷？我曾经看到过这样的事情，把别人写的整本小册子，换上几个名词，就说是自己写的，把自己的名字安上就出版了。不是自己的著作，拿来说是自己的，这是不是偷？呀！有贼。我们党内也有贼，当然是个别的、很少的。这种事情历来就有的，叫做“抄袭”。这是不诚实。马克思的就是马克思的，恩格斯的就是恩格斯的，列宁的就是列宁的，斯大林的就是斯大林的，朱总司令讲的就是朱总司令讲的，刘少奇讲的就是刘少奇讲的，徐老[46]讲的就是徐老讲的，哪个同志讲的就是哪个同志讲的，都不要偷。

什么是不装？就是"知之为知之，不知为不知"。孔夫子的学生子路，那个人很爽直，孔夫子曾对他说："知之为知之，不知为不知，是知也。"[47]懂得就是懂得，不懂得就是不懂得，懂得一寸就讲懂得一寸，不讲多了。为什么世界上会出现"装"？为什么有人感到不装不大好呢？这是一个社会现象。偷是社会现象，装也是社会现象。装的现象现在特别多，在我们党内也特别多。爱装的人，是他母亲生下他来就要他装的？他母亲怀他在肚子里就在观音菩萨面前发誓、许愿，一定要生一个会装的儿子？当然不是，这是社会现象。我们党内历来不允许装。不知道不要紧，知道得少不要紧，即使对马列主义知道得很少、马列的书读得很少也不要紧，知道多少就是多少。在这里我提出我们要读五本马列主义的书。马克思的一本，就是《共产党宣言》，是和恩格斯合著的，但主要是马克思著的。恩格斯的一本，就是《社会主义从空想到科学的发展》。列宁的两本，一本是《在民主革命中社会民主党的两个策略》[48]，一本是《共产主义运动中的"左派"幼稚病》。列宁这两本书写得很好，马克思、恩格斯写的那两本书也写得很好，这四本书薄薄的，读完它们不用花很多时间。此外，还有斯大林主持写的《联共(布)党史简明教程》，比较厚一点。这本书是历史的，又是理论的，又有历史，又有理论，它是一个胜利的社会主义国家的历史，是马克思主义在俄国成功的历史，这本书要读。前面四本书也既是理论的，又是历史的。马、恩、列、斯的书多得很，如果先读了这五本书，就差不多了。

还有一个是不要吹，就是报实数，“实报实销”。在座的同志不是讨论过党的历史吗？有的同志在发言中说，内战时期养成了一种习惯，向上级报告工作时，要讲好一点，夸大一点，才像样子。其实这不解决任何问题。我们的工作是整个人民工作的一部分，是全党工作的一部分，我们都有份，人民都有份。为什么我现在当首长？就是恰好要我当首长，没有别的道理，本来张三、李四都可以当，但是点将点到了我的身上，要我当。至于这一份家业是哪个的？是张三、李四的？不是，是全党的，是全国人民的。延安是谁的？延安是全国人民的。我曾经和一个党外人士讲过，有人说延安是共产党的，这是不对的。说共产党在这里当首长，这是正确的，因为这个天下是我们领导老百姓打出来的。“实报实销”，要求我们的情报要真实，不要扯谎。要把自己领导工作中的缺点向大家公开，让大家来参观，看我这个旅有没有马屎、驴屎、有害的微生物，如果有，就来打扫一下，洗干净，扫除官僚主义。我提倡人家将军，有些事不逼我们就做不出来。鲁迅先生讲过，文章是逼出来的，如果不逼就写不出来。但是我们不搞逼供信的“逼”。

关于要讲真话，我们现在发一个通令，要各地打仗缴枪，缴一支讲一支，不报虚数。知之为知之，不知为不知，一支为一支，两支为两支，是知也。这个问题解决了，我们党的作风就可以更切实了。我们一定要老老实实。

我们共产党现在是一个很大的党，一个二十四年来有了很多经验的党，一个准备胜利的党。我们要在全国胜利，我们有这个志向。全党要团结起来,为全国人民解放而奋斗!

根据中央档案馆保存的讲话记录稿刊印。

注释

〔1〕毛泽东向中国共产党第七次全国代表大会提交了《论联合政府》的书面政治报告,同时又在大会上作了这个口头政治报告。

〔2〕左舜生(一八九三——一九六九),湖南长沙人。当时任中国民主同盟秘书长、代理主席。他于一九四五年三月十八日发表声明,表示民盟不参加国民党召开的国民大会。

〔3〕林老,指林伯渠,当时任中共中央委员、陕甘宁边区政府主席。

〔4〕陈独秀,见本卷第101页注〔8〕。

〔5〕见本卷第142页注〔2〕。

〔6〕洛川会议,见本卷第142页注〔3〕。

〔7〕三青团,即三民主义青年团,是国民党控制青年的工具。一九三八年七月九日正式成立,一九四七年六月并入国民党。

〔8〕六中全会,见本卷第143页注〔4〕。

〔9〕皖南事变,见本卷第50页注〔8〕。

〔10〕冈村宁次(一八八四——一九六六),当时任侵华日军中国派遣军总司令官。

〔11〕见鲁迅《故乡》,原文是:"希望是本无所谓有,无所谓无的。这正如地上的路;其实地上本没有路,走的人多了,也便成了路。"(《鲁迅全集》第1卷,人民文学出版社1981年版,第485页)

〔12〕旧金山会议,指一九四五年四月二十五日至六月二十六日五十个国家的代表在美国旧金山举行的会议。这次会议讨论和通过了《联合国宪章》等文件。

〔13〕指董必武。他受中共中央委派参加出席联合国大会的中国代表团。

〔14〕邓宝珊,当时任国民党军晋陕绥边区总司令。

〔15〕章乃器(一八九七——一九七七),浙江青田人,全国各界救国联合会领导人之一。一九三六年十一月被国民党政府逮捕入狱,是著名的"七君子"之一,抗

日战争爆发后获释。一九三七年九月一日，他在《申报》发表《少号召多建议》一文。

〔**16**〕季米特洛夫（一八八二——一九四九），保加利亚人，国际共产主义运动著名活动家。一九三五年至一九四三年任共产国际执行委员会总书记。

〔**17**〕丘吉尔，当时任英国内阁首相。

〔**18**〕指一九四五年四月二十三日《解放日报》发表的英国共产党总书记波立特的文章《论英国大选》。

〔**19**〕斯科比，是英国派驻希腊的英军司令。一九四四年十月，德国侵略军在希腊败退，斯科比率领英军，带着在伦敦的希腊流亡政府进入希腊。同年十二月，斯科比指挥英军并协助希腊政府进攻长期英勇抵抗德军的希腊人民解放军，屠杀希腊爱国人民。

〔**20**〕同盟国，指第二次世界大战期间共同对德、意、日轴心国作战的中、苏、美、英、法等国家。

〔**21**〕指一九三七年八月在陕西洛川召开的中共中央政治局扩大会议上通过的《中国共产党抗日救国十大纲领》。其要点是：一、打倒日本帝国主义；二、全国军事总动员；三、全国人民总动员；四、改革政治机构；五、实行抗日的外交政策；六、实行为抗战服务的财政经济政策；七、改良人民生活；八、实行抗日的教育政策；九、肃清汉奸卖国贼亲日派，巩固后方；十、实现抗日的民族团结。

〔**22**〕指《陕甘宁边区施政纲领》（一九四一年五月一日）。见本书第二卷第334—337页。

〔**23**〕十大纲领，见本卷第102页注〔15〕。

〔**24**〕见《中国国民党第一次全国代表大会宣言》。（《孙中山全集》第9卷，中华书局1986年版，第120页）

〔**25**〕见列宁《在民主革命中社会民主党的两个策略》（今译名为《社会民主党在民主革命中的两种策略》）。原译文是："在某种意义上说，资产阶级革命对于无产阶级，较之它对于资产阶级更为有利。"（解放社1943年11月印行）新的译文是："在某种意义上说来，资产阶级革命对无产阶级要比对资产阶级更加有利。"（《列宁选集》第1卷，人民出版社1972年版，第541页）

〔**26**〕王镇恶（三七三——四一八），东晋北海剧（今山东寿光东南）人，刘裕部将。在辅佐刘裕之子镇守关中期间，因与中兵参军沈田子不和，为沈所杀。

〔**27**〕爱金生，见本卷第278页注〔10〕。

〔**28**〕罗斯福，一九三三年至一九四五年任美国总统。一九四五年四月十二日病逝。

〔**29**〕见《列子·汤问》。

〔**30**〕山西的新军，见本卷第143页注〔14〕。

〔**31**〕中国共产党第七次全国代表大会以后，一九四五年七月十三日，各解放区、各人民团体以及八路军、新四军等各方面的代表，曾在延安开会，成立“中国解放区人民代表会议筹备委员会”。日本投降以后，因为时局变化，中国解放区人民代表会议没有召开。

〔**32**〕王实味，见本卷第286页注〔11〕。

〔**33**〕吴满有，一九四二年在大生产运动中努力开荒生产，成为陕甘宁边区的劳动英雄。赵占魁，山西定襄人，一九三九年进陕甘宁边区农具厂当司炉工。在工作中做出了成绩，成为陕甘宁边区的模范工人和劳动英雄。张治国，陕西吴堡人，一九四三年任八路军警备第三旅第七团第七连副班长，在大生产运动中成绩突出，成为陕甘宁边区的劳动英雄。

〔**34**〕客里空，苏联剧作家柯涅楚克写的话剧《前线》中一个捕风捉影、捏造事实的新闻记者的名字。

〔**35**〕指中共中央西北局一九四二年十月十九日至一九四三年一月十四日在延安召开的高级干部会议。

〔**36**〕赵毅敏，一九〇四年生，河南滑县人。当时任中共中央宣传部宣传科科长。

〔**37**〕周扬，当时任中共中央文化工作委员会主任兼延安大学校长。

〔**38**〕见列宁《俄国社会民主党人的任务》(《列宁全集》第2卷，人民出版社1984年版，第443页)；并见列宁《怎么办?》第一章第四节(《列宁全集》第6卷，人民出版社1986年版，第23页)。

〔**39**〕亚里士多德(公元前三八四——前三二二)，古希腊哲学家、科学家。苏格拉底，古希腊唯心主义哲学家。

〔**40**〕周公旦，周武王之弟，西周初年政治家。因采邑在周(今陕西岐山北)，称为周公。曾助武王灭商。武王死后，成王年幼，由他摄政。相传他制礼作乐，建立典章制度。

〔**41**〕诸葛亮(一八一——二三四)，字孔明，琅邪阳都(今山东沂南南)人，三国

蜀汉政治家、军事家，刘备的主要谋士。他向刘备提出占据荆、益两州，联合孙权，对抗曹操，统一全国的建议，即著名的“隆中对”。刘伯温，即刘基（一三一一——一三七五），浙江青田人，元末进士。受朱元璋礼聘参加起义军，提出时务十八策。明朝建立后，任御史中丞兼太史令。

〔42〕高岗，当时任中共中央西北局书记。

〔43〕王首道，当时任湖南人民抗日救国军政治委员。王震，当时任湖南人民抗日救国军司令员。

〔44〕戴季英，当时任河南军区政治委员。王树声（一九〇五——一九七四），湖北麻城人，当时任河南军区司令员。

〔45〕胡适之，即胡适（一八九一——一九六二），安徽绩溪人。曾任北京大学文学院院长。这句话见《建设的文学革命论》（《胡适文存》卷一，上海亚东图书馆 1921 年版，第 73 页）。

〔46〕徐老，指徐特立（一八七七——一九六八），湖南长沙人。当时任中共中央宣传部副部长。

〔47〕见《论语·为政》。

〔48〕今译名为《社会民主党在民主革命中的两种策略》。

第七届中央委员会的选举方针[1]

（一九四五年五月二十四日）

同志们！我们的大会开得很顺利，三个议事日程已经过去了，大会结论等两天就可以做。

第四个议事日程是选举中央委员会。关于选举的方针，主席团交换过几次意见，决定了一个方针，我现在向同志们报告一下。

一　选举的标准

我们要选举一个全党的领导机关，即在大会闭会以后、两次大会之间的全党的最高领导机关中央委员会。我们采取一个什么标准，用什么原则来进行选举呢？各个代表团的主任反映了许多同志的意见，有这样的，有那样的。主席团认为应该采取这样的标准，就是要由能够保证实行大会路线的同志来组成中央委员会。采取这样一个原则比较好，比较恰当。这样一个原则，应该是我们选举中央委员会的原则。

这次要选举许多过去不是中央委员的同志到中央委员会来。就是说，有两批人要选进中央委员会来。一批是过去中央委员会的同志,人数并不很多。第六次代表大会以来已经十七年了,这十七年中间,经过三中全会[2]、四中全会[3]、五中全会[4]、六中全会[5]几次的选举,现在剩下来的中央委员还有二十五个人。这二十五个人,大部分应该继续选进中央委员会工作,因为他们有很多经验。再就是应该选举大批过去不在中央委员会工作的同志到中央委员会来,因为他们也有很多经验。新的中央委员会必须比过去老的中央委员会的二十五个人扩大,我们大会必须采取扩大中央委员会的政策。这样一个政策,对于我们党现在的情况、国内的情况、国际的情况都是适合的。就是说,新的中央委员会不要太小,也不要太大,但必须比现在的中央委员会扩大,如此才能够适应党的目前情况、将来的发展以及国际国内的形势。

按照这样的标准和原则,于是就提出:(一)对犯过错误的同志,应不应该选举?现在有两种意见,一种是不应该选举,一种是应该选举。(二)这次选举中央委员会要提拔许多过去不在中央委员会工作的同志到中央委员会来,要不要照顾各方面?就是所谓要不要照顾山头?也可以有两种考虑,一种是不要照顾,一种是要照顾。(三)中央委员的资格和标准是能够执行大会的路线,这是重要的,但对他的能力要求如何?是不是要有各方面知识的人我们才选他?还是有某一方面或者某些方面的知识的就可以选他?这个问题,同志们也提出来了。总之,在选举方面有这样三个问题。

关于第一点,犯过路线错误的同志应不应该选举?只选没有犯过路线错误的,凡是犯过路线错误的我们就不选,这样一种意见,主席团认为是一种好的愿望,一种好的理想。这种意见是有理由的，因为过去我们吃了亏，原因就在一些同志犯路线错误。同志们！我们这次大会跟过去历次大会都有很大的区别，过去的大会我参加过三次，代表们一般对选举都不大认真，只有少数人认真。而这次大会，我们各方面的同志对选举都非常认真。这证明什么？证明我们有了经验。过去我们的经验非常不足，觉得我自己也选不到中央委员会去，随便你提一批人吧，你提什么人，我就选什么人，结果是我们自己受了惩罚。这次情况变化了，大家对选举都非常关心。所以这个问题提出来，是有这一方面的理由的。但是，事实上如果我们不选过去犯过路线错误的人，甚至绝对化一个也不选，那就不好，就不恰当。

我来讲一点我们党的历史。

我们曾经做过这样的事，就是六次大会不选举陈独秀〔6〕到中央。结果是不是好呢？陈独秀后头跑到党外做坏事去了，现在看不选他是不对的。我们党是不是因为六次大会不选陈独秀，从此就不出乱子，天下太平，解决了问题呢？六次大会选举出的中央纯洁得很，没有陈独秀，可是我们党还有缺点，还是闹了纠纷，出了岔子，翻了筋斗，并没有因为不选他，我们就不闹纠纷，不出岔子，不翻筋斗。不选陈独秀，这里面有一条原因，就是为了图简便省事。在预备会上我曾讲过，过去我们图简单、爱方便，不愿意和有不同意见的人合作共事，这种情绪在我们党内还是相当严重地存在着的。再有一次，是六届四中全会把李立三〔7〕开除出政治局，要他离开中央工作，虽然中央委员的名义还保留，但实际工作离开了。以为这样一来立三路线的问题就解决了。是不是真的解决了呢？我们把陈独秀赶走得干干净净，结果我们还是跌筋斗；李立三没有到党外干坏事，还是同志，可是政治局的工作赶开了，中央的工作也赶开了，但四中全会也跌了筋斗，赶李立三的那天就是一个筋头，以后翻的也不少。这两次的经验，都值得我们注意和研究。

我们党也有另一方面的经验。在最近的十个年头之内，从一九三五年一月的遵义会议〔8〕到现在的第七次代表大会，这十个年头之内的中央是一种什么样的状况呢？中央委员会主要的成员，是四中全会和五中全会选举的，六次大会选举的现在只剩下五位〔9〕，就是说现在的二十五位中央委员中，绝大多数是四中全会、五中全会选举的，就是翻筋斗的两次全会选举的。六中全会也选了三位。恰恰在这十年中，筋斗翻得少了一点，乱子闹得少了一点，我们的工作还算有进步。这一条经验是不是很重要的呢？是一条很重要的经验。一九三五年一月的遵义会议，就是积极拥护四中全会的人，也就是在第三次"左"倾路线中犯过路线错误的人，出来反对第三次"左"倾路线，他们和其他同志一道反对这条"左"倾路线。现在把这个账挂在我身上，我要声明一下，没有这些同志以及其他很多同志——反"左"倾路线的一切同志，包括第三次"左"倾路线错误中的很重要的某些同志，没有他们的赞助，遵义会议的成功是不可能的。第二次是六届六中全会，大家知道，六中全会是一个重要的关键，没有六中全会，今天的局面不会有这样大。当时如果不克服那么一种倾向，即对放手动员群众这样一条路线不赞成、有所畏惧、心甘情愿地把自己束缚起来的倾向，如果不赞成放手动员群众，发展自己，发展八路军、新四军，扩大解放区，不被国民党反动派的政策所束缚同时又不脱离统一战线这个原则，那末，今天的局面就不一样。参加六中全会的是一些什么人呢？还不就是这么一批人。没有过去犯过错误的同志对这条路线的赞助和拥护，六中全会就不可能纠正右倾投降倾向。但是，在六中全会的文件上，在六中全会的记录上，看不出我们尖锐地批评了什么东西，因为在那个时候，不可能也不应该提出批评，而是从正面肯定了一些问题，就是说在实际上解决了问题。至于到了一九四二年整风以后的这三年中间，情况就更加起了变化，到七大前作若干历史问题的决议时，这个变化更大。相信经过七大这样重要的党的最高领导机关会议以后，我们党会更加向好的方面前进。我们的这种信心与估计是有根据的。这十年中，虽然也出了些纠纷，但比较顺利，比较内战时期犯的三次路线错误（连张国焘〔10〕的那一次就是四次）就不大相同。内战时期，喜欢图简便，不愿意同犯过路线错误的人共事，"一掌推开"、"简单明了"的那样一种作风是不好的。最近十年，我们采取了忍耐的态度，这样的方针帮助了我们。因此，七次大会应该接受过去的经验，就是说，对犯过路线错误的同志不应一掌推开。过去中央委员会里头，有的人错误犯得少一些，有的人错误犯得多一些；我今天也声明一下，我就是犯过许多错误的。没有犯过错误的人有没有呢？我说就没有。一个人在世界上，哪有不犯错误的道理呢？所以说："错误人人皆有，各人大小不同。"

情况的确是这样。如果我们采取这样的方针，团结这些同志，根据过去的经验，我们有信心、有根据断定将来是要好的。如果说对犯过路线错误的同志不应该选举，我看就不如采取这样的原则，即：虽然犯过路线错误，但是他已经承认错误并且决心改正错误，我们还可以选他。我们布尔什维克的党在原则上是不含糊的，与资产阶级不同，我们必须有“承认错误并且改正错误”的这样一条原则，在这个原则下去选他。这个原则和不选的那个原则不同，那个原则是一个很好的理想。虽然理想一定要有，但是还要结合一个东西，叫做“现实”。我们是有理想的现实主义，或者叫做革命的现实主义，我们不是无原则的现实主义。理想主义是原则性，现实主义就是灵活性，理想主义的原则性与现实主义的灵活性要统一起来，这就是马克思列宁主义的革命的现实主义。凡是犯过错误的一概不选举，这是理想。但只确定这一条还不够，还缺少一条，就是说，人家承认错误、改正错误我们就要选举他。我们党必须有一个原则，就是犯错误是不好的，但承认错误、改正错误是好的。一定要把这后一条加上，这样才是全面的。这两条一定要结合起来，不然就要出毛病，我们就会丧失好处，就可能产生缺点，甚至可能造成错误。我们只有制定一个很好的选举方法，才可以避免过去的错误。鉴于历史上闹的乱子，这次要谨慎一点，不是凡犯过错误的就不选，只要承认错误又决心改正错误的同志我们还要选。这就是现实主义，这也是一条原则。这两条原则看起来好像是不一致的，但只有使这两条原则结合起来才能够办好事情。这才是完全正确的，否则，就不完全正确，就搞得不好，就会犯错误。我看没有哪个同志想犯错误，说“我一定要犯错误”。如果对一些同志犯错误这个问题不加以分析，对历史不加以具体的分析，不采取革命的现实主义，那就不行。就是说，如果不把理想主义与现实主义结合起来，不把原则性与灵活性结合起来，那我们就要造成缺陷、缺点，甚至造成错误。这一点，是必须向同志们提出来的。对犯过错误的同志，从感情上是不愿意选的，但从理智上我们可以选。感情和理智这两个东西，现在我们要统一一下，也是可以统一的，就是在理智指导下的感情，把理智放到第一位。鉴于历史，为着将来，为着全国人民，为着全党，我们要采取这样的方针——现实主义的方针。过去对陈独秀，对李立三，痛快明了，从感情上说倒很痛快，没有烦恼，但结果搞得不痛快，很烦恼。世界上的事，往往是这样，就是为了痛快，往往反倒不痛快，而准备了不痛快，不痛快或者可以少一点。所以我们要下决心不怕麻烦，下决心和犯过错误的同志合作。你不大来，我就去；你口里有许多闲话，我长了耳朵，这个耳朵听不完那个耳朵听；你说那边窗户开得不够，我就连这边也打开。要练习和那些曾经同我闹过纠纷、有过原则分歧的人，打击过我以及开除过我的党籍的人合作。我们在要求他认识错误、改正错误这个原则下去同他团结、合作。这一条，的确要练习，不练习就做不到，练习就可以做到。所以感情和理智这个矛盾是可以解决的。

我在这里再举一个马克思、恩格斯的例子，国际的经验。马克思和恩格斯组织第一国际时，为着团结西班牙、法国、意大利的群众，曾经同无政府主义者合作，也曾经同意大利自由资产阶级及资产阶级的民主派合作，同马志尼〔11〕合作。马克思、恩格斯做出了这样的榜样，这就告诉我们要避免宗派主义，因为实质上是一个广大群众的问题。那个时候，无政府主义者有很多的群众，因此要同他们合作，逐渐来改造他们，感化他们。后来无政府主义者分裂出去了，意大利民主分子也不干了，但这并不损伤马克思主义，你不干就不干吧！

中国的和外国的经验都告诉我们，党内要尽可能的团结。我们的原则是什么？就是尽可能地团结更多的人在我们的纲领下，争取他们和我们的团结、合作。我在报告里已经说了，任何一个同志，只要他愿意遵守党纲党章，服从党的决议，我们就要和他团结起来。我们的团结也是有原则的，就是遵守党纲党章，服从决议，要在这样的原则下，和所有同志团结起来。这是一个问题。

关于第二点，要不要照顾到各方面？这个问题，就是所谓照顾山头的问题。也有两种解决方法，一种是要照顾，一种是不要照顾。主席团认为还是要照顾才好。昨天傅钟〔12〕同志在这里讲了一篇很好的话，我全篇都赞成。在选举上，应不应该照顾山头？应不应该照顾到各方面？我看那个主张不应该照顾山头、不应该照顾各方面的意见，也是一个理想，但事实上行不通，事实上还是要照顾才好，照顾比不照顾更有利益。中国革命有许多山头，有许多部分，内战时期，有苏区有白区，在苏区之内又有这个部分那个部分，这就是中国革命的实际。离开了这个实际，中国革命就看不见了。内战之后是八年抗战，抗战时期也有山头，就是说有许多抗日根据地，白区也有很多块，北方有，南方也有。这种状况好不好？我说很好，这就是中国革命的实际，没有这些就没有中国革命。所以这是好事情，不是坏事情。坏的是山头主义、宗派主义，而不是山头。山头它有什么坏？清凉山有什么坏？太行山有什么坏？五台山有什么坏？没有。但是有了山头主义就不好。因此，对这些问题要分析，任何一块根据地中，也不是说每一个人都有山头主义。山头主义的情绪，也有各种各样的程度上的不同，比如一、四方面军就有不同，一方面军里又有好几个部分，昨天傅钟同志讲了。有一、二、四方面军的区别，还有三军、七军、十军等的区别，因为在各个地方工作，情况不同，关系搞得不好，这就有山头主义倾向，但有些也是我们工作没有做好造成的。昨天傅钟同志讲了山内山外的关系，彼此间关系好，山头主义就可以消灭。但许多事情还带着盲目性，工作就做不好，这就要先分析一下。现在我们在这里搬石头，搞关系。现在我们来他一个总结性的办法，把大小石头纷纷搬开，这样关系就会好一点，山头就少了，山头主义也就少了，这样就搞掉了一半；再把相互关系搞好一点，那一半也没有了。有山头而没有主义，另外来一个主义叫做马克思主义，叫做山上的马克思主义。从前有人讲山上无马克思主义，现在我们把这个“无”字改一下，叫做山上有马克思主义。如果山上没有马克思主义，那我们七大就没有马克思主义了，因为七大是在清凉山开的。

一定要认识山头。从前我们说要承认山头，承认世界上有这么一回事，或者讲认识山头更确当一点，要了解它。照顾也一定要照顾，认识了以后才能照顾，照顾就能够逐步缩小，然后才能够消灭。所以消灭山头，就要认识山头，照顾山头，缩小山头，这是一个辩证关系。山头的关系搞好了，首先是山内的，然后是山外的，山头主义很快就可以消灭了，所以不要怕。将来许多年之后，全国铁路如网，飞机也比这几天来往的要多，那时，你再找山头就没有了。没有全国产业的发展、交通的便利，要彻底消灭山头主义是不可能的。现在我们的革命发展了，根据地也更多了、壮大了，如果我们去掉盲目性，比较善于处理矛盾，那末问题就一定能解决得比较好。

过去的中央委员会，即七大以前的中央委员会，没有反映这种实际情况，就是说，在组织成分上没有反映各个方面的革命力量，因此这个中央是不完全的，是有缺点的。整风以来，我们提出要认识山头、照顾山头，在政策上反映了这一点，但在组织成分上还没有反映这一点。这是一个缺点，是不好的。鉴于这一点，我们这次选举就要注意这个问题。新的中央委员会应该反映这方面的情况，要成为一个缺陷最少的中央。完全避免缺点恐怕也困难，但是我们可以要它少一点，也可能使它少一点。

我们顾及到前面所讲的第一点，则对犯过路线错误的人可以选举；顾及到第二点，就使我们党能够反映各方面的革命力量。这样，我们的缺点就会少一些。

关于第三点，每一个中央委员是不是都应该通晓各方面的知识？也有两种意见，一种是每一个中央委员都应当通晓各方面的知识，一种是每一个中央委员不一定要通晓各方面的知识。主席团认为，前一种意见也是一个很好的理想，是有道理的，如果能做到那样，当然很好。但是事实上，任何一个人都不可能通晓各方面的知识。所谓各方面的知识，就是各方面事物发展的逻辑。斯大林讲过：联共中央委员会有各种各样的人才，有文化教育方面的，有经济建设方面的，各方面的都有。我们的新的中央也应该是包罗各种人才的，尽可能地照顾各个方面、各个部分、各个山头。我说的是尽可能的照顾，各方面都照顾得那样周密、完全，就可能是一种凑数，那就不好，完全不照顾也不好。因此，要进行两条战线的斗争。对过去犯过错误的人，无原则地选他们，他不承认错误、不改正错误，我们还要选他们，这是右；但是人家已经承认错误、改正错误，还说不要选，就是“左”。对知识的要求也是一样，要尽可能地通晓的方面多一点。

我们采取这样的方针：不一定要求每个人都通晓各方面的知识，通晓一个方面或者稍微多几个方面的知识就行了，把这些人集中起来，就变成了通晓各方面知识的中央委员会。中国有句老话：三个臭皮匠，合成一个诸葛亮。如果我们有各方面的人，每一个人都通晓一方面或者有比较多的专长，选这样几十个人，我们的中央就会比较完全。我们要从集体中求完全，不是从个人求完全。我们要完全或者比较完全一点才好，但是再过几年我们的中央又会是不完全的。比如现在经济建设才开始，将来还要搞大工业，陈云〔13〕同志讲不要打烂机器，搞大工业我们相当生疏。为什么这次大会提出不要打烂机器这样一条呢？因为我们在这方面还没有知识，从前因为没有知识就打烂过，我们进过城，把玻璃打烂了，把机器也打烂了，因此才提出不要打烂机器的问题。鉴于过去的中央不完全，再选一个中央将来也还会不完全，因此，我们就有一个学习的任务。现在我们在军事上是不是很高明呢？早两天林彪〔14〕同志讲，我们比国民党的某些方面要好一些。但是我们也有比不过他们的，比如我们就不会驾驶坦克，不会驾驶飞机，不会打大炮。在这一点上，我们党不完全，在经济建设上、文化建设上也不完全。那怎么办呢？我们就来一个比较完全，搞一个现实主义，再来一个学习。选举中央委员会，就要选有学习精神的人，他不懂得这不要紧，我们选他，让他去学。我们的选举，就应该在这样的方针指导下，即不是从个人求完全，而是从集体中求完全，从对现实的学习中求完全。

总起来讲，我们大会的代表同志们应该有一个希望，希望有这样一个中央委员会：包含有大批没有犯过路线错误的同志（这里不是讲没有犯过错误，而是说没有犯过路线错误），也要包含一批过去犯过路线错误但今天表示放弃错误路线接受正确路线的同志；要包含有大批有全国影响的同志（就是出了名的，在全国范围内有影响的），也要包含大批过去有地方影响、将来可能有全国影响的同志。现在有地方影响、将来可能有全国影响的同志，要提拔他们到中央委员会来，把他们提高，因为将来我们还要发展。我们现在有近一万万人口，将来还要发展，很快也许就有两万万人口，也许还要多一些，因此我们现在就要训练领袖，首先要训练中央委员。中央委员会是我们党的领袖，全党都要拿眼睛来望着它，这就是训练；拿嘴巴哇啦哇啦地讲，这也就是训练；打开窗户，要空气透进来，这也就是训练。我们的中央过去虽然不大，只有二十几个人，也做了事，现在应该扩大一点。所以我们要有意识地训练领导干部，这倒不是说现在要故意地搞"成名干部"，但是有这种可能性的我们还要搞，以便适应发展着的中国革命。这个中央还要包含有一批通晓的方面比较多的同志，也包含大批通晓的方面比较少或者专门通晓某一方面的同志。总之，新的中央要包含这样一些同志：大批未犯过路线错误的同志，一批犯过路线错误而又改正错误的同志；大批有全国影响的同志，大批现在有地方影响、将来可能有全国影响的同志；一批通晓的方面比较多的同志，大批通晓的方面比较少的同志。如果经过同志们考虑，采取了主席团这样一个组织路线的话，我们相信这个中央将是缺点比较更少的中央。这样一个中央委员会，就可以保证大会路线的实行，包括政治路线和组织路线。就是说，这个新的中央要既能弄通思想，又能团结同志。同志们！我们这次大会就要选出这样的中央。我们的代表多得很，有的同志送给他一个代表名义他还不要，有许多同志要求不要当选中央委员，这种态度是好的。孔夫子讲过："临事而惧，好谋而成。"〔15〕不要说什么革命没有胜利就是因为我没有当中央委员，这样说是不好的。我们要慎重地选举，慎重地就职，这样才是好的态度。这样的中央，才能够保证执行大会的路线；这样的中央，就可以避免或者大体上避免重复历史上的缺点错误；这样的中央，才适合于我们党目前发展的情况及适应于将来的发展情况；这样的中央，才能够给全党同志、全国人民以好的影响。这样一个中央，就是一个缺点比较少的中央，一个比较更有保证的中央，一个使人比较放心的中央。历史的经验证明：要图痛快，就不痛快；准备了麻烦，麻烦就少。世界上的事，大体上都是这样。

还要解释几个问题：有同志说这样的中央岂不太庞杂了吗？还有同志担心，有一批人难免要落伍、要掉队，就是说要再犯错误怎么办？能不能保证不犯错误？还有人说，这样的选举不大公平，名单规定的人数只有那么多，又要照顾这个方面，又要照顾那个方面，就势必使得有些同志甚至是能力比较强的同志不能当选，这就不公平。

首先，关于庞杂问题。我们党过去就是庞杂的，现在我讲一下庞杂的历史。我们党在大革命的后期是庞杂的，存在着一条错误的陈独秀路线没有被清算。结果怎么样呢？因为这个庞杂大革命失败了,是一个不良的结果。革命一失败,使成千成万的人民受了损伤,党也大大地缩小了,被打入了地下。这是第一个时期。第二个时期是从大革命失败到遵义会议。这一时期在我们党内曾经存在盲动主义路线与立三路线,后头虽然清算了,但是没有解决问题,而且还有长期没有被清算的第三次“左”倾路线与后头的张国焘路线。这种情况庞杂不庞杂?庞杂,而且是路线的庞杂。受了损失没有?受了损失,而且受了很大损失。在《关于若干历史问题的决议》上已经写了。第三个时期是从遵义会议到七大。这中间又可以分为两段。第一段,从遵义会议到六中全会,这时第三次“左”倾路线在党中央的统治已经结束,但还没有从思想上彻底清算。凡是一个东西不搞彻底,就总是不能最后解决问题,因此又出了一些乱子。第二段,从六中全会到七大,这时逐步地比较彻底地清算了“左”倾路线。以上三个时期比较起来,究竟哪个时期不庞杂呢?第一个时期有路线的庞杂;第二个时期有几次路线的庞杂;第三个时期,六中全会以前还有点庞杂,六中全会以后,特别是三年整风以后,庞杂问题解决了,人还是那么多的人——二十五个中央委员。这是不是事实?是事实。所以对过去犯过错误、翻过筋斗的人,现在要以新的眼光去看,犯过错误是事实,但说现在还犯错误就不适当。遵义会议以来,十年工夫,六中全会以来,七年工夫,整风以来,三年工夫,逐步改变了过去庞杂的历史,现在比较不庞杂了。一个庞杂,一个不庞杂,有性质上的区别。是质的区别还是量的区别?是质的区别,性质上的不同。这个质我们要抓到,不抓到这一点就不好。我们要记得这个历史,关于庞杂这个问题不必害怕,再选他们,不会使我们新的中央搞得很危险。

第二，会不会落伍，会不会再犯错误呢？有些犯过路线错误的同志作了很好的自我批评，我们大会代表都一致地欢迎。在他们讲话的时候，就是希望在大会代表的帮助之下改正错误。我看这讲了一个真理，就是所谓“一个好汉三个帮”，“荷花虽好，还须绿叶扶持”，任何一个人也需要大家帮助的，互相批评，自我批评，大家帮助，才能进步，才能解决问题。从我们全党现在的情况看，从我们这次大会的情况看，以及从我们过去三个时期的经验、抗战八年中的好的坏的事情和整风中的经验看，都可以证明这一真理。落伍问题、重犯错误问题会比过去少，可不可以这样说？可以这样说，就是说更有了保证。那末是不是可以绝对地完全地有了保证呢？也不能这样说，还有落伍的可能，还有再犯错误的可能。过去犯过错误的同志如果不谨慎，还可能再犯错误；没有犯过错误的同志，如果不谨慎，更可能犯错误。因为推起车子走路，跌过跤的和没有跌过跤的，会有有经验和没有经验的不同。推车子没有跌过跤的人更要注意，更要谨慎，说不定正是你高兴自满地说“我就没有跌过跤呀”的时候，恰好跌了跤，翻了车。过去跌过跤的人，往往比较稳一些，眼睛到处望，还有站在两旁的人提醒说：“你要谨慎一点，过去跌过跤呀！”他的帮手也多一点。但是，无论什么时候，都有比较先进的、中间状态的、比较落后的这样三种情况，现在我也不能写保字，保证我们这次大会绝不选错一个人。现在看来他是好的，将来他又不好了，这种可能还是有的。我们这次要选举几十个人，可能中间有若干人，走到半路上脚痛蹲下去了，这就可能落伍、掉队。过去没有跌过跤、翻过筋斗的，也许这次跌一下，跌过的可能再跌一次。这样的事，世界上还不是有过？老百姓推车子，并不是跌了一次就再也不跌了，搞不好可以跌好几次。所以几十个人中间要一个也不落伍，这个险是保不了的。我们要选举几十个中央委员推车子，载小米，推的推，拉的拉，可能漏掉一些小米，但只要保证明天早上靠得住有吃的就行了。当然这也要谨慎，不然一大堆粮食都翻掉，明天便没有饭吃。同时也不要怕，丢一两颗、两三颗小米也没有什么，我们生产的小米很多，丢两三颗不要紧。如果个把车夫搞得不好，在八次大会还可以另选，或者在两次大会中间召开的全国代表会议上改选一下就行了。

第三，关于不公平的问题。要照顾各方面，老的里头，有犯过路线错误的和没有犯过路线错误的两方面，这两方面都要照顾；新的里头，要照顾各方面的革命力量，即是所谓山头。这种照顾，我在前面讲过，只是尽可能地照顾。知识也是尽可能懂得多一点，但是懂得少一点，必要的时候我们也选他。这样就会发生一个问题，既然老的新的都要照顾，知识又不一定能通晓各方面，我们又不能选举几千几万的中央委员，这就会在选举中使有些在能力上知识上比较好、对党也有功劳的同志没有当选，这岂不是不公平吗？从一个侧面去看，是不公平的；但是从更大的方面看、从全面看，是公平的。因为虽然犯了错误又改正了错误的同志与没有犯错误的同志有不同，但是我们不选他们，单选没有犯错误的同志，就会有另外方面的缺点，所以一定要选他们。当然，我这也是一个建议。因为要照顾各方面，就会使得有些同志按他的能力、知识本来可以当选，但是没有被选上，这种情况会有的，就是说我们要有这种准备。如果我们不在这里说清楚这个问题，就会有同志说：犯过错误的倒又选上了，没有犯错误的倒选不上；人家知识不及我被选上了，我还不错却没有选上。对这种情况，我们大家在精神上都要有准备。大会闭幕以后，如果有同志对这个选举方针不理解，我们要好好解释，从历史上解释，从历史的经验上说明这个方针。

二　选举的人数

今天要通过选举法，选举法的第一条，就规定了要提两回候选名单，第一回是预选的名单，第二回是正式选举的名单。通过选举法以后，大家就要考虑，在代表团进行小组酝酿，明天或后天主席团就要提出预选的名单。

关于人数问题，主席团考虑了很久，但是没有提出确定的人数，我做这样一个数目字的提议，叫做七十人左右。上面我讲过，我们要照顾各个方面，照顾新提拔的、知识比较多的、知识比较少的、代表各个地方的革命力量的，这个数目字要有多大呢？要有七十人左右。在人数问题上，也考虑过三个方案，一个是一百人左右，一个是七十人左右，一个是三十人左右，就是大、中、小的三个方案。这三个方案中，我想我们两头不要，取一个中间，就是七十人左右。主席团认为这个方案比较好，太小了不能够反映我们党的现状和发展，今天我们党有一百多万党员，将来还要发展，比如一年之内可能发展到两百万党员。新的中央委员会比过去扩大些，扩大到七十人左右可以不可以？我想可以，应该采取这样的方针。我们要采取一个慎重的方针，不要选得太多，但是也不要选得太少。三十个人、四十个人左右太少了，一百个人左右太多了，七十个人左右很好。我代表主席团提出这些意见，当然最后还是决定于大家。

这次选举，同志们是要为着保证大会路线的实行，要考虑这是有关全党的利害的，对党、对人民是有利还是比较没有利？是完全有利的，是完全为着有利的。这里还要特别提出的是：我们要注意没有到会的、我们不认识的同志，如果候选名单里有他的名字，我们就要注意；自然，到了会的也不见得都认识，这就要经过各代表团主任的介绍。这样，我们这次选举，就会选举出一个比较好的（当然是比较的）领导机关，作为指挥中国革命的工具。我们是马克思主义者，我们相信工具论。政府是什么东西呢？国家是什么东西呢？马克思和恩格斯认为，国家是一个阶级压迫另外一个阶级的机关，是个机器，是个工具。我们的政府是什么呢？是压迫反革命的工具。反革命的政府是什么呢？是压迫革命的工具。总之，都是一种工具，这是马克思主义者的看法。党是阶级斗争的工具，政府也是工具，党的中央委员会、党的领导机关，也是党的工具，都是阶级斗争的工具。我们党是阶级的领袖，中央是全党的领袖，我们都当作工具来看。这一点，我今天讲一下。过去我们有许多同志不了解这个问题，认为自己是英雄，出来是干革命的，很有一番自豪。有一番自豪是对的，但应该是作为工具的一番自豪。我们是阶级使用的武器，我们阶级要胜利，就要选出先锋队来。群众是从实践中来选择他们的领导工具、他们的领导者。被选的人，如果自以为了不得，不是自觉地作工具，而以为“我是何等人物”！那就错了。我们党要使人民胜利，就要当工具，自觉地当工具。各个中央委员，各个领导机关都要有这样的认识。这是唯物主义的历史观，就是《国际歌》上所讲的，少奇同志在这里念过几次，“不是神仙，不是皇帝，更不是那些英雄豪杰，全靠自己救自己。”〔16〕自己救自己，他就要选举党，选举工具。

总之，我们大会主席团希望同志们，全体代表同志，采取这样的选举路线。主席团认为这种希望是反映了代表同志大多数的意见，反映了全党同志大多数的正确意见的。这样的选举路线，如果得到了同志们同意的话，那就这样做。请同志们考虑。

根据中央档案馆保存的讲话记录稿刊印。

注　释

〔1〕这是毛泽东在中国共产党第七次全国代表大会上的报告。

〔2〕三中全会，指一九三〇年九月二十四日至二十八日在上海召开的中国共产党第六届中央委员会扩大的第三次全体会议。这次会议指出了李立三的错误，停止了李立三等组织全国总起义和集中全国红军进攻中心城市的冒险行动，决定恢复党、团、工会的独立组织和经常性工作，这样，就结束了李立三“左”倾冒险主义错误在中央的统治。但是会议没有完全摆脱“左”的观点，认为李立三只是犯了“策略上的错误”，而不认为是路线错误。

〔3〕四中全会，见本卷第76页注〔12〕。

〔4〕五中全会，见本卷第77页注〔13〕。

〔5〕六中全会，见本卷第143页注〔4〕。

〔6〕陈独秀，见本卷第101页注〔8〕。

〔7〕李立三，见本卷第101页注〔9〕。

〔8〕遵义会议，见本卷第102页注〔14〕。

〔9〕即毛泽东、周恩来、任弼时、李立三、关向应。

〔10〕张国焘，见本卷第101页注〔7〕。

〔11〕马志尼（一八〇五——一八七二），意大利资产阶级革命家，民族解放运动中民主共和派领袖。

〔12〕傅钟（一九〇〇——一九八九），四川叙永人。当时任中共中央军委总政治部副主任。

〔13〕陈云（一九〇五——一九九五），江苏青浦（今属上海市）人。当时任中共中央政治局委员、西北局委员、西北财政经济办事处副主任兼政治部主任。

〔14〕林彪，当时任八路军第一一五师师长。

〔15〕见《论语·述而》。原文是："必也临事而惧，好谋而成者也。"

〔16〕这是当时翻译的《国际歌》歌词中的一段。一九六二年四月二十八日《人民日报》发表经过修订的《国际歌》歌词的译文。这段歌词的新译文是："从来就没有什么救世主，也不靠神仙皇帝。要创造人类的幸福，全靠我们自己。"

在中国共产党第七次全国代表大会上的结论

（一九四五年五月三十一日）

同志们！我的结论讲三个问题：国际形势，国内形势，党内若干思想政策问题。同志们在讨论中提出的问题和意见，大体上可以归纳为这三个问题。

我们的方针，我们的路线，就是：放手发动群众，壮大人民力量，在我党的领导下，打败日本侵略者，解放全国人民，建设一个新民主主义的中国。在这条方针里面："放手发动群众，壮大人民力量"，就是说的组织队伍；"在我党的领导下"，就是说的总司令、指挥官；"打败日本侵略者"，就是说的敌人；"建设一个新民主主义的中国"，就是说的目标。

关于放手发动群众问题，昨天少奇同志讲得很好，手是我们自己的，放不放在我们。谁不叫我们放手呢？有许多人，其中就有蒋介石。现在国民党开了第六次全国代表大会，大会通过的三十条政纲中有一条是"绝对禁止违背政府法令及在外交、军事、财政、交通、币制上有任何破坏统一之设施与行动"。比如军事的统一，那就是要我们把军队统统交给他们，不要八路军、新四军。这个斗争早就有了。一九二六年三月二十日的中山舰事件〔1〕，就是不让我们放手发动群众，壮大人民力量。

大革命为什么失败？除了客观原因之外，还有主观原因，就是蒋介石不让我们放手，汪精卫[2]也不让我们放手，我们自己也就不敢放手。那时我们应该大大放手，但我们却不敢放手，所以失败了。内战时期我们放手了，但又过了一点，没有把放手发动群众同冒险主义相区别。在抗战时期，中央的路线就是这条路线，这次大会只是批准这条路线，并对这条路线有所发挥。如果没有过去多年的经验，我们的大会不可能作出肯定这条路线的决定。放手是在有理、有利、有节的条件下，而不是冒险。有理、有利、有节，就是放手而不冒险。这一个方针一直到全国胜利都是不会改变的。我们的压力很大，要使无产阶级先锋队从束缚手足的精神压迫下解放出来，是不容易的。国际共产主义运动的历史上就是如此。第二国际一直不敢放手发动群众。一八四八年发表的马克思、恩格斯的《共产党宣言》，是放手发动群众的方针；第二国际违背这一方针，崇拜自发论，一切听其自然。共产国际和俄国布尔什维克党恢复了马克思主义，发展了马克思主义，放手发动群众，壮大人民力量，在联共党的领导下，先打倒沙皇，建立工农民主专政，后打倒资产阶级，建立社会主义社会。所以我们要宣传这条方针，肯定这条方针。朱总司令、少奇同志和我的报告[3]，都是贯穿着这个精神，坚持这条方针。阶级不消灭，我们的这条方针是不会取消的。由于各个阶段情况不同，政策会有变化，但总方针是不变的。至于如何实行这条方针，这须要根据周围情况及其内部联系来决定。

一　国际形势

我在报告中这样说："人民民主势力是一定要胜利的。世界将走向进步，决不是走向反动。"这是历史的总趋向。这一看法到底对不对？世界是不是会倒退？"倒退"这个问题，报告中也讲到了，说应该"估计到历史的若干暂时的甚至是严重的曲折，可能还会发生，许多国家中不愿看见本国人民和外国人民获得团结、进步和解放的反动势力，还是强大的"。如果有这种情况发生，那就要作另外的一种估计，报告中的某些基本点就要修改。最近四五年来，国际局势经常是矛盾的，一会儿是好消息，一会儿是坏消息，好了又坏，坏了又好，今后还会是这样，时好时坏，不好不坏，波浪式地发展。为什么会是这样的呢？因为世界上有两种势力在斗争：苏联和各国人民的势力是一方，反动势力是另一方。前一种势力要使局势变好，第二种势力要使局势变坏，这样就要经常斗争。现在的世界就是一个矛盾的世界。但是，说苏、英、美三国不团结，说英、美两国要联合日本，联合德国的那些俘虏，组织一个反苏反世界人民的第三次世界大战，这种可能性今天存在不存在？不存在，这种可能性是没有的。为什么说没有呢？因为客观实际上不存在。现在有两个客观实际，我上面说的不是按照反动派这个客观实际讲的，而是按照苏联和世界人民这个客观实际讲的，苏联和世界人民不要第三次世界大战，所以说现在反苏反世界人民的大战的危险是不存在的。英、美资产阶级内部，有一部分反动派要干，一部分不愿干，一部分是想干而不敢干。旧金山会议〔4〕可能无结果而散，也可能有些成绩而散。苏联在旧金山会议的记者分析得就很好，我们只能就大势而论，有三种可能性：(1)有所成就但不甚圆满；(2)无结果而散，也不破裂(同我们跟蒋介石谈判一样)，下次再来；(3)最坏的结果是完全破裂，推翻克里米亚会议〔5〕的决定。现在看来，第三种可能性不大，第一、第二两种可能性大一些。但是，即令第三种情况发生了，克里米亚会议的决定推翻了，这是不是说英、美就要组织反动派进行第三次世界大战进攻苏联呢？也不能作这样的结论。莫洛托夫〔6〕在旧金山会议上的声明说得对，他说即使这次会议不能成功，不能建立防止侵略的国际安全机构，也不等于将来也不能建立，我们要努力争取建立，这次搞不好将来再搞。他的这个话是包括对整个世界情况的估计，和我们的观点是一致的，就是说，我们相信苏联的力量，相信世界人民的力量，相信印度、南美、中国人民的力量，相信英、美资产阶级内部不统一，不是完全反苏的，有一部分人还是愿意同苏联合作的。现在世界反法西斯战争还没有结束，只结束了一半，日本还没有被打败。把这些情况综合起来看，即使旧金山会议这次搞不成，也不能说就永久搞不成。在宣布欧洲胜利的那天，斯大林说，欧洲已进入和平时期。斯大林说得对不对呢？很对。在欧洲，战争时期过去了，和平时期到来了。斯大林的判断是根据整个情况说的。苏联是在国际范围内胜利了。列宁曾经讲过：俄国布尔什维克“只要在十至二十年内和农民保持正确的关系，就能保证全世界范围内的胜利(甚至在发展着的各国无产阶级革命延迟的情况下)，否则就会遭到二十至四十年白匪恐怖的苦难”。〔7〕这是在一九二一年讲的。同志们，一九四一年德国进攻苏联，是不是二十年呀？在莫斯科危急时，斯大林说：或者胜利，或者灭亡。现在是胜利了。苏联的胜利是从在莫斯科打胜仗开始的，不是从斯大林格勒[8]才开始的，没有莫斯科的胜利，也就没有斯大林格勒的胜利。现在苏联红军的旗子已经插在柏林，列宁的话讲灵了。苏联在国际范围内胜利了，现在只是努力巩固这种胜利。苏联的胜利，就是全世界人民的胜利，也是中国人民的胜利。

资本主义有它的历史，很久以前，世界上没有这个东西。两三百年以前，世界上才有资本主义，产生了一个娃娃叫资产阶级，同时产生了另一个娃娃叫无产阶级。中国和外国的古书上没有资产阶级和无产阶级，更没有共产党，这都是近代的产物。按照列宁的分析，由于资本主义发展不平衡而发生的帝国主义战争，削弱着帝国主义的力量，使社会主义可能首先在一个国家单独胜利。以前马克思、恩格斯讲社会主义将同时在所有国家胜利，至少在几个文明国家同时胜利。到了二十世纪的时候，列宁根据新的情况，指出帝国主义是垂死的资本主义，是社会主义革命的前夜。列宁的话又说灵了。第一次世界大战，打出个十月革命，整个世界历史发生了变化，开辟了世界历史的新时代。从这时起，资本主义倒霉了，走下坡路了，社会主义走的是上坡路。在《新民主主义论》中，我也讲资本主义是向下没落，社会主义是向上发展。从十月革命起，资本主义缺了一只脚，剩下的资本主义，分成了两部分，一部分变为法西斯的资本主义，一部分变为民主的资本主义。现在这两部分资本主义打架，民主的资本主义同社会主义合作，将法西斯的资本主义一夹，夹掉了一个德国法西斯，再一夹，就要把日本法西斯也要夹掉。资本主义好比一个四只脚的马，十月革命搞掉它一只脚，第二次世界大战又夹掉它一只脚，现在只剩下了两只脚，成了一个跛子，成了不完全的东西。资本主义残废了，它怎样走路呢？就装上木脚来走路。你们说这剩下的资本主义，是比过去更强大了还是更削弱了呢？不是更强大，而是更削弱了。

我们的同志要注意，要看大的东西，要看普遍的大量的东西。许多同志往往对于普遍的大量的东西看不见，只看见局部的小量的东西。十月革命，砍掉了资本主义一只脚；第二次世界大战，德、意法西斯资本主义打倒了，法国内部最坏的东西垮台了，许多小皇帝也垮台了，小国家起了变化，都进步了，这又砍掉了资本主义一只脚。这些都是大事情，必须看到这些大事情，才能正确地进行分析，才能在分析时不会犯错误。

现在英、美各国的通讯社和报纸，专为一些小问题咬住不放，吵闹不休，令人看起来很觉奇怪。他们为什么要这样呢？我说资本主义有一种特性，就是"蚀大本，算小账"。第一次世界大战失掉一只脚，第二次世界大战又失掉一只脚，现在却抓着一根头发死也不放。本钱蚀去了，不仅把法西斯打掉了，而且英国本身也打得五劳七伤，这表示资本主义残废了，苏联和欧洲人民强大了，他们不抓小辫子，那就什么都没有了。他们的资本很小了，所以只得抓着小辫子不放，放不得，放了就无话可讲了。这是我们的看法，但他们也有他们的用意。世界各国反动派的反苏言论，其作用在于：(1)阻止苏联及欧洲人民力量的发展，在苏联及欧洲人民面前，抓着小辫子讨价还价。(2)调动国际国内的反动势力，给自己撑腰。要找人撑腰，就不得不唱些适合于反动派的调子，才能调动那些反动派，团结那些反动派，作为自己的基础。(3)压制革命人民。丘吉尔〔9〕发现他处在欧洲人民包围之中，处在英国人民包围之中，所以要唱一点反动调子，压压人民。由此看来，我们便可懂得，旧金山会议争论那么凶是为了什么，将来东方问题还要争论的。这些争论，好比做文章，都是题中应有之义，因为他们还有两只脚未砍掉，还可以走路，还不甘心，所以有争论是可以解释的，如果没有争论反倒成为不可解释的了。

现在世界上大国的外交政策，只有苏联是主动的，英、美、中都是被动的。波兰问题的小辫子也抓不了几天了。苏联没有挂牵，所以能主动。英、美参加第二次世界大战，也是被动的，英国原来是搞“慕尼黑”的，想叫希特勒去打苏联，把苏台德区等送给德国，但是它雇佣的希特勒这个“劳动力”有点闹独立性，先打了老板一顿，打得哇哇乱叫。对日本也是如此。美国和英国原是出钱雇“劳动力”去打苏联的，送铁送汽油给日本，也就是出工钱的意思。日本就在边界向苏联挑衅，从美、英拿工钱，把工钱弄到了手，它不去打苏联，而去打珍珠港了。日本打了珍珠港，美国和英国才对日本宣战，英国并与苏联签订有效期为二十年的《同盟互助条约》，美国与苏联签订在反侵略战争中互相援助的协定。资本主义的主动性，是在十八世纪的时候，十九世纪上半世纪还有一点，到了十九世纪末二十世纪初，便昏庸腐朽，变成帝国主义，即处于被动了。第二次世界大战，英、美是被迫打的，没有计划的。对南斯拉夫，他们不承认，后来又承认了。现在对波兰也不承认，将来还是要承认的。现在他们不承认中国的解放区和八路军、新四军，将来也会承认。

资本主义是向下的。经过第二次世界大战，欧洲大陆的资本主义下降了，日本的资本主义下降了，英国的资本主义也下降了。只有美国的资本主义是向上的，它的生产在战争中是它历史上未曾见过的大发展，超过它战前生产的一倍半到两倍。一九二八年繁荣期间，美国的生产总值为六百万万美元，现在，有人说是二千万万，有人说是一千八百万万，美国国务卿斯退丁纽斯说是一千五百万万到二千万万。如果说过去六百万万是两个指头，那末现在若为二千万万就差不多是七个指头。它的生产有这样大的发展，所以说美国资本主义是向上的。但是，美国现在的繁荣，带有特殊性，是特殊的繁荣，美国的经济危机很快地就要到来了。从经济上说，美国是世界经济的喜马拉雅山，但这个山是要倒的。按照马克思主义的观点看问题，应该这样来认识。美国的危机，归根到底不能由资本主义自身来克服，而是要由无产阶级革命来克服。

这次旧金山会议，即使搞不成，第二次旧金山会议还是会要来的。因为世界情况需要它。关于建立反苏堡垒线，英国保守党是有这种企图的，从前是以波兰、罗马尼亚等国组成的这道墙壁，现在被苏联拆掉了。若它再搞这一套，那就回到张伯伦〔10〕那里去了，但现在已不是那个时代了。希特勒倒了，苏联强大了，欧洲人民觉悟了，英国人民觉悟了，美国资产阶级中有想与英国反动分子结合反苏的，但大部分人是愿与苏联搞好关系的。英、美都是现实主义的，一手打日本，一手抓一把（做生意）。打败日本后，两只手都要做生意。

总起来讲，第一次大战以后，所谓资本主义的稳定已经没有了，不稳定就经常产生危机。资本主义的经济危机是在第一次世界大战前就有的，大概是十年八年来一次，是有规律的有周期性的。这次美国的战时繁荣是带特殊性的，以后也不会有稳定。他们要和平，要建立国际安全机构，要做生意，都是求得战后资本主义的稳定。也可能稳定下来，但不是长期稳定，其中包含着危机。

世界上这几个大国谁是领袖？是苏联还是美国？有人说美国是领袖。这种说法不对。从经济上可以这样说，但经济之外还有政治，政治与经济结合起来才是更强大的，那就是苏联。苏联在经济的量上说不如美国，但苏联是社会主义的经济，它产生了伟大无比的力量，产生了强大的红军和英勇的人民。苏联是全世界人民的领袖，英、美各国的人民，对苏联的信仰都是非常高的。

中国也要发展资本主义。中国的资本主义是什么性质？前边说过，世界上的资本主义有两部分，一部分是反动的法西斯资本主义，一部分是民主的资本主义。反动的法西斯资本主义主要的已经打垮了。民主的资本主义比法西斯资本主义进步些，但它仍然是压迫殖民地，压迫本国人民，仍然是帝国主义。它一方面打德国，一方面又压迫人民，打法西斯是好的，压迫人民是不好的。在它打法西斯的时候，对它的压迫人民要忍一口气。蒋介石也是这样，他打日本是好的，压迫人民是不好的，在他还打日本的时候，我们也是要忍一口气，不提打倒蒋介石。蒋介石搞的是半法西斯半封建的资本主义。我们提倡的是新民主主义的资本主义，这种资本主义有它的生命力，还有革命性。从整个世界来说，资本主义是向下的，但一部分资本主义在反法西斯时还有用，另一部分资本主义——新民主主义的资本主义将来还有用，在中国及欧洲、南美的一些农业国家中还有用，它的性质是帮助社会主义的，它是革命的、有用的，有利于社会主义的发展的。

二 国内形势

第一，《论联合政府》报告的原稿上有"两三年中将是中国情况大变化的关键"这样一句话，在发表时删去了。删去这句话，不是因为说得不对，而是不说为好。但是我们要有这种精神准备，准备应付大事变。

第二，三个大会。去年九月民主同盟开了全国代表会议，日前国民党开了第六次全国代表大会，我们党正在开第七次全国代表大会。三个大会如果说有一点相同，那就是都要打日本。不同的是国民党的大会是法西斯主义性质的，实际上也是法西斯主义的。昨天和今天的《解放日报》上都有文章批评国民党的大会〔11〕，同志们可以去看。国民党的这次大会上有一点特殊，蒋介石的话就是国民党的命令，过去这仅仅是事实，这次变成了纪律，中央委员要赌咒发誓服从总裁。世界上除法西斯政党外，资产阶级民主的政党都没有这样一条。还有一条，就是规定国民党员不准加入其他政党。我们共产党不是谁想入就能入，党章规定要经过支部大会表决通过，入党是有条件的，但出党是自由的。上面这两条说明了什么呢？说明国民党现在更虚弱了，更惧怕了，他们的党员中想要加入其他政党的人更多了。但这个赌咒发誓，在现在这个时代往往是不行的。一个党不是靠党员个人的思想自觉，而是靠赌咒发誓，它的事情就大不妙了，其命运也就可想而知了。国民党大会的性质与我在《论联合政府》报告里所说的一样，没有多大变化，还是法西斯主义。民主同盟是旧民主主义，我们是新民主主义，这是基本的区分。民主同盟可以跟我们联合。国民党里也有旧民主主义者，这些人虽然赌了咒，还是可以和我们联合的。

有的同志问，我们这个《论联合政府》的报告发表后，对于国民党的大会以及在外面起了何种影响？最近我们才收到报告，是起了影响的。《论联合政府》小册子在重庆发了三万份，每一个《新华日报》的读者都能看到，有些平时不看《新华日报》的人这回也看了，有人一晚上没有睡觉看完了这个小册子。蒋介石是很不喜欢的，他说是国民党有史以来最大之耻辱，大概他们那个大会也有一部分人认为是国民党的最大耻辱。蒋介石侍从室的秘书陈布雷看了这本书说，只有两个字，就是“内战”。他们要打内战，要消灭我们。但是在他们的很多代表中这个小册子是发生了影响的，说共产党有办法，说得头头是道，别看国民党有几百条，但没有办法。他们大会的宣言是事先就起草好了的，我们这个报告一发表就把他们那个大会给打乱了，原来准备开十天会，五月十五日就结束，后来拖到二十一日才闭幕。他们想驳我们又不好驳，想重新起草宣言又不大好写，现在发表的那个宣言不晓得是哪位先生重新写成的。我们这次大会在他们大会之前开幕是好的。他们有些东西是受了我们的影响的，比如，关于少数民族问题，他们现在也不得不讲民族问题了，我们来了一个减租减息，他们就搞了不止一个关于土地和农民问题的政策纲领。

第三，有人提出中国可能变成美国的半殖民地，我看这个提法很对。在抗战以前近一百年中间，中国是几个帝国主义国家统治的半殖民地。九一八事变日本发动侵略战争以后，国民党削弱了，就不得不依赖美国，这样中国就可能变成以美国一个帝国主义国家为主统治的半殖民地。以美国为主控制国民党，英国可能插进一只小脚。这一变化将是一个长期的麻烦，我们共产党要好好准备，以应付这个变化。日本也许在明年就倒下去，这将是一九三一年日本进攻中国以来十六年中的大变化，这个变化对我们是有利的。把日本侵略者打跑了，可是又来了一个“特殊繁荣”的美国，它现在控制着国民党，所以我们要做国际联络工作，争取美国的无产阶级援助我们。我们党的高级干部，应该特别注意美国的情况。中国可能变成美国的半殖民地，这是一个新的变化。

第四，有一个问题要讲清楚，叫做“准备吃亏”。有些同志希望我讲一些困难，又有些同志希望我讲一点光明。我看光明多得很，国内民主运动已经兴起，将来更有希望，苏联援助我们，美国、英国的无产阶级将来也还是要帮助我们的，这些都是光明。但是我们更要准备困难，我下面讲的困难有十七条：

第一条，外国大骂。现在英、美的报纸和通讯社都在骂共产党，将来我们发展越大，他们会骂得越有劲。他们有人曾经向我们示过威，说：你们那样不行，美国舆论要责备你们。我说：你们吃面包，我们吃小米，你们吃面包有劲，嘴长在你们身上，我们管不了。这叫做没有办法，要准备着挨外国人的骂。

第二条，国内大骂。是大骂，不是小骂，他们将动员一切人来大骂，什么破坏抗战，危害国家，杀人放火，共产共妻，毫无人性，等等。只要是世界上数得出的骂人的话，我们都要准备着挨。

第三条，准备被他们占去几大块根据地。不是说几小块，也不是说统统占光，而是被他们占去几大块，他们要打内战“收复失地”。在十年内战时期，他们就曾经占去我们几大块，这次我们还要准备被他们再占去几大块。

第四条，被他们消灭若干万军队。一九四一年中央曾打电报给各中央局、中央分局，说我们要把估计放在最困难的基础上，可能性有两种，我们要在最坏的可能性上建立我们的政策。那时我们有五十万军队，准备被搞掉二十五万，还有二十五万。这二十五万是什么？原来五十万是伸开的手掌，这二十五万是握紧的拳头，虽然缩小了，可是精壮了。现在我们的军队差不多有一百万，我们还要发展，到将来蒋介石进攻我们时，我们可能有一百五十万，被他搞掉三分之一，还有一百万，搞掉一半，还有七十五万。如果我们不准备不设想到这样的困难，那困难一来就不能对付，而有了这种准备就好办事。

第五条，伪军欢迎蒋介石。伪军摇身一变，挂起蒋介石的旗子，欢迎蒋介石，欢迎阎锡山〔12〕，使我们很不好办。日本人撤出的地方，他们马上就占了，我们来不及。我们要有这种精神准备。

第六条，爆发内战。我们要用各种方法制止内战。现在的揭露就是一种方法，我们要经常揭露，在大会文件上、在报纸上、在口头上揭露。此外，还要用别的办法来制止内战。内战越推迟越好，越对我们有利。抗战八年以来，我们的政策就是使蒋介石既不能投降又不能“剿共”。我们的政策还要这样继续下去，使他不敢轻意地发动内战，但是我们要准备他发动内战。

第七条，出了斯科比[13]，中国变成希腊。这种情况我们要用各种方法来避免，如果发生了，就采取有理、有利、有节的斗争方针。我曾经同国民党的联络参谋讲过，我们的原则是三条：第一条不打第一枪，《老子》上讲“不为天下先”，我们不先发制人，而是后发制人。第二条“退避三舍”，一舍三十里，三舍九十里，这是《左传》上讲晋文公在晋楚城濮之战[14]中的事，我们也要采取这样的政策。第三条“礼尚往来”，这是《礼记》上讲的，礼是讲究往来的，“来而不往非礼也，往而不来亦非礼也”，你来到我这里，我不到你那里去，就没有礼节，所以我们也要到你们那里去。我叫国民党的联络参谋把这三条告诉胡宗南[15]，希望他们也采取“不为天下先”、“退避三舍”、“礼尚往来”的政策，这样就打不起来。他们不喜欢马克思主义，我们说：这是老子主义，是晋文公主义，是孔夫子主义。无论斯科比来了也好，蒋介石来了也好，我们都是采取有理、有利、有节的自卫原则。不打第一枪这个原则我们要谨记，从一个时期来看好像不一定有利，但从长远来看则是很有利的。当然到了该打的时候，就要坚决、彻底、干净、全部消灭之。有人讲两面作战怎么得了？他们要搞两面作战，我们有什么办法，我只好准备这一着。我们现在好像坐牢一样，前门是日本人守着，后门是蒋介石守着。

第八条，“不承认波兰”。这里是比喻我们得不到承认。现在我们是一个中指头，你不承认，将来是一个大指头，你也不承认，到了是一个拳头、两个拳头的时候，看你承认不承认？你九十年不承认，一百年不承认，将来到一百零一年，你就一定得承认。因为我们的政策正确，得到全国人民的拥护。

第九条，跑掉、散掉若干万党员。将来如果形势不好，蒋介石、斯科比两面夹攻，到处打枪，有些党员就向后转开步走，跑掉了，散掉了。在我们党的历史上，散得最厉害的是一九二七年，还有散得多的是内战时期，有组织的党员只剩下三几万。在不好的情况下，党员中有一部分悲观失望的人就跑了，有一部分被压散了，也无非就是这样，我们准备散掉三分之一，或者更多一些。

第十条，党内出现悲观心理、疲劳情绪。中国革命是长期的，从一九二一年到现在二十四年了还没有胜利，还要搞下去，还要牺牲许多党员和军队。党内会出现悲观心理、疲劳情绪的问题，不仅要对我们大会、中央、中央局，还要对区党委、地委这些领导机关都讲清楚。从前我们党内有一个传统，就是讲不得困难，总说敌人是总崩溃，我们是伟大的胜利，是百分之百的布尔什维克！现在我们要有充分的信心估计到光明，也要有充分的信心估计到黑暗，把各方面都充分估计到。

第十一条，天灾流行，赤地千里。天灾是天不下雨，玉皇大帝不帮忙。最近得到报告，华北、华中很多地方都天旱。古人说过："艰难困苦，玉汝于成"。〔16〕艰难困苦给共产党以锻炼本领的机会，天灾是一件坏事，但是它里头含有好的因素，你要是没有碰到那个坏事，你就学不到对付那个坏事的本领，所以艰难困苦能使我们的事业成功。今年我们边区没有收成，这是一件大事。所以，我们要讲节省，从中央起都要讲节省，准备天灾流行，赤地千里。共产党有本领就是要在这种情况下打出一条生路来！华北、华中许多地方都要准备这一条。

第十二条，经济困难。有天灾经济是困难的，没有天灾经济也是困难的，所以我们要大力学做经济工作。我们曾经提出这样的口号——在两三年内学会做经济工作，要首长负责，亲自动手，克服困难。

第十三条，敌人兵力集中华北。有的同志问：日军退出华南、华中，把兵力统统撤到华北，怎么办呢？现在日本法西斯作战是寸土必争，看样子是不会撤的。但我们要把事情往坏一点想，即使长江流域的日军统统撤到华北，难道我们就呜呼哀哉了吗？中国抗战的局面是明年日本就要被打倒了，它横行不了多久了。敌人集中华北，提出和平妥协的条件，跟英、美讲和，假如这件事出现了怎么办？我们准备想各种办法对付之，这些办法大家想，中央也想。

第十四条，国民党实行暗杀阴谋，暗杀我们的负责同志。历史上有过这样的事，所以我们要有准备，以防万一。

第十五条，党的领导机关发生意见分歧。不要以为不会发生意见分歧，上述困难一来，许多情况出现，就可能产生党内意见的分歧，议论纷纷，莫衷一是，不满意等等。如果我们准备了，分歧就可能少一些，没有准备，分歧就可能多一些。

第十六条，国际无产阶级长期不援助我们。中国革命是长期的，由于各种情况的原因，国际无产阶级还没有来得及帮助我们，他们还料不到我们的困难来得这样早，就是料得到也没有办法，远水救不了近火。我们要做国际联络工作，做外交工作，很希望国际无产阶级和伟大的苏联帮助我们。但由于各种情况的原因而没有援助，我们怎样办？还是按照过去那样，全党团结起来，独立自主，克服困难，这就是我们的方针。

第十七条，其他意想不到的事。许多事情是意料不到的，但是一定要想到，尤其是我们的高级负责干部要有这种精神准备，准备对付非常的困难，对付非常的不利情况。这些，我们都要透彻地想好。

困难我讲了十七条，下面讲我们一定要胜利。

第一，暂时吃亏，最终胜利。这个原则是不会错的，全世界无产阶级吃亏都是暂时的，终久我们是要胜利的，马克思主义者要坚信这一条。

第二，此处失败，彼处胜利。中国革命的发展是不平衡的，此处吃亏，彼处胜利，东方不亮西方亮，黑了南方有北方，我们总有道路。

第三，一些人跑了，一些人来了。天要下雨，他硬要跑那有什么办法？就让他跑掉吧。党员中间的动摇分子，他们在革命热闹的时候来凑热闹，在困难的时候就跑了，要跑就跑，我们开欢送会。今天有一些人跑了，明天有一些不怕困难的人又来了，我们党二十四年的历史证明了这一点，我们说一定有许多的人会来的。

第四，一些人死了，一些人活着。天有不测风云，人有旦夕祸福。我们要准备一些人牺牲，但总有活着的人。这样大的党，这样大的民族，怕什么。

第五，经济困难就学会做经济工作。我们要感谢何应钦〔17〕，他不给八路军、新四军发饷，他这样一困，我们就提出了是解散，是饿死，还是自己动手搞生产的问题。解散不甘心，饿死不愿意，那剩下一条，就是首长负责，自己动手，发展生产，克服困难。

第六，克服天灾，太行有经验，共产党会捉蝗虫，这些经验很好。

第七，党内发生纠纷，这也是给我们上课，使我们获得锻炼。来一次大纠纷，就是一次大锻炼。毛铁炼成钢，是要经过无数次的敲打的。

第八，没有国际援助，学会自力更生。没有援助有一个好处，援助太多了也有一个坏处。在全世界无产阶级联合起来这个国际主义的原则下，要学会自力更生，准备没有援助。现在对中国共产党就是一个大考验，考验我们究竟成熟了没有，有本事没有。国际无产阶级的援助一定要来的，不然马克思主义就不灵了，不是只有外国援助我们，我们也援助外国。二十四年来我们是国际无产阶级的一支队伍，我们这个队伍的斗争就援助了外国无产阶级，也援助了苏联，国际无产阶级也一定会援助我们的。

三 党内若干思想政策问题

上面讲了国际国内形势，现在讲第三个问题，关于党内思想政策问题，这里面又包括若干个问题。

（一）领导问题

《解放日报》昨天发表了一篇苏联人华西里也夫写的文章，叫做《论科学的预见》。这篇文章我们很久以前就翻译过来了，这是在一九三九年第二次世界大战爆发以前几个月写的，所以文内没有讲到关于这次大战的情况，但是可以从中看到对于这次大战也有预见。

什么叫做领导？领导和预见有什么关系？预见就是预先看到前途趋向。如果没有预见，叫不叫领导？我说不叫领导。斯大林说：没有预见就不叫领导，为着领导必须预见。〔18〕整个人类在马克思主义产生以前对于社会的发展历来没有预见，或者没有很清楚的预见。例如原始社会变成奴隶社会，奴隶社会发生革命变成封建社会，封建社会又发生革命变成了资本主义社会，这些革命往往是自发的。资产阶级在自然科学方面有很多好的预见，但在社会科学方面还是盲目的。只有产生了马克思主义，才对社会发展有了预见，使人类对社会发展的认识达到了新的阶段。共产党是以马克思主义为思想基础的，它对于将来和前途看得清楚，对于社会各个阶级向什么方向发展也看得清楚。比如，我们中国有无产阶级、大资产阶级、中间阶级，我们能看清它们的前途。这三个阶级都在活动，尤其是在抗日战争快要胜利的时候，都在那里准备日本打垮以后干什么。去年九月召开的民主同盟代表会议，日前召开的国民党第六次全国代表大会，和正在召开的我们党的第七次全国代表大会，就是这种准备的体现。我们的文章，我们的大会文件，根据我们的预见，指出了中国人民将要走什么道路，并规定了我们的政策。没有预见就没有领导，这是斯大林讲的。坐在指挥台上，如果什么也看不见，就不能叫领导。坐在指挥台上，只看见地平线上已经出现的大量的普遍的东西，那是平平常常的，也不能算领导。只有当着还没有出现大量的明显的东西的时候，当桅杆顶刚刚露出的时候，就能看出这是要发展成为大量的普遍的东西，并能掌握住它，这才叫领导。人们通常看得见大东西，看不见小东西，但是有些大东西，也看不见。比如，大城市是一个大东西吧，国民党加帝国主义是大东西吧，可是我们就是看不见，总叫国民党是“总崩溃”。日本帝国主义也是一个大东西吧，但是我们也曾看错过，以为这个东西很容易打，很容易就可以把它赶走，于是产生轻敌观念、速胜论。陈独秀〔19〕那个时期，农民要土地，这是一个大东西吧，土地问题是一个大量的普遍存在的东西吧，但是那时候也看不见。凡是政策上犯错误的，一定是大东西看不见。小东西看不见，也会犯错误，但那只是一点一件的错误，牵涉的面不大，这种错误十个、八个也不是很关紧要的。当然，犯了这样的错误也不好，但毕竟不算大错误。凡是大的错误，就是对大量的普遍的东西看不到。所谓预见，不是指某种东西已经大量地普遍地在世界上出现了，在眼前出现了，这时才预见；而常常是要求看得更远，就是说在地平线上刚冒出来一点的时候，刚露出一点头的时候，还是小量的不普遍的时候，就能看见，就能看到它的将来的普遍意义。

我们这次大会提出注意大城市，注意东北，注意工人运动，就属于这种预见。现在还有很多同志对于这些问题感觉不到，因为现在我们还是在农村，还是在关内。大城市是一个大量的普遍的东西，东北四千万人口也是一个大东西，但是在今天来讲，还不是一个眼前的现实问题，还不容易注意到。现在我们大会就已经指出这是明天的事，是一个大量的有普遍意义的东西。我们在这个问题上，如果犯了错误就不得了。如果我们对于工业问题，对于大城市问题，对于经济问题，对于军队正规化问题，不能解决，那共产党就要灭亡。二十四年来，我们没有解决这些问题，再有二十四年还不解决，那就一定要灭亡。工业在人家手里，大城市在人家手里，机械化在人家手里，正规军在人家手里，我们都没有，过了四十八年还没有，那还不灭亡吗？我们要依靠老百姓，但总是吃小米，靠小米加步枪是不行的。不能设想，我们党永远没有大城市，没有工业，不掌握经济，没有正规军队，还能存在下去。马克思主义在中国不能解决这些问题，那马克思主义也就不灵了。其实，不能解决这些问题，就是因为没有采取马克思主义的立场、观点和方法，也就是没有马克思主义。所以，我们一定要解决这些问题。农民运动，我们比较会搞，工人运动就比较生疏了。我们党走过的路是这样的，从工人运动到农民运动，再到工人运动。过去我们是从工人运动起家的，从工人运动到农民运动，比如内战时期、抗战时期都是搞农民运动，将来我们要再转到搞工人运动，搞大工业，搞正规军队等。这就是我们的预见。为着领导，必须有预见。

盲目性是没有预见的，是妨碍预见的。教条主义、经验主义是不可能有预见的。而没有预见就没有领导，没有领导就没有胜利。因此，可以说没有预见就没有一切。无产阶级已经存在了几百年，但无产阶级成为自觉的阶级只不过几十年。一八四三年马克思创造了马克思主义，到一九〇三年整整六十年，地球上的俄国才产生一个无产阶级政党，叫做社会民主工党，社会民主工党内出了一个派别，叫做布尔什维克派，然后全人类才找到新的方向。六十年前人类就已经有了马克思主义，但是没有普及，没有去实现，六十年以后，才产生了这样一个派别，后来成为独立的马克思主义政党，在行动中去实现马克思主义。从一九〇三年到一九一四年，十一年后，世界上来了一次世界大战，一九一四年到一九一七年，又是三年，来了一个十月革命。一九〇三年到一九一七年，十四年，十月革命胜利了。没有一九〇三年在俄国出现布尔什维克派，没有布尔什维克在俄国革命中的活动，就没有十月革命。没有十月革命，我们中国会不会有共产党呢？当然中国大批的无产阶级产生了以后，总会产生党的，所以不能说不会产生共产党，但要拖到什么时候才能产生，就不知道了。一九〇三年产生了布尔什维克，一九一七年俄国十月革命胜利，就使得全世界历史改变了方向。一九二一年产生了中国共产党，中国就改变了方向，五千年的中国历史就改变了方向。我们共产党是中国历史上的任何其他政党都比不上的，它最有觉悟，最有预见，能够看清前途。

我们要提倡想问题。早几年前《新中华报》要我写几个字，我当时是有感而发，就写了两个字“多想”〔20〕。“多想”，就是说要开动脑筋。我们的同志过去不大想问题，这要怪过去的领导不提倡想问题。脑筋是“心之官”，是思想器官，这个器官专门做一项工作，就是“想”。孟子说“心之官则思”〔21〕，两千年以前他就规定了脑筋的任务。我们全党要提倡想问题。这次大会闭幕后，同志们回到各个地方去，要告诉每个同志，我们的脑筋要多想，想党内的各种问题，想阶级的问题，想国家的问题，想我们民族的问题，等等。遇到问题就分析一番，错了也不要紧，有错误就纠正。我们的同志见了面，不要只讲生活怎么样，不要把生活问题变成主要的话题。我们要提倡想各种问题，多思多想，开动机器，开动脑筋，还要放下包袱，精神解放，轻装前进。我们的同志们还要善于分析问题。我们党内过去有一个习惯，就是有一个固定的框子，无论做文章、讲话，都用这个框子去套。这个框子就是所谓党八股。我们要打破这个框子。马克思主义的精髓是对具体的问题作具体的分析，这是列宁讲的，我们恰恰缺乏这一点。所以，要提倡多想，这样就可以去掉盲目性，就可以对具体问题作具体分析。一个问题来了，一个人分析不了，就大家来交换意见，要造成交换意见的空气和作风。我这个人凡事没有办法的时候，就去问同志们，问老百姓。打仗也是这样。我们要善于跟同志们交谈。比如，《逼上梁山》就是一个集体创作，《三打祝家庄》也是一个集体创作，《白毛女》也是一个集体创作，让自己的功劳同大家共有，这有什么不好呢？《共产党宣言》就是马克思、恩格斯两个人合作写的。我们搞了一个《关于若干历史问题的决议》，又搞了一个政治报告，如果不是大家都来，一个人怎么能够搞得完全呢？首先要承认这一点，就是一个人搞不完全，要依靠大家来搞，这就是我们党的领导方法。要用这样的方法来启发同志的思想，去掉盲目性。

（二）民主集中制问题

关于这个问题，少奇同志讲得很好，放手的民主，高度的集中。我跟他交谈过，这是我们共同的意见，别的同志也赞成。我想可以叫做高度的民主，高度的集中。“放手”这两个字，还可以再斟酌一下，这是个程度的问题。我们党历来就讲民主，但是有些时候、有些地方不够民主。我们党历来也是讲集中的，但是有些时候、有些地方集中得不恰当或者集中不够。民主要有很高程度的民主，集中也要很高程度的集中，这两个东西有没有矛盾呢？有矛盾的，但是可以统一的，民主集中制就是这两个带着矛盾性的东西的统一。

要广开言路，打开窗户。封建专制时代还有那么几个开明的皇帝能广开言路，何况我们共产党呢？我们更要广开言路，打开窗户，不要怕打开窗户可能吹进沙子来。进来一点尘土，坏处有一点，但并不大，而开窗户透空气的利益却很大，我们要从这种利害关系上看这个问题。我们是干革命的，还怕民主？还怕人家发表意见？你说对了就可以说出一个正确的道理来，说错了也不要紧，说错了还可以让人知道一条错误的道理，所以要实行高度的民主。

同志们！我们党是最公平的，最讲道理的，大多数的人是公平的，大多数的人也知道要集中，他们也要求集中。我们党内的同志是有这个觉悟的，他们不会不懂得集中，也不会妨碍集中。当然，无政府主义、极端民主化的思想也是有的，那是小资产阶级的思想，我们要批评它，指出这些思想是不好的。现在我们的觉悟程度提高了，我们的领导干部、我们的同志懂得高度集中的必要了。我们不怕人家批评，我们是批不倒的，就是犯过路线错误的也不怕批评，也是批不倒的，只要有改正错误这一条就行。愈是不怕人家批评，愈是敢让人家讲话，给人家讲话的机会，人家的批评可能会愈少。我们要学会听闲话，我们长两个耳朵就要听闲话。我们的党员有意见要在组织里面讲，不许在组织外面讲，这是一个原则。但是还有在组织以外讲的，那是闲话，这也是事实。我不是提倡小广播，不是要大家在七大以后去大搞小广播，我是说小广播是存在的，哪一年也有一点，我们要去听，去收集材料。这些材料无非是两种：一种是错误的，一种是正确的。正确的收集起来，错误的也收集起来，都把它当作原料。我们现在是开工厂，七大就是开政治工厂，我们中央也是开政治工厂，这个工厂没有原料怎么行呢？原料贫乏制出的东西就不像样子，所以我们要收集原料。打开窗户就使原料有来源，我们还要登广告："知无不言，言无不尽；言者无罪，闻者足戒；有则改之，无则加勉。"登广告就是为了要收集原料，为了使我们的政治工厂的原料多一些，其中包括小广播这种原料在内。如果我们扩大民主，把小广播合法化，把"黑市"变成合法的，原料就会多起来。大家有意见，有气，就应该打开窗户，让他们把气出完，把意见都说出来。只有这样，才能团结同志，统一意志，集中意志，形成高度的集中。没有集中，就不能胜利，就要失败，就要被消灭，所以没有集中不行。但是我们要在高度民主的基础上，建立高度的集中。

（三）干部关系问题

这个问题的性质，现在是一个农民问题，将来是一个全国人民的问题。从内战时期开始到今天，这个问题的实质是一个农民问题。我在前面已经引用过列宁在一九二一年讲的关于布尔什维克党应同农民保持正确关系的一段话，这段话很重要。我看也可以用在中国共产党身上，如果中国共产党在十年至二十年之内，同农民有正确关系，那就可以保证中国革命在世界范围内的胜利，如若不然，我们就要忍受二十年至四十年的白色恐怖。无产阶级与无产阶级的先锋队共产党，如果同农民关系搞不好，那就会灭亡。

老干部与新干部，外来干部与本地干部，军队干部与地方干部的关系，其实质就是一个同农民的关系问题，现在如此，将来还要加上一个同城市人民的关系问题。我们三番五次地讲这个问题，远的不说，就讲一九四二年开始的整风提出的宗派主义倾向，就包括了外来干部与本地干部、军队干部与地方干部这些问题在内。这两个问题是带历史性质、普遍性质的问题，是历史的、普遍的问题，不是暂时的、个别的问题。了解这一点，我们就明白这个问题是从农业地区革命斗争中提出来的，因为我们长期活动在农业地区，因此是农业地区的长期的、普遍的问题，或者是历史的、普遍的问题。为什么是历史的问题呢？同志们想一想，内战时期苏区为什么垮台，路线问题当然是一个原因，但与这个问题也有关系的，就是对于当地人民总是不信任，外来人非常相信自己，因此使苏区垮台了。白区工作也是这样，"钦差大臣"一到哪个区域，那里的工作就跟着垮台。这个痛苦大不大？白区工作损失了百分之九十九点九，差不多全部光了；红军和苏区光了一大块，损失了百分之九十。剩下的太少了，但是质量更好，质量提高了。

军队干部与地方干部的关系问题，如果说在内战时期是有一个路线问题，那末在抗战时期总没有一个路线问题了吧，可是这个问题还是发生。华中、华北我没有去过，在边区我就亲自见过，我也亲手做了这样的事情，就是外来干部与本地干部、军队干部与地方干部的关系搞得不好。这个问题得出的教训深刻得很,因此值得提出来讲一下。一九三六年从窗户吹了一点风进来,有同志说:边区的人民只能创造苏区,不能当红军。检查一下,原来我们搞错了,先是对待红二十六军,后头是对待红二十七军。中央派到各县的人自称英雄,说什么我是二万五千里,你是什么?你是土包子,吃不开,只能创造苏区,不能当红军,这就引起本地人的不满。关于知识分子,我也讲一个例子。去年春节,杨家岭的秧歌队到安塞演出,正赶上安塞的劳动英雄开会,我们杨家岭的娃娃同志、青年同志和劳动英雄一起扭秧歌,这说明关系好了,我说从此天下太平了。从前躲飞机也不走一条路,现在在一起扭秧歌了。同志们!躲飞机这是要命的事,还分得这样清,不走一条路,可见这个问题的严重。军队里面也是一样,总是说地方对不起军队,提起这些事来,他们可以说出几十条。那个时候,我们就想说服,但是很难说服,这个问题要怪我们自己,因为没有系统地分析和系统地解决问题。系统地解决问题才叫做科学,不是系统的而是零碎的,就是正确的也不是科学的。一九四二年冬的高干会议〔22〕我们系统地解决了这个问题,所以就说服了同志们。高干会议以前,我们没有系统地说清楚这个问题,没有说服同志们,这个责任在我们。经济问题也是一样,也是一九四二年高干会议才系统地说明了。

现在高干会议已开过两年多了,军队与地方的关系、军民关系是不是彻底好了呢?我看还没有。在座的有许多是边区的军队同志与地方同志,我想大家得不出这样的结论。做这样的结论是有害的。说有很大的进步,这个结论是对的,但是还有很多地方不好，至少还需要一年到两年的努力才能解决。华北、华中、华南的军队与地方的关系，与地方的党和政府的关系，与地方干部的关系，也至少需要两三年的努力，并且要抓得很紧，才能解决。稍一抓得不紧就容易动摇，因为我们军队的同志两只耳朵经常听到的是地方对不起军队、老百姓对不起军队这些话。对这个问题，也要有系统的分析和系统的解决。在军队里头，有军事工作人员，有政治工作人员，有老干部，有新干部，有外来的，有本地的，都有一个同地方、同老百姓的关系问题。所以，军队的负责同志要下决心，首先是军分区的和军区的负责同志、团长以上各级负责同志要下决心，要看清楚这个问题，要解决这个问题。现在我们有一百万军队，将来要有几百万军队，我们能否胜利，就看我们能否团结中国的三万万六千万农民，实质就是这样一个问题。在这个问题上是容易经常动摇的，决心是不容易下的，所以我们就要坚持这个原则，经常说服我们的同志，一次说服不了，二次再说，要经常讲。要告诉大家应当怎样去做，多讲三大纪律八项注意。现在有许多事的确是地方也有不对的，如果不讲这一条，军队也不服气。但是，问题解决首先从哪里做起？首先应该从军队做起。军队又从哪里做起？首先从军区、军分区的主要负责人做起。要有坚定的原则，要多听地方同志的意见，因为地方同志的话你们很难听得到，他们也难得有机会讲。我就有这个经验，许多话就是从闲话中听到的。例如，说什么陕北人只能创造苏区不能当红军，为什么陕北红军不编一个师？说什么张国焘〔23〕学问好，毛泽东学问不好。说什么雷公为什么不打死毛泽东？这些都是闲话，对这些话我怎么看呢？为什么有人希望雷公打死我呢？当时我听到这个话是很吃惊的。说这个话的时间是一九四一年，地方是边区，那年边区公粮征收二十万石，还要运公盐六万驮，这一下把老百姓搞得相当苦，怨声载道，天怒人怨，这些事还不是毛泽东搞的？因为我也主张征收二十万石公粮，主张去运盐。当时不运盐也不行，但是运得久了就不好。这就迫使我们研究财政经济问题，下决心搞大生产运动，一九四二年公粮减少了，一九四三年也减少了，这就解决了问题。为什么说张国焘的学问比我好呢？就是因为批判张国焘路线把人家整苦了，抗大派去的十八岁娃娃当指导员，把什么都说成是张国焘路线，拿老百姓一个鸡蛋也是张国焘路线。三八五旅的旅部打电报给留守兵团司令部反映这些情况。我说再也不要整人家的张国焘路线了。那个张国焘路线好不好呢？我说当然不好。但三八五旅的同志他们从另一方面想，张国焘没有整他们的张国焘路线，毛泽东就整了他们的张国焘路线，所以张国焘的学问就好，毛泽东的学问就不好。我是不是也承认了这一条呢？我承认了这一条，必须要承认这一条。说雷公为什么不打死我是有原因的，说我的学问比张国焘差也是有原因的，要分析这些原因，要解决问题。

我们军队的同志，老干部是主要的骨干，这里强调“主要的”三个字。在将来，再过二三年，抗战初期入党的干部，有些就要参加到骨干中来了。现在有许多力量是抗战期间发展起来的，抗战以后的干部领导的，这是好事，但是主要的骨干还是老干部。现在北伐时期的干部不到一千人，内战时期的干部不到两万人，时间越长老干部就越少，新干部就越多，这是自然规律，后面的要接上来。军队是关系中国革命存亡的问题，我在《论联合政府》的报告里已经讲到了这一点，"没有一个人民的军队，便没有人民的一切"。在这个问题上老干部即抗战以前的干部担负着重要的责任，六中全会〔24〕时我就讲过，老干部是党的光荣，也是全民族的光荣。这个估价是很高的，这个估价是反映了人民的意见，也是全党的估价。老布尔什维克是领导的骨干，严格地说，我讲是重要的领导骨干。

所谓军队与地方的关系，就是我们的军队与农民的关系。忽略了这一点是不行的，就要犯错误，我们要毫不动摇地坚持这个原则，处理好这个问题。我们的军队每到一处地方，不管那个地方的老百姓对我们如何，地方党对我们怎么样，我们对他们都要采取帮助的态度，他们有缺点错误我们要采取原谅的态度。对于我们自己的队伍，我们每一个军分区、每一个军区应该采取更严肃的态度。对自己要严格一些，这样才是对的，应该如此，也必须如此，这样才能把我们的军队教育好。现在我们的很多部门、很多机关，距离我们的要求还差得很远，我们要承认这一点。我们是不是人民的军队呢？是，而且早已经是人民的军队了，这一点是不能否认的。但是，我们还有许多缺点，还需要加倍努力。

我们的军民关系，军队与地方的关系，首先是我们军队的负责同志应该说明这个问题。没有系统的说明，下面的干部战士就不信服，他觉得你说的总是老一套。所以，我今天要讲清楚这一条。少奇同志、总司令〔25〕已经讲了，要学会善于当骨干，就是说要善于当先生，要学会教授方法，这个教授方法要经常讲。要经常存一个心，就是总怕对不起地方，如果我们出了错误，就允许地方同志批评我们，我们应当采取这样的态度。说雷公为什么不打死我，我不怪说这个话的人，而怪我们自己征了二十万石公粮，因此我们是有责任的。于是，我们就研究财政经济问题，只有从这方面才能解决问题，不然有一天雷公就真会打死我了。整风前延安出了《野百合花》，是王实味〔26〕写的。为什么出了这篇东西呢？就是因为我们缺少吃的东西，营养不够打瞌睡，缺少维他命，因此他就有了资本。现在就没有《野百合花》了，不单是因为经过整风，而且因为物质条件也好了。我在西北局同高岗〔27〕同志谈过这个问题，我说我们要答复王实味的《野百合花》，要从物质上来答复，用发展经济、丰衣足食来答复他。我当了几十年共产党员，过去没有学会搞经济这一条，没有学会就要承认，现在就要学。陈云〔28〕同志讲，进了城市不要打烂机器，这就有一个学习问题，不学会还是要打烂的。抓到机器、抓到工业以后怎么办？这不是一件容易的事情，是一个重要的问题。我们没有学会的东西还多得很。

在干部问题上我还要简单补充几句，就是所有干部一样的光荣。各个方面军，各个军团，各个军队，都一样的光荣。在沦陷区、国民党统治区工作的同志，在解放区工作的同志，都一样的光荣。军事工作、政权工作、经济工作、党务工作、文化工作，从事这五大门工作的同志，也是一样的光荣。不能说某些部分特别光荣，另外一部分就不光荣。过去我们有盲目性，做过一些不好的事情。在这个问题上，一个长期的严重的教训是什么呢？就是要承认各个部分都是一样的光荣，对于各个部分都要加以照顾，不要有一点态度不好，欺负任何一个部分，看轻任何一个部分。在这方面，凡是过去搞得不对的都要承认错误。今天，当着大会代表们的面我再讲这样几句，就是凡是我们做的对不起人的事情，不论是我亲自做的还是别的同志做的，都应该承认错误，并且加以改正。军队的同志，地方的同志，凡是过去我们没有搞好的，估价不适当的，让你们怄了气的，我们都应该承认错误，修正错误。

还有技术干部，上一次我讲的时候漏掉了，今天补充一下。有各种技术工作干部，例如做通讯方面和经济方面带有技术性工作的干部，对做各种技术工作的同志，不论是军队里面的、政府里面的、党组织里面的，我们都要尊重他们，承认他们有功劳，全党同志要看得起他们，过去在政治待遇上搞得不好，今后要搞好。

（四）整风、审干、锄奸问题

这次整风、审干、锄奸工作是有成绩的。有没有缺点错误？有。我是党校校长，整风在党校老一部得到的成绩相当大，但也有缺点与错误；第二部搞得比较好，进步了。以后整风要照第二部的方法，照这种进步的方法去办。

审干中搞错了许多人，这很不好，使得有些同志心里很难过，我们也很难过。所谓“一人向隅，满座为之不欢”。我们是与天下人共欢乐的。对搞错的同志，应该向他们赔不是，首先我在这个大会上向他们赔不是。在哪个地方搞错了，就在哪个地方赔不是。为什么搞错了呢？应该是少而精，因为特务本来是少少的，方法应该是精精的而不是粗粗的，但我们搞的却是多而粗，错误就是在这个地方。当着潮流起来的时候，没有例外地觉得特务相当的多，进入甄别阶段以后又觉得很少。还有，被认为是特务的多数不是特务。对这个问题，过去不大了解，审干以后才知道的。所以关于特务，从前的估计是“瞎子摸鱼”，究竟有多少并不知道，现在知道了只是极少数。

多年来，我们就搞过这项工作，比如内战时期，我就打过AB团〔29〕。在红四军党的第九次代表大会决议案上，规定有一条叫“废止肉刑”。从理论上讲，资产阶级民主主义就主张废止肉刑，那末我们无产阶级的共产党就更应该废止肉刑，封建主义才采取肉刑。一九二九年十二月作了这个决议，一九三〇年一二月就打AB团，我们讲不要搞肉刑，结果还是搞了。那时候杀了许多人，应该肯定地说，许多人都杀错了。后来我们作了总结，重申废止肉刑，不要轻信口供。因为不废止肉刑，轻信口供，就要出乱子，一打一逼就供，一供就信，一信就搞坏了。

内战时期，在肃反问题上，我们走过了一段痛苦的弯路，有这样一个错误的侧面。当然我们不应从根本上否定反对反革命，反对反革命是应该的。但是，在当着共产党还没有成熟的时候，在肃反问题上搞错了很多人，走过这样一段弯路，包括我自己在内。抗战时期，出了湖西肃反的错误〔30〕，在延安又来了这样一个“抢救运动”〔31〕。我看，延安犯的这个错误非同小可，因为延安是有全国影响的。犯了错误，也有好的方面，我现在就讲好的这个方面。在肃反问题上前前后后都犯过错误，打仗也打过许多败仗，这样的政策、那样的政策，也碰过许多钉子。凡是错误认识了，纠正了，就取得了经验，就会变成好武器。这个犯错误的经验，抓到我们手里来，同样也非同小可。

中央在这里，党校在这里，七大在这里开，这个问题解决了，中华民族就胜利了。所以犯了错误不可怕，要把错误抓到手里，变作经验，当作武器。对搞错了的同志，要向他们赔不是。

现在还有没有宗派主义呢？我听见有一个同志说：没有宗派主义了。这个问题应该如何看？我认为，主观上不要忙于否认有宗派主义，有没有宗派主义，要以客观事实来证明，要在将来工作中来证明，主观上否认，效果很小，不能解决问题。有人要求在党章上加一条："保障党员的政治生命。"同志们不要小看这个问题，它反映了在审查干部中有的同志受冤屈。我们一定要引以为戒，把这一条当作教训，当作武器，这样就有用处。

在审干中间，提出一个不杀、大部不捉，九条方针〔32〕并不是一开始就发明出来的，而是经过几个月情况的反映，逐渐积累才搞出来的。废止肉刑，不轻信口供，再加上九条方针，一个不杀、大部不捉，乱子就出不来了。但是这九条方针没有完全贯彻下去，以致有很多人不知道。

在目前，同志们还要警戒自由主义的危险，严肃性是必要的。在这次审干中有很大的成绩，不说清楚这一条，是不好的。列宁在《无产阶级革命和叛徒考茨基》那本书上说：被推翻了的阶级，一定要报复，搞复辟。这件事，将来会要证明的。过去我们没有经过那种危险，如果注意这一条，提高警惕性，警戒自由主义，危险就可能减少。不然，将来要吃大亏的。我们党内有两种情绪，一种是过火的情绪，潮流一来，就是急急忙忙地搞，搞逼、供、信，结果搞错了；另一种是自由主义，熟视无睹，这种情绪也是不对的，要克服的。

（五）准备转变问题

由农村转变到城市，由游击战转变到正规战，由减租减息转变到耕者有其田，这些都是民主革命阶段中因形势变化而产生的。对各方面的转变，我们要作准备，某些方面也已经有了准备。有些同志让我解释一下将来如何转变，我想现在不用多讲，就是按实际情况去学习，去准备。比如，我们可能要集中二十到三十个旅，用新式武器装备起来，去打大城市，这也要有准备，具体的步骤交给中央军委去办。各位同志回去后要告诉各个地方，就是要开始准备，这个问题朱总司令已经讲了很多。到城市去是一个极大的问题，我们七大现在只能提出这样的问题，要在精神上作准备。现在可以做的具体的工作，就是派人去或者调人来训练，或者再多派一点人去训练地下军。把日本赶走以后，我们如果占领了城市，首先要搞吃饭、穿衣的问题。在座的将军们，如果你们搞到北京，没有煤炭烧，搞到上海，没有饭吃，火车不能开，电车不能开，怎么行呢？因此，现在我们要有这种精神准备。

还要强调一点，就是工人运动的重要性，七大已经提出了这个问题。对于过去做过工人运动的同志，我们要很好地注意他们，培养他们。有了大城市，整个情况就会起大的变化，今天还没有这个变化，我们还觉不出来。这个变化是很大的，因此要加以注意。

再就是东北的问题。东北是一个极其重要的区域，将来有可能在我们的领导下。如果东北能在我们领导之下，那对中国革命有什么意义呢？我看可以这样说，我们的胜利就有了基础，也就是说确定了我们的胜利。现在我们这样一点根据地，被敌人分割得相当分散，各个山头、各个根据地都是不巩固的，没有工业，有灭亡的危险。所以，我们要争城市，要争那么一个整块的地方。如果我们有了一大块整个的根据地，包括东北在内，就全国范围来说，中国革命的胜利就有了基础，有了坚固的基础。现在有没有基础呢？有基础，但是还不巩固，因为我们没有工业，没有重工业，没有机械化的军队。如果我们有了东北，大城市和根据地打成一片，那末，我们在全国的胜利，就有了巩固的基础了。

（六）关于政治路线

我们大会给了我们一个检查全国工作的武器，有了这个武器，我们就可以检查全国的各种工作。

关于政治路线问题是不是可以这样说几句：在八年抗战中，就八年时间与全国范围来说，路线是正确的，这是第一。第二，就某些地方、某些时间、某些部门、某些同志来说，是有过错误的。我这里不讲错误的大、中、小，也不讲或者是路线的，或者是严重的原则的，或者是个别问题上的，所有这些错误都在内。第一、第二这两方面合起来就完全了，忽略了哪一方面都是不对的。

（七）关于军事路线

这个问题朱总司令讲得很好。也可以照上面的方法来讲，就是就八年时间与全国范围来说，路线是正确的，但在某些时间、某些地方、某些部门、某些同志来说，是有错误的。这个“某些”究竟是指哪些，今天说不清楚，还要大家研究。

（八）我们党能不能领导大地主、大资产阶级？

这个问题我想要看情况来决定，或者能领导，或者不能领导，有时候能领导，有时候不能领导。比如对德国的大资产阶级和希特勒就不能领导，又如对汪精卫就不能领导，他们要打倒我们，你还能去领导他们？对蒋介石来说也要按情况来决定，他在抗战初期有过进步，如果说是因为我们将了他的军，那也是对的。这是叫领导还是叫影响呢？我说这是叫影响，我们对于他有了影响。但是后来他就闹别扭，开了一个五中全会，要消灭我们，这就不能说是我们去领导他。所以，要看情况来决定。斯大林在《论列宁主义基础》一文中曾经讲到，阿富汗的国王是维护封建制度的，但他为阿富汗的独立而进行的反对帝国主义的斗争，在客观上是革命的斗争；埃及的商人和资产阶级知识分子为埃及独立而进行的斗争，也同样在客观上是革命的斗争。在反对帝国主义的时代，大资产阶级与大地主阶级也可以成为无产阶级的同盟军。我们在反对日本帝国主义的斗争中，大资产阶级与大地主阶级可以成为我们的同盟军，有些时候就在我们的领导下。

无产阶级的领导权主要的不是对大资产阶级和大地主阶级，而是对农民和小资产阶级。我们要把农民、小资产阶级从大资产阶级、大地主阶级的影响下解放出来，放在我们的领导之下。

“共同领导”这个提法怎么样？我说不在于如何说，而在于如何做。比如现在的旧金山会议，哪个会出来说我领导你们，谁也不会讲这句话，还不是说五大国共同领导。克里米亚会议也是三大国共同领导。所以不在话怎样说，而是要看怎样做，领导者怎样领导。从前同孙中山合作时，我们说在孙中山领导之下，其实是共同领导。抗战初期，我们说在蒋委员长领导下抗战到底，这个话错了没有呢？我说没有错。因为要打日本，就要有个头子，中国当时的头子就是蒋介石，他有那么多军队，外国也承认他。但是他后来要反共，这句话我们就少讲了，以至于不讲了，改为要建立一个联合政府，把他那个政府改组一下。如果说共同领导，那就是你领导你那一堆子，领导中央军；我们就领导八路军、新四军，领导广大人民，放手发动群众，壮大人民力量。但是，过去所谓的“共同领导”，实际上只是国民党一党领导，问题就在这里。

（九）国共两党谈判还有没有希望？

我们从来是主张要谈的，七大的文件上也规定了要谈，至于谈拢的希望是一丝一毫也没有。但现在我们还不向全国人民宣布,因为一宣布,下文必然就是要打倒蒋介石。我们说现在可能性总还有一点,这一点我们也不放弃,就是在没有破裂以前还要谈判。我们总是要求蒋介石洗脸、改造,如果有一天他变成大花脸,发动内战,那时我们党就要号召全国人民起来打倒蒋介石。现在我们还是极力阻止内战,在一定的条件下不拒绝跟他谈判,情况就是这样。

成立联合政府有没有希望?我们要尽量争取。将来如果能成立解放区人民联合会,还是要打电报请他组织联合政府。我们总是请,但他总是不出来,就像新媳妇一样不肯上轿。那怎么办呢?你不出来我们就请,你还不出来我们就再请,在没有全面破裂以前我们还是要请,明天早晨破裂,今天晚上我们也还要请。

(十)关于中国人民解放联合会

我们的文件上说,要召集解放区人民代表会议〔33〕,这个会议一开,就要搞一个中国人民解放联合会,或者叫解放区人民联合会。中国要解放,所以叫解放联合会。它是不是一个政权机关呢?我们已经打了电报告诉各地,这不是第二个中央政府,和内战时期我们成立的苏维埃中央政府不同,和那时组织苏维埃中央政府的情形也不同。它的名称不叫政府,叫解放联合会。它是不是有政权机关的性质?我们说他有发号施令的职权,是带有政权机关性质的,是为了联合各解放区而奋斗的过渡时期的组织形式。什么时候召集呢?大概在十一月份。

这里还要讲一个党外合作的问题。全党要注意同党外人士的合作，并且要加强这个合作，使我们能联合更多的人，联合得更好。统一战线是一门专门科学，我们党内有很多人还没有学会，很多人不善于同党外人士合作，我们要学会这一门科学。

（十一）党性与个性问题

这是普遍性与差别性的问题，集体与个人关系的问题。在我们党内，在我们解放区，人民有了比较充分的自由，有独立性和个性。而在封建制度下，人民是没有人格、没有自由、没有独立性、没有个性的。马克思说："在资产阶级社会里，资本具有独立性和个性，而活着的个人却没有独立性和个性。"〔34〕在中国的封建制度下，广大人民也没有独立性和个性，原因是他们没有财产。独立性、个性、人格是一个意义的东西，这是财产所有权的产物。中国的地主阶级、资产阶级有财产所有权，他们使大批的人破产，使农民和小资产阶级破产，财产集中在他们手里，他们自己就有独立性、个性、自由，而广大人民丧失了财产所有权，也就没有个性、独立性、自由，或者是削弱了。因此要恢复他们的个性，就要进行革命斗争，比如我们组织工会，在资本家的工厂里把工人组织起来，在解放区搞减租减息，建立人民的武装和政权，这就使人民有了个性、自由和人格。至于我们党，它本来就是人民的一部分，当然不会使工人、知识分子、农民出身的党员没有人格。人民有人格，我们党也就有，人民都没有，我们党哪里会有呢？我们要向党员进行教育，使他们自觉，懂得社会上还有很多人没有人格，没有自由，要为他们的自由而奋斗。在我们党领导的解放区，不仅社会上的人都有人格、独立性和自由，而且在我们党的教育下，更发展了他们的人格、独立性和自由。这个问题，马克思在《共产党宣言》里讲得很清楚，他说："每个人的自由发展是一切人的自由发展的条件。"不能设想每个人不能发展，而社会有发展，同样不能设想我们党有党性，而每个党员没有个性，都是木头，一百二十万党员就是一百二十万块木头。这里我记起了龚自珍〔35〕写的两句诗："我劝天公重抖擞，不拘一格降人才。"在我们党内，我想这样讲："我劝马列重抖擞，不拘一格降人才。"不要使我们的党员成了纸糊泥塑的人，什么都是一样的，那就不好了。其实人有各种各样的，只要他服从党纲、党章、党的决议，在这个大原则下，大家发挥能力就行了。讲清楚这一点，对于党的进步，对于全体党员积极性的发挥是会有好处的。

有两种个性，即创造性的个性和破坏性的个性。对我们党来说是如此，对社会来说也是如此。创造性的个性是什么呢？比如模范工作者、特等射击手、发明家、能独立工作的干部，不但党外斗争有勇气，党内斗争也有勇气，盲目性少，不随声附和，搞清楚情况再举手，这就是创造性的个性，它同党性是完全一致的，完全统一的。另一种个性，是带破坏性的、个人主义的，把个人利益放在第一位，搞所谓标新立异。其实标新立异也有两种：一种是革命的标新立异，比如模范工作者、劳动英雄、发明家，他们提出很多好的意见，比许多人工作更进步，这一种是创造性的革命性的标新立异。另一种是破坏性的标新立异，它越出了无产阶级轨道，同党性不一致，是小资产阶级的方针、路线和政策，是错误的。马克思讲的独立性和个性，也是有两种，有革命的独立性和个性，有反动的独立性和个性。而一致的行动，一致的意见，集体主义，就是党性。我们要使许多自觉的个性集中起来，对一定的问题、一定的事情采取一致的行动、一致的意见，有统一的意志，这是我们的党性所要求的。有些人所谓的发展个性就是说，我们拥护新民主主义，就必须有另外一批人反对新民主主义，才算是发展个性；我们主张打日本，就一定要有另外一批人反对打日本，才算是发展个性；我们反对汪精卫，就一定要有一批人拥护汪精卫，才算是发展个性。这种发展个性，是我们坚决反对的。

在党性与个性问题上，整风中有党性，也有个性；生产工作中有党性，也有个性；军事工作中有党性，也有个性；政府工作中有党性，也有个性；任何一项凡是我们要做的工作和事情中都有党性，也有个性。这种个性必须是与党性统一的。

（十二）理论工作问题

对外国党和共产国际的经验，我们都要吸收，这个问题上次已经讲过。加强理论学习至少要读五本书，我向大家推荐这五本书：《共产党宣言》、《社会主义从空想到科学的发展》、《在民主革命中社会民主党的两个策略》〔36〕、《共产主义运动中的“左派”幼稚病》、《联共（布）党史简明教程》，这里马、恩、列、斯的都有了。如果有五千人到一万人读过了，并且有大体的了解，那就很好，很有益处。我们可以把这五本书装在干粮袋里，打完仗后，就读他一遍或者看他一两句，没有味道就放起来，有味道就多看几句，七看八看就看出味道来了。一年看不通看两年，如果两年看一遍，十年就可以看五遍，每看一遍在后面记上日子，某年某月某日看的。这个方法可以在各个地方介绍一下，我们不搞多了，只搞五本试试。我们还应经常注意报纸上刊登的外国党的宣言、纲领一类文章，看他们做些什么事情。过去共产国际对中国无产阶级、中国人民有很大的帮助，帮助中国无产阶级创造了中国共产党，有过很大的功劳，共产国际解散时我们党的决定上说到了这一点。

教条主义是哪里来的？是不是从马、恩、列、斯那里来的？不是的。他们经常在著作里提醒我们，说他们的学说是行动的指南，是武器，不是教条。人家讲的不是教条，我们读后变成了教条，这是因为我们没有读通，不会读，我们能责备他们吗？许多人不重视理论工作，似乎这个工作不要紧。对理论工作看法的动摇是不对的。我们对搞翻译工作的、写理论文章的人要看得起，应多和他们谈谈。没有搞翻译工作的我们就看不懂外国的书，他们翻译外国的书，很有功劳，即使一生一世只翻译了一本书，也是有功劳的。别人不重视这个工作的思想，是不好的；做这个工作的同志自己对这个工作的认识也有动摇，这同样是不好的。有的人曾不止一次地要求改行，说做这个工作吃不开，要求做别的工作。不要轻视搞翻译的同志，如果不搞一点外国的东西，中国哪晓得什么是马列主义？中国历史上也有翻译工作，唐僧就是一个大翻译家，他取经回来后设翻译馆，就翻译佛经。《鲁迅全集》开卷第一页，有蔡元培〔37〕写的一篇序，其中有几句写得不错。他说鲁迅是一个既博览又很谦虚的人，翻译了许多外国文学家的作品，翻译的作品占了他的全集的一半。所以，轻视这个工作和对这个工作的动摇都是不对的。

（十三）实事求是问题

第一，我们的阵地只能一个一个地夺取，我们的力量只能一点一点地聚集，这是一个实事求是的问题。二十四年的经验证明：想一手抓一个天下是抓不到的，土地是一寸一寸地争来的，叫作“寸土必争”。我们的敌手，日本人和蒋介石，对我们也是寸土必争。我们的枪是一支一支地增加，地方是一小点一小点地扩大，然后合起来就壮大了，就可以夺取天下。我们应当是现实主义的，当然是革命的现实主义，有理想的现实主义。斯大林告诉我们，要学习美国人的实际精神，还要有俄国人的革命气概，把二者结合起来。我们要以科学的精神、革命的现实主义，切切实实、一点一滴、一个一个地夺取敌人的阵地，这样才是比较巩固的。

第二，我们这次大会强调团结精神，就是要在一个原则下团结起来，在正确路线的基础上团结起来，是头脑清醒的团结，不是盲目的团结。同志们！我多次讲愚公移山的故事〔38〕，就是要大家学习愚公的精神，我们要把中国反革命的山挖掉！把日本帝国主义这个山挖掉！

中国民族解放万岁！

中国共产党万岁！

中国共产党第七次全国代表大会万岁！

根据中央档案馆保存的讲话记录稿刊印。

注　　释

〔1〕一九二六年三月十八日，黄埔军校驻省（指广东省会广州）办事处主任欧阳钟声称“奉蒋校长的命令”，通知海军局代局长、共产党员李之龙，速派有战斗力的军舰到黄埔听候调遣。当李之龙派中山舰开到黄埔后，立刻谣言蜂起。三月二十日，蒋介石谎称中山舰要炮轰黄埔，共产党要暴动，宣布在广州实行紧急戒严，逮捕李之龙，监视和软禁大批共产党人，解除省港罢工委员会的工人纠察队的武装，包围苏联领事馆，监视苏联顾问。这就是所谓中山舰事件。

〔2〕汪精卫，大革命时期曾任国民党中央执行委员会常委、国民政府主席。初期以“左派领袖”面目出现，但随着革命形势的发展，其限制工农运动、反对共产党的面目逐渐暴露。一九二七年七月十五日，汪精卫等控制的武汉国民党中央召开会议，作出“分共”决定，公开宣布同共产党决裂。抗日战争爆发后，任国民党国防最高会议副主席、国民党副总裁 一九三八年十二月公开投降日本帝国主义，后任日本帝国主义扶植的南京伪“国民政府”主席。

〔3〕指在中国共产党第七次全国代表大会上，毛泽东所作的《论联合政府》政治报告、朱德所作的《论解放区战场》军事报告和刘少奇所作的《关于修改党章的报告》。

〔4〕旧金山会议，见本卷第352页注〔12〕。

〔5〕克里米亚会议，见本卷第268页注〔2〕。

〔6〕莫洛托夫（一八九〇——一九八六），当时任苏联人民委员会第一副主席兼外交人民委员，是参加旧金山会议的苏联代表。

〔7〕见列宁《〈论粮食税〉的几个提纲》。新的译文是：“只要在10—20年内和农民保持正常的关系，就能保证全世界范围内的胜利（甚至在日益发展的各国无产阶级革命推迟爆发的情况下），否则就会遭到20—40年白卫恐怖的苦难。”（《列宁全集》第41卷，人民出版社1986年版，第378页）。

〔8〕斯大林格勒，即今伏尔加格勒。

〔9〕丘吉尔，当时任英国内阁首相。

〔10〕张伯伦（一八六九——一九四〇），英国保守党领袖，一九三七年至一九四〇年任英国内阁首相。他推行纵容法西斯侵略的绥靖政策，主张迁就德、意、日

法西斯入侵中国、埃塞俄比亚、西班牙、奥地利和捷克斯洛伐克等国家的“既成事实”，实行妥协。

〔**11**〕一九四五年五月三十日、三十一日《解放日报》分别发表新华社评论《国民党第六次全国代表大会》和该报社论《评国民党大会各文件》。

〔**12**〕阎锡山（一八八三——一九六〇），山西五台河边村（今属定襄）人，长期统治山西的地方军阀。当时任国民党军第二战区司令长官。

〔**13**〕斯科比，见本卷第353页注〔19〕。

〔**14**〕城濮在今山东鄄城县西南。公元前六三二年，晋、楚两国大战于此。战争开始，楚军占优势。晋文公令晋军退却九十里，到达城濮一带，先选择楚军力量薄弱的右翼，给以严重打击，再集中优势兵力，击溃楚军的左翼，楚军终于大败而退。

〔**15**〕胡宗南，当时任国民党军第一战区代司令长官。

〔**16**〕语义出自宋代张载《西铭》：“富贵福泽将厚吾之生也，贫贱忧戚庸玉汝于成也。”

〔**17**〕何应钦（一八九〇——一九八七），贵州兴义人。抗日战争时期任国民党政府军事委员会参谋总长兼军政部部长。

〔**18**〕见斯大林《关于中央委员会和中央监察委员会四月联席全会的工作》。原文是：“掌着舵，睁着眼，但是当某种灾难临头之前，竟什么也看不到，——这不能算是领导。布尔什维主义不是这样理解领导的。要领导就应当有预见。而预见，同志们，不是什么时候都容易做到的。”（《斯大林全集》第11卷，人民出版社1955年版，第32页）

〔**19**〕陈独秀，见本卷第101页注〔8〕。

〔**20**〕见一九三九年二月七日《新中华报》。

〔**21**〕见《孟子·告子上》。

〔**22**〕指中共中央西北局一九四二年十月十九日至一九四三年一月十四日在延安召开的高级干部会议。

〔**23**〕张国焘，见本卷第101页注〔7〕。

〔**24**〕六中全会，见本卷第143页注〔4〕。

〔**25**〕指朱德。

〔**26**〕王实味，见本卷第286页注〔11〕。

〔**27**〕高岗，当时任中共中央西北局书记。

〔**28**〕陈云，当时任中共中央政治局委员、西北局委员、西北财政经济办事处副主任兼政治部主任。

〔**29**〕AB团是一九二六年底在江西南昌成立的以反共为目的的国民党右派组织，存在时间不长。一九三〇年五月起，赣西南根据地内开展了所谓肃清AB团的斗争。斗争不断扩大，严重混淆了敌我矛盾。

〔**30**〕湖西地区即微山湖以西江苏、山东、河南三省交界地区，又称苏鲁豫边区。一九三九年八月至十一月间，边区内错误地开展肃托斗争，许多党、政、军干部被诬为“托派分子”，先后被逮捕，受审查，有的被错杀，整个边区的党组织一度陷于瘫痪，给革命事业造成了极其严重的损失。这是一起重大历史冤案，一九四〇年至一九四五年，中共中央、中共中央山东分局曾先后作过多次处理。一九八三年十二月，经中共中央批准，予以彻底平反。

〔**31**〕“抢救运动”，见本卷第157页注〔10〕。

〔**32**〕九条方针，见本卷第35页。

〔**33**〕解放区人民代表会议，见本卷第354页注〔31〕。

〔**34**〕见马克思、恩格斯《共产党宣言》（《马克思恩格斯选集》第1卷，人民出版社1972年版，第266页）。

〔**35**〕龚自珍（一七九二——一八四一），浙江仁和（今杭州）人，清朝思想家、文学家和诗人。“我劝天公重抖擞，不拘一格降人才”两句诗，见龚自珍《己亥杂诗·九州生气恃风雷》。

〔**36**〕今译名为《社会民主党在民主革命中的两种策略》。

〔**37**〕蔡元培（一八六八——一九四〇），浙江绍兴人，中国民主革命家、教育家。一九一六年出任北京大学校长。一九二八年任中央研究院院长。一九三一年九一八事变后主张抗日，同宋庆龄、鲁迅等发起组织中国民权保障同盟，任副主席。曾为复社一九三八年出版的《鲁迅全集》作《鲁迅先生全集序》。

〔**38**〕见《列子·汤问》。

关于第七届
候补中央委员选举问题〔1〕

（一九四五年六月十日）

一、今天进行候补中央委员的选举，同志们不要以为选的是候补中央委员，就可以马虎一些。这个选举的意义也是很重大的，因为我们大会所要选出的候补中央委员名额不少，有三十四名；他们也参加中央的工作，参加中央委员会的会议，有发言权，可以提出意见；当正式中央委员出缺时，要由他们递补。如果八大推迟不能如期召开的话，那末候补中央委员的作用会更大。所以，希望大家重视这个选举。

在昨天选举正式中央委员之后，有一位同志写信给主席团说，希望注意选举，要选能执行大会路线的同志到中央来。这个方针，主席团已经提出过了，我在这里也代表主席团做过报告，各个代表团也讨论酝酿了好几天，昨天同志们选正式中央委员就是按照这个方针选举的。那末，为什么这位同志在昨天选举之后还要提出这个意见呢？他的意思是说，有些候选人并不知名，甚至在某些方面还有若干缺点和错误，但是在长时期中证明他是能够执行大会路线的，我们不要因为他不知名甚至有若干缺点错误而不选他。我认为这位同志的意见是很好的，代表了大多数同志的意见。

二、在昨天的选举中，王稼祥[2]同志得了二百零四票，不足半数，没有当选。关于这个问题，我要在这里说几句话。

王稼祥同志是犯过错误的，在四中全会[3]前后犯过路线错误，此后也犯过若干错误。但是，他是有功劳的。他的功劳主要有这样几件：

第一，四中全会以后，中央派了一个代表团到中央苏区。代表团有三个人，任弼时[4]同志、王稼祥同志、顾作霖[5]同志。第一次反"围剿"结束后，他们就来了。王稼祥同志参加了第二、第三、第四次反"围剿"的战争。在当时，我们感觉到如果没有代表团，特别是任弼时、王稼祥同志赞助我们，反对"削萝卜"的主张就不会那样顺利。所谓"削萝卜"，就是主张不打，开步走，走到什么地方碰到一个"小萝卜"，就削它一下。那时，我们主张跟敌人打，钻到敌人中间去，寻找敌人的弱点，打击敌人。主张"削萝卜"的人反对我们，说我们的办法是"钻牛角"。当时，如果没有代表团，特别是王稼祥同志，赞助我们、信任我们——我和总司令[6]，那是相当困难的。虽然以后在苏区的两个大会上，即中央苏区党代表大会和苏维埃第一次代表大会上，王稼祥同志是有错误的，但上面所说的那一点，却是他的功劳。王稼祥同志是在第四次反"围剿"末期负伤的。

第二，大家学习党史，学习路线，知道中国共产党历史上有两个重要关键的会议。一次是一九三五年一月的遵义会议[7]，一次是一九三八年的六中全会[8]。

遵义会议是一个关键，对中国革命的影响非常之大。但是，大家要知道，如果没有洛甫[9]、王稼祥两位同志从第三次“左”倾路线分化出来，就不可能开好遵义会议。同志们把好的账放在我的名下，但绝不能忘记他们两个人。当然，遵义会议参加者还有好多别的同志，酝酿也很久，没有那些同志参加和赞成，光他们两个人也不行；但是，他们两个人是从第三次“左”倾路线分化出来的，作用很大。从长征一开始，王稼祥同志就开始反对第三次“左”倾路线了。

遵义会议以后，中央的领导路线是正确的，但中间也遭过波折。抗战初期，十二月会议[10]就是一次波折。十二月会议的情形，如果继续下去，那将怎么样呢？有人说他奉共产国际命令回国，国内搞得不好，需要有一个新的方针。所谓新的方针，主要是在两个问题上，就是统一战线问题和战争问题。在统一战线问题上，是要独立自主还是不要或减弱独立自主；在战争问题上，是独立自主的山地游击战还是运动战。六中全会是决定中国之命运的。六中全会以前虽然有些著作，如《论持久战》，但是如果没有共产国际指示，六中全会还是很难解决问题的。共产国际指示就是王稼祥同志在苏联养病后回国带回来的，由王稼祥同志传达的。

第三，此后，王稼祥同志就一直在中央工作。虽然他在工作中也有缺点，如在政治工作中就有很大缺点，但是他也做了很多好事，如一九三九年关于巩固党的决定，一九四一年关于增强党性的决定，一九四二年关于党的领导一元化的决定、对待原四方面军干部态度问题的指示及建军的四号指示等，都是他起草的。增强党性的决定是他与王若飞[11]同志合作，在他领导之下起草的；建军的四号指示是他与叶剑英[12]同志合作，在他领导之下起草的。

至于他有些缺点，如对干部的关系，这是大家知道的。但上面这些是大家不大知道的，是中央内部的事，我今天在这里必须讲一讲。

他虽然犯过路线错误，也有缺点，但他是有功的。他现在病中，他的病也是在第四次反“围剿”中负伤而起的。他这次写给我的信〔13〕，已印发给大家看了，有的同志说写得太简单，但是他的确是考虑很久才下决心写的。

我认为他是能够执行大会路线的，而且从过去看，在四中全会后第三次“左”倾路线正在高涨时，在遵义会议时，在六中全会时，也都可以证明这一点。

昨天选举正式中央委员，他没有当选，所以主席团把他作为候补中央委员的第一名候选人，希望大家选他。

三、关于东北问题，我觉得这次要有东北地区的同志当选才好。东北是很重要的，从我们党，从中国革命的最近将来的前途看，东北是特别重要的。如果我们把现有的一切根据地都丢了，只要我们有了东北，那末中国革命就有了巩固的基础。当然，其他根据地没有丢，我们又有了东北，中国革命的基础就更巩固了。现在我们的基础是不巩固的，不要以为很巩固了。为什么不巩固呢？因为我们现在的根据地在经济上还是手工业的，没有大工业，没有重工业，在地域上也没有连成一片。所以，我觉得这次要有东北同志当选才好。当然，这不过是个建议，请同志们考虑。

根据中央档案馆保存的讲话记录稿刊印。

注　　释

〔1〕这是毛泽东在中国共产党第七次全国代表大会上的讲话。

〔2〕王稼祥（一九〇六——一九七四），安徽泾县人。一九三一年春以中共中央代表团成员身份进入江西革命根据地，任中共苏区中央局委员、中国工农红军总政治部主任。一九三四年一月在中共六届五中全会上被增选为中央委员，当选为中央政治局候补委员。一九三五年一月在遵义会议上支持和拥护毛泽东的正确主张，会后同毛泽东、周恩来组成中央三人军事领导小组。抗日战争时期任中共中央军委副主席、总政治部主任兼八路军政治部主任。一九四四年因伤病复发离职休养。一九四五年在中国共产党第七次全国代表大会上当选为候补中央委员。

〔3〕四中全会，见本卷第76页注〔12〕。

〔4〕任弼时（一九〇四——一九五〇），湖南湘阴人。一九三一年春率中共中央代表团进入江西革命根据地，任中共苏区中央局委员兼组织部部长。

〔5〕顾作霖（一九〇七——一九三四），江苏嘉定（今属上海市）人。一九三一年春以中共中央代表团成员身份进入江西革命根据地，任中共苏区中央局委员。

〔6〕指朱德。

〔7〕遵义会议，见本卷第102页注〔14〕。

〔8〕六中全会，见本卷第143页注〔4〕。

〔9〕洛甫，即张闻天，一九三一年九月任中共临时中央政治局常委。一九三三年一月进入中央革命根据地，一九三四年一月在中共六届五中全会上当选为中央政治局委员，二月当选为中华苏维埃共和国中央政府人民委员会主席。一九三五年一月在遵义会议上支持和拥护毛泽东的正确主张，并为中共中央起草了遵义会议决议。会后，根据中央政治局常委分工，代替博古在中央负总责。

〔10〕十二月会议，见本卷第278页注〔3〕。

〔11〕王若飞（一八九六——一九四六），贵州安顺人。一九四一年任中共中央秘书长和中央党务研究室主任。

〔12〕叶剑英（一八九七——一九八六），广东梅县人。当时任中共中央军委参谋长。

〔13〕王稼祥在中共六届七中全会和第七次全国代表大会期间，因病未能参加

会议。他在一九四五年四月十七日和二十二日给毛泽东写了两封信，谈到对待党的批评和自己的错误应采取严肃态度。信中说："党严肃的检讨过去历史问题，每个个人也应严肃的对待自己。""我因连年犯病，不能参加过去的与现在的讨论，不能很好的检讨过去自己的工作，不能以新的工作补偿过去的错误，这对于我是一件遗憾的事，但也莫可奈何的。假若将来身体能够恢复康健时，再去补做这个工作吧。""病中脑力不济，思路前后不连续，故写得零乱。是否妥当，尚乞指示。"这两封信毛泽东曾批示印发七大代表。

中共不出席四届一次参政会[1]

（一九四五年六月十五日）

【新华社延安十六日电】新华社记者就国民党政府决定于七月七日召集新的国民参政会，中共方面是否有人出席一项问题，询问中共中央负责人，承其答复如下：

国民党政府决定于今年七月七日召集的所谓国民参政会，中共方面没有什么人去出席。这是因为：(一)从去年九月以来，中共与中国民主同盟及其他广大民主人士，一致要求国民党政府，迅即取消一党专政，召开各党派及无党派代表人物的会议，成立民主的临时的联合政府，发布民主纲领，实行民主改革，以便动员与统一中国人民的抗日力量，有力地配合同盟国[2]战胜日本侵略者；并由此种联合政府依据民主原则，于全部国土获得解放之后，实行自由的无拘束的人民的选举，召开国民代表大会，制定宪法，选举正式政府。此项主张，实为中国大多数人民公意之反映，但在本党代表与国民党政府代表几次谈判之后，已被国民党政府所拒绝。至于恢复团结与建立联合政府之一些起码的条件，例如取消镇压人民的自由的法令，取消特务，释放被捕的共产党员及一切爱国分子，承认中共及其他民主党派的合法地位，承认中国解放区，撤退包围与进攻中国解放区的军队等项，不但一项也不愿实行，反而变本加厉，增强了破坏团结与破坏抗战的反动措施。（二）此次所谓新的国民参政会之召集，国民党政府当局事前并未与本党协商，亦未与其他民主党派协商，仍和过去的国民参政会一样，完全由国民党一手包办。依据国民党政府的法令，中共及其他民主党派至今没有合法地位。即就中共方面的参政员而论，亦为国民党当局所指派，并非中共自己所推选。而中共所领导的抗日力量，现在已成了战胜民族敌人、解放中国人民的中心力量。国民党政府此种对待中共的态度，不但与民主原则相违背，亦与中共在抗日战争中的地位不符合。（三）尤其重要的，是国民党的第六次全国代表大会，不顾中国人民、中国共产党及其他民主党派的一切反对意见，一意孤行地决定于今年十一月十二日召集那个由国民党一手包办的分裂人民的准备内战的所谓国民大会，而在行将开会的国民参政会上，就要强迫通过许多具体办法，以便实行国民党的反动决议。而如果这样做，就将铸成大错，反民族反人民反民主的大规模内战就会爆发。很明显，这样做的结果，只是帮助了日本侵略者。根据上述各项理由，中共方面已决定不参加此次国民参政会会议，以示抗议。

根据一九四五年六月十七日
《解放日报》刊印。

注　　释

〔1〕这是毛泽东为新华社起草的答记者问，刊载于一九四五年六月十七日《解放日报》。

〔2〕同盟国，指第二次世界大战期间共同对德、意、日轴心国作战的中、苏、美、英、法等国家。

在中国革命死难烈士追悼大会上的演说

（一九四五年六月十七日）

同志们：

今天中国共产党第七次全国代表大会的代表和延安人民的代表联合在这里开一个追悼大会，追悼几十年来中国革命队伍在各个战线上所牺牲的人。这些牺牲者，有几十万的共产党员、成百万的革命民主主义者。他们中间，有做军事工作的同志，有做各方面民众运动的同志，有做政权工作的同志，有做党务工作的同志，有做技术工作的同志，从很高职位的到火夫、马夫、战斗员、工人、农民都有。就是这样两部分人，共产主义者和革命民主主义者，团结起来同我们的敌人斗争。就是这样两部分人组成的队伍，开头是不大的，后来慢慢发展，到现在是相当大了。开头的路线、方针、政策、方法，都只是有一个方向，至于如何才能搞得更好、更正确，那是在长期奋斗中得到的，是从几十万的共产党员、成百万的革命民众的流血牺牲中得到的。这一次我们开了第七次全国代表大会，中国共产党制定了一套建立一个独立、自由、民主、统一、富强的新中国的路线、纲领、政策。这些东西是从哪里来的呢？不是从少数个人的头脑里想出来的和发明的，而是亿万中国人民在他们的先锋队中国共产党的领导下，几十年奋斗的结果，取得了经验，才形成我们现在七大的决议案和文件。

中国有两大敌人、两座大山压迫我们四万万五千万人民，一座大山就是帝国主义，另一座大山就是封建主义，外国的压迫和中国的压迫，压得我们四万万五千万人民不能抬头，破坏了我们的生产力。中国人民的生产力是应该发展的，中国应该发展成为近代化的国家、丰衣足食的国家、富强的国家。这就要解放生产力，破坏帝国主义和封建主义。正是帝国主义和封建主义束缚了中国人民的生产力，不破坏它们，中国就不能发展和进步，中国就有灭亡的危险。帝国主义早在一百年前就开始侵入中国。现在我们同日本帝国主义的战争已经打了八年，如果从九一八事变算起，就已经有十几年了，日本帝国主义是我们第一个大敌。中国内部的反动派，实际上是跟日本侵略者互相配合来压迫中国人民的。这些反动力量还很大，它们压迫全中国人民，束缚中国人民的生产力，使其不能发展。革命是干什么呢？就是要冲破这个压力，解放中国人民的生产力，解放中国人民，使他们得到自由。所以，首先就应该求得国家的独立，其次是民主。没有这两个东西，中国是不能统一和不能富强的。没有独立，那就还是受帝国主义的压迫，没有民主，那就还是受封建势力的压迫，那还有什么统一？在国民党里面有民主派，有反动派，现在掌权的是国民党的反动派，他们所说的统一中国，就是要使中国继续成为帝国主义的殖民地半殖民地，继续成为封建制度统治的国家，不要独立，不要民主，使中国人民的生产力不能解放。我们现在的抗战还没有胜利，还要努力，要团结全国人民做很大的努力，才能战胜我们的敌人。但首先阻碍我们团结起来的，就是国民党的反动派。

中国人民反对帝国主义和封建主义的斗争是经过了好几个阶段的。太平天国之前，有反对英国侵略的广东平英团，后头有太平天国革命，有义和团运动，有辛亥革命，有五四运动，所有这些，都是带着群众性的民族主义的性质和民主主义的性质。这些运动的目标，在要求独立、要求民主这一点上跟我们是相同的。在这几十年的斗争中都还没有共产党，这些斗争是由别的团体和政党领导的。因为没有共产党，中国人民就没有一个能够代表他们利益的彻底的革命纲领，没有一个正确的领导者毫不动摇地始终如一地领导他们进行斗争。国民党是发生了变化的，孙中山时期的国民党和蒋介石时期的国民党是不同的，前者是奉行革命三民主义的国民党，后者是退步的走向反动的国民党。中国共产党对革命从来没有发生过动摇，也只有共产党才能不动摇，彻底地干下去，不怕死多少人，不怕牺牲。从一八四一年平英团在广东起义反对英帝国主义起，到现在一九四五年已经有一百零四年的历史了，在这一百零四年中，中国人被杀的有多少，被关的有多少，已计算不清了。中国自有共产党以来，在二十四年里，单共产党人就死了几十万，革命民主主义者跟我们一道反对外国的和中国的反革命势力，也成百万地牺牲了。反动派为了消灭革命力量，就采取杀人的办法，以为屠杀会使革命者退却，可以停止或缩小中国的革命运动。他们是这样想的，也是这样做的。但一切却和他们的主观愿望相反，事实是他们杀人越厉害，革命队伍发展就越大。我讲这是成正比例的，是一条规律，一条不可抗拒的规律。反动派的希望和企图是他们杀人越多革命队伍就越小，但是希望和结果是两回事。

从国民党的历史上也可以证明上面所说的规律。清王朝和外国帝国主义曾经压迫国民党，是把国民党压迫小了还是大了呢？最后还不是爆发了辛亥革命，推翻了清朝的统治。国民党拿帝国主义、封建势力曾经用来对付他们的办法来对付中国人民，压迫共产党、工人、农民、革命的知识分子。我说他们这就错了！他们的队伍开来得越多，他们自己就会变得越小，而我们的队伍就会越大。这是我们从几十年的历史中得出的一条结论。日本帝国主义杀了很多人，难道它是越杀的多越大吗？希特勒也是杀了很多人，难道他是越杀的多越大吗？不管是中国的还是外国的反动派，只要他们杀人越多，他们自己的力量就会越小，而革命的力量就会越大。

我们建设的党是东方的共产党，我们建设的队伍是东方人民革命的队伍，我们是英勇奋斗的。想用杀人、压迫这一套来缩小我们，来消灭我们，那是不可能的。几十万的共产党人、成百万的革命民主主义者被屠杀了，但我们的队伍却有更多的几十万、几百万人起来继续战斗。拿中国共产党的三个时期来说吧，头一个时期发展到五万多党员，一巴掌被打散了，剩下的很少；第二个时期我们发展到三十万党员，又被打散了很多，剩下的也是很少；到抗日战争中我们就发展到一百二十多万党员。至于军队，同志们都知道，中国历史上没有红军，要说有就是明朝朱洪武〔1〕起过一次“红军”，他们打的旗子是红旗。有的人以为红军这个名称一定是外国来的，我说不一定，你就只知道外国的事情，中国祖宗的事情就不知道。一九二七年以后，国民党反动派压迫和屠杀人民，中国又产生了红军。

这个红军是在先进政党领导下的，开头数目很小。我经常和一些同志讲："其作始也简，其将毕也必巨"，这是古书《庄子》上讲的〔2〕。"作始"就是开头的时候，"简"就是很少，是简略的，"将毕"就是快结束的时候，"巨"就是巨大、伟大。这可以用来说明是有生命力的东西，有生命力的国家，有生命力的人民群众，有生命力的政党。中国革命力量现在"巨"了没有呢？在一八四一年，广东平英团的力量有好几万人，他们的口号是反对英国的侵略，但那时的人们没有料到他们的子孙、他们的后代将来会怎么样。孙中山搞出一个辛亥革命，也没有料到有五四运动，没有料到又产生了共产党。我们的前人没有料到世界会发生十月社会主义革命这样重大的历史事变，更没有料到中国会进步到有共产党领导的进行新民主主义革命这样的队伍，同时他们也没有料到中国革命会这样长还没有胜利。他们那时在敌人压迫面前只是开始起来反抗，至于下文如何，我看是还没有考虑成熟。不像我们现在开七大这样，对历史经验进行了总结，对当前的形势和前途都有明确的认识，因此我们有巩固的信心。我们的前人没有预料到这些，也不能怪他们，他们那时还没有革命的社会科学、还没有马克思主义武装头脑。我们是用科学社会主义武装头脑的人，看清楚社会前途的人，我们比他们进步，我们要完成他们没有完成的事业。我们今天的公祭可以一直上溯到一八四一年平英团那些英雄们，也祭奠他们。平英团的反英斗争，太平天国运动，都是英勇的斗争。太平天国有几十万军队、成百万的农民，打了十三年，最后南京城被清兵攻破的时候，一个也不投降，统统放起火烧死了，太平天国就这样结束的。他们失败了，但他们是不屈服的失败，什么人要想屈服他们，那是不行的。平英团现在没有了，太平天国也没有了，义和团也没有了。但是平英团以后出了一个太平天国，太平天国以后出了一个义和团，义和团以后出了一个辛亥革命，辛亥革命以后出了一个共产党，因此有了北伐战争、土地革命、抗日战争。革命力量的这一部分或那一部分，可能被消灭，弄得不好就会被敌人消灭，被敌人屠杀，甚至可能几十万地被他们消灭，但是跟着却会有更多的人加入我们的队伍。我看见过这样的家庭，同志们一定也看见过许多这样的家庭，反动派杀掉了父亲，他的儿子，三个四个，甚至七个八个，还有女儿，统统加入共产党，统统跑到延安来了。所以，反动派杀人越多，革命队伍反而扩大了。

我们今天开大会，我们是有信心的。烈士们是已经离开我们了，他们的责任交给了我们，我们要完成这个责任。同志们，现在同死难烈士他们进行斗争的那个时期是不同了，在两年到三年内中国要起变化，或者变得很坏，或者变得很好，总之是要起变化。日本帝国主义要被打倒。日本帝国主义被打倒以后，中国与外国的反动派又想要把我们打倒，把中国人民打倒，下决心要把中国一切人民的民主力量、革命力量统统消灭。那时或者就是这样的情况，那全国就是黑暗的，延安也是黑暗的，中国像沉到大海里去了，每天都是夜晚不见太阳，黑暗得很，要再过上几十年恐怖日子。这是一种可能性。或者是另外一种可能性，另外一个样子，那就是把黑暗势力压下去，把拿刀子杀人的人压下去。中外新闻记者们去年来延安的时候，问了我一些问题，就包括这方面的问题。我们是君子动口不动手的，但如果谁拿刀子杀人，要来杀我们，我们就有办法对付。我曾和国民党的联络参谋讲过：我们有一百支枪，你们有本领缴我们九十九支，我佩服你们，因为你们会打，我们不会打。一百支枪被你们缴去了九十九支，我们还剩下一支，用这一支枪，我们也要打下去。剩下一支枪了，你们说投降吧！我们说那不行，"投降"这个词在我们的字典里是没有的，在你们的字典里可能有。

同志们，现在国际国内的形势很好。我们的人民，我们的朋友，真正的民主主义者，同我们共产主义者需要更懂得团结，更懂得共产党的路线、方针、政策。懂得了党的路线、方针、政策，我们就更能团结，人家就打不散我们。同志们要注意，将来是一定要打的，因为他们已经有准备了。现在，他们实际上是同民族的敌人日本帝国主义互相配合要消灭中国人民的革命力量，一切革命力量他们都想统统消灭。但是结果将像我在七大闭幕词中所讲的，革命一定要胜利，中国是中国人民的，不是反动派的。来延安的美国人问过我这个问题，我说给你开一张支票，你回到美国去，将来再见面时还是这些人，因为中国是人民的。这是一种前途。中国是反动派的，这是又一种前途。现在美国政府赫尔利〔3〕所实行的政策是反动的，是赞助中国反动派的。现在我们党有清醒的头脑，有正确的路线、方针和政策，我们一定能胜利。我们有这样的信心，一定要把黑暗的中国从地球上除掉，建设一个光明的中国。这个光明的中国是烈士们长期奋斗的目标，他们虽然没有成功就牺牲了，但是他们给了我们经验教训。我们今天开追悼大会纪念他们，革命也还没有成功，但是明天我们就要成功。我们下决心要把中国变为人民的中国，要战胜一切外国的、中国的反动派，一切外国的、中国的压迫者，不战胜他们决不罢休。我们全党团结起来，解放区一万万的人民团结起来，沦陷区及其他区域的革命民主主义者团结起来，这个目的就一定能达到，不达到目的是不停止的！

根据中央档案馆保存的讲话记录稿刊印。

注 释

〔1〕朱洪武，即朱元璋（一三二八——一三九八），濠州钟离（今安徽凤阳东）人，明朝的建立者。一三五二年参加郭子兴部起义军。起义军以红巾包头和红旗为号，故名红巾军，亦称红军或香军。一三六八年朱元璋称帝，建都南京，国号明，年号洪武。同年攻克大都（今北京），推翻元朝统治。

〔2〕见《庄子·人间世》。

〔3〕赫尔利，当时任美国驻中国大使。

南下部队[1]应依据五岭山脉建立根据地

（一九四五年六月二十四日）

湘鄂赣区党委、湖南人民抗日救国军军政委员会各同志：

（一）集中兵力在国民党统治地区和国民党优势兵力反复地多次地打大仗，不但在军事上是不利的，而且在政治上是不利的。

（二）我军的战略方针是在日寇占领区域实行分散的游击战争，建立与扩大解放区，缩小沦陷区，建立与扩大军队、游击队与民兵，削弱敌军、伪军与联敌攻我之顽军。对于国民党军队不应该超过自卫立场，只有在国民党军队向我进攻，妨碍我在敌占区的抗日战争，而又在兵力对比有利的条件下，才可以集中相当数量之兵力，站在自卫立场上给以反击，取得胜利，其目的也在于便利我党在敌占区建立解放区。不应在干部与战士中灌输专门打顽军或主要打顽军的思想，而应向他们灌输主要打敌伪军，只在自卫立场上打顽军的思想，以提高他们在敌占区建立解放区的认识与情绪。

（三）现在距日寇崩溃只应估计尚有一年半，时间很迫促，而在湘中衡、宝、潭、醴[2]地区建立解放区，在目前是可能的，在日寇崩溃后要继续存在、坚持，将是很困难的。那时有使我军处于极困难地位，甚至被迫北返之可能，而且不能和广东力量[3]打成一片，违背着在南方一翼建立局面，以便在国民党发动内战时牵制国民党一翼的战略意图。这一方针和在延安时我们向你们所说在地区上是不同的，但我们认为这一方针是正确的。

（四）因此，你们现有主力及张、文后续部队[4]均应取道敌占区向南（取道敌、顽接合部，走“之”字路），直至湘粤边界和广东部队联接，并准备将兵力与干部分为几个部分，在以三南[5]为中心的粤赣边，在宜章、坪石、乐昌、南雄地区，在郴州、道州[6]、临武、蓝山、连县地区，在以永明[7]、灌阳、恭城为中心之湘桂边区（如有敌伪军占据），分散建立许多游击根据地，逐渐成为巩固根据地。准备一切条件，使我军在日寇崩溃、国民党发动内战时，能够依据五岭[8]山脉坚持并发展，准备被切断，准备独立作战，唯一的直接的依靠是你们内部的团结，是你们自己的正确的军事政策与正确的团结人民的政策。如果你们在这些政策上犯了大错误，那便要接受失败的结果，这一点必须预计到，必须预计到最困难最危险最黑暗的种种可能情况，并从这点出发去克服困难，争取光明与胜利的局面。

（五）各领导干部必须十分虚心，力戒骄傲，十分谨慎，力戒浮躁，十分团结，避免并逐步消除可能的意见分歧，在情况许可条件下实行委员会的民主讨论，集中多数同志的意见，然后坚决执行之。

（六）现在大局有利于我，只要党内能团结，不丧失时机，在政策上不犯大错误，我们相信你们是能够完成中央给你们的伟大任务的，希将你们的意见电告。

中　央

六月二十四日十六时

根据毛泽东手稿刊印。

注　释

〔1〕南下部队，指王震、王首道率领的八路军独立第一游击支队（通称南下支队）和张启龙、文年生率领的八路军游击第二、第三支队。南下支队于一九四五年三月下旬占领湖南平江县，公开称湖南人民抗日救国军。

〔2〕衡、宝、潭、醴，指湖南衡阳、宝庆（今邵阳）、湘潭、醴陵。

〔3〕指中国共产党领导的广东人民抗日游击队东江纵队等抗日武装。

〔4〕张，指张启龙（一九〇〇——一九八七），湖南浏阳人；文，指文年生（一九〇六——一九六八），湖南岳阳人。他们率领由八路军第三五九旅第二梯队和陕甘宁晋绥联防军警备第一旅一部组成的八路军游击第二、第三支队，于一九四五年六月十八日从延安出发南下。

〔5〕三南，指江西南部虔南（今全南）、龙南、定南三县。

〔6〕道州，今湖南道县。

〔7〕永明，今湖南江永县。

〔8〕五岭，是位于广西、湖南、广东、江西四省边境的越城岭、都庞岭、萌渚岭、骑田岭、大庾岭的总称。

入豫部队的作战方针

（一九四五年七月十五日）

河南区党委：

（一）我军入豫后，在对敌作战、发动群众与建立党政等方面均有显著成绩，你们的领导是正确的。

（二）你们今后作战方针，是向西防御，向东向南进攻（即对顽占区取防御方针，对敌占区取进攻方针），以求利用时间北与太岳、太行，东与渡新黄河〔1〕西进之冀鲁豫部队，南与五师〔2〕部队完全打成一片，逐步地争取数百万群众，扩大民兵、游击队与主力军（在财力许可下），建立可靠的军事、政治、经济基础，准备一切条件，在一年之后对付胡宗南〔3〕大举进攻。如果不能利用时间完成上述任务，我党在河南就将处于失败地位。此点必须预先想到。

（三）完成上述任务依靠你们现有力量自力更生，不要希望中央及太行、太岳再给你们以军力、财力及干部之援助。向一切负责干部明确地说明上述任务，及依靠你们自己协同河南人民解决一切问题，不靠任何外援，是必要的与有益的。

（四）完成上述任务，当然具有许多有利条件；但是必然会遇到种种内部的与外部的困难，对于此点你们应有充分的预见与精神准备，然后采取各项谨慎的坚决的适合情况的步骤，执行各项正确的军事政策，坚决发动群众的政策，以减租减息、发展公私经济为基础的财政政策，团结各部分军队、各部分干部特别是地方干部的内部政策，以求逐步地克服内外困难。

（五）你们应与晋冀鲁豫中央局（不日成立）及鄂豫皖区党委建立密切联络，将各种活动通知他们，同时告知我们。

中　央

午删

根据毛泽东手稿刊印。

注　释

〔1〕一九三八年六月九日，蒋介石命令国民党军队炸开河南郑州以北的花园口黄河大堤，企图以黄河洪水阻止日军进犯，致使黄河改道向东南流入贾鲁河再流入颍河，在安徽正阳关一带注入淮河。一九四〇年，改道的黄河又分流入涡河、西淝河、茨河、北淝河，并分别注入淮河。黄河改道后流经的这些河道当时统称新黄河。一九四七年花园口决口修复，黄河复归故道。

〔2〕指李先念任师长、郑位三任政治委员的新四军第五师。

〔3〕胡宗南，当时任国民党军第一战区代司令长官。

争取时间在粤北湘南创立五岭根据地

（一九四五年七月二十二日）

王震、首道[1]：

（一）巧电悉。桃花山、金家坪[2]在何处，沿途情况如何，估计多少时间到达五岭[3]山脉？

（二）日寇为对付盟军在山东登陆，由湘、桂抽调五个师团北开，并非放弃华南。但为缩短防线，已放弃南宁、柳州、赣州等处，还可能放弃若干地点。但至少它要固守广州及整个粤汉路。吉安、袁州[4]并未被占，商人所传不确。

（三）三巨头在柏林开会[5]将决定欧、亚两大问题。宋子文[6]赴苏会谈十余天，尚未解决问题。三巨头会后，宋仍将赴苏，可能决定中苏共同作战。蒋介石一切准备都是反共的，内战危险空前严重。

（四）你们的唯一任务是争取目前一刻千金的时间，在粤北、湘南创立五岭根据地，并与广东我军连成一片，准备于内战时牵制南方一翼。完成这个任务将遇到极大困难，但只要内外团结，政策正确，是能够完成的。不要希望在浏、醴、衡、宝[7]一带建立根据地，蒋介石必于日寇失败后出死力铲除这些根据地，那时将使我军处于不利地位。应该一直往南，建立五岭根据地，利用湘、粤、桂、赣四省交界之矛盾，日寇失败后我亦可以立脚。此外，和东江纵队[8]会合，使他们获得援助，保存并发展这个多年创立的南方力量，避免可能的失败，具有极大战略意义，也要你们去完成。看问题要把眼光放远一点，不要被一时现象所迷惑。

（五）谦虚谨慎，不骄不躁，是全党应取的态度。谦虚则不骄，谨慎则不躁，骄与躁是革命工作的大敌。希望你们以此自守，并教育一切干部。

（六）凡事要设想一切可能的困难，例如严重的敌情，打败仗，无饭吃，部队不但无扩大而且很大缩少，内部意见分歧，不团结等等。只有对这一切预先想透，有了充分精神准备，并使干部有此种准备，然后才能想出克服困难的办法，走向光明的前途。

毛　泽　东

午养

根据手稿刊印。

注　　释

〔1〕王震，当时任湖南人民抗日救国军司令员。首道，即王首道，当时任湖南人民抗日救国军政治委员。

〔2〕桃花山、金家坪，均位于湖南平江县西南。

〔3〕五岭，见本卷第441页注〔8〕。

〔4〕袁州，今江西宜春县。

〔5〕三巨头，指苏、美、英三国首脑斯大林、杜鲁门、丘吉尔。一九四五年七月十七日至八月二日，三国首脑（会议后期英国首脑为继任首相艾德礼）和外长在德

国柏林西南的波茨坦举行会议，着重讨论战后对德国的基本政治、经济原则等问题。会议期间，中、美、英三国于七月二十六日发表促令日本无条件投降的《波茨坦公告》。

〔6〕宋子文，当时任国民党政府行政院院长兼外交部部长。一九四五年六月至八月，根据美、英、苏三国达成的《雅尔塔协定》，国民党政府代表宋子文等人和苏联政府代表莫洛托夫等人在莫斯科举行会谈。会谈从六月三十日正式开始，七月十二日，宋子文以回国请示为由离开莫斯科，斯大林、莫洛托夫因参加波茨坦会议离开苏联，谈判中断。八月八日，双方重开谈判，中国由宋子文和新任外交部部长王世杰等参加谈判。八月十四日，双方正式签订了《中苏友好同盟条约》及另外四个协定、两个附属议定书。

〔7〕浏、醴、衡、宝，指湖南浏阳、醴陵、衡阳和宝庆（今邵阳）。

〔8〕一九四三年十二月二日，活动于广东东江地区的广东人民抗日游击总队改编为广东人民抗日游击队东江纵队，简称东江纵队。

评国民参政会关于国民大会的决议[1]

（一九四五年七月二十二日）

中国独裁派是很狡猾的，他们善于在政治上耍花样与善于组织对人民的突然袭击。他们一群的下一手是什么，中国人民，首先是各民主党派，必须十分注意。新华社记者说：参政会决议的第二条也是极其含糊的，反动派很可以利用这一条。这一条说："关于国民大会代表问题，请政府参照本会各参政员提案，衡酌法律与事实，妥定办法，尽使国民大会具有极完满之代表性。"这里所说的"政府"，是独裁派的政府，这里所说的"法律"，是独裁派的法律，现在写上了决议案，将来他们"衡酌"一番的结果，依然不外强迫人民承认十年前的那一批国大"代表"依然有效。独裁派也会"衡酌""事实"，其结果不外加"选"或加派一批人。这样他们就会说：已经"具有极完满之代表性"了。但是中国人民与民主党派应该这样来看问题，所谓"政府"必须是一个由各党派及无党派代表人物组成的举国一致的民主的联合政府，任何由现在的国民党独裁政府所召集的"国民"大会，我们都反对。所谓"法律"，必须由联合政府来重新制定，任何由国民党独裁政府所制定的反动的代表选举法、国大组织法等等，我们都反对。"事实"是十年前的所谓国大代表，是由国民党一手伪造的，必须全部否定它；在敌人未完全消灭、国土未完全解放、人民无完全自由的全部时间内，不许可办理国大代表的选举。只有全部否定旧代表，并在一切必要条件具备下重新选举新代表，才能称之为“具有极完满之代表性”。我们完全赞成“极完满之代表性”这几个字。从今以后，谁要召开什么绝无代表性及代表性不完满的“国民”大会，必将受到坚决的反对。第三条：“宪法制定时，应即予实施，俾政府还政于民之旨早获实现。”这一条表现了国民党独裁派的反动计划，依然坚持着。历来只唱“制颁”宪法、反对“实施”宪法的，现在他们唱起“即予实施”的好听的调子来了。这是什么意思呢？就是“选举”大总统，仿效袁世凯做皇帝。今天中国的独裁派即帝制派很需要这一条，他们急于要以帝制（一名大总统）来镇压人民、发动内战，以维持其自己的反动统治。第四条列举了几项要求。“采取可能之政治步骤”，这一项，独裁派必然要耍新花样，对于民主派所主张的召开党派会议、废止一党专政、成立联合政府一项要求，仍将深闭固拒。第二项，保障人民自由，加了“合法”二字，第三项，承认各政治党派，加了“依法”二字，在独裁派看来，一切都好办了。第四项，“各省各级民选机构之设置”，也是独裁派需要的，因为所谓“民选”，实际上都是党选，独裁派有了这些“机构”，他们的宝座就更稳当了。综合第四条各项，对于独裁派，并不会损失什么东西。仅有一点稍有意义，就是规定这些措施，应在“国民大会召开前”做到，表示国民大会今年或者不会开。新华社记者结语说：独裁制度丝毫未变，内战危险空前严重，现有各种铁一般的事实，包括陕甘宁边区周围的军事行动在内，证明国民党反动派正在较前更加积极地准备发动一个极大规模的内战，借此以援助日本侵略者。国民参政会对于国民大会问题的决定，绝不会改变这种危险的形势。新华社记者说，只有三个条件可能改变中国的政治形势：第一个，解放区军民一致团结起来，坚决地扩大解放区，缩小沦陷区，坚决制止内战；第二个，国民党统治区的人民民主力量一致团结起来，坚决反对内战；第三个，英、美、苏三国在东方问题上团结一致，反对中国的内战。中国人民应该为争取三个条件，反对内战危险而奋斗。

根据一九四五年七月二十三日
《解放日报》刊印。

注　　释

〔1〕这是毛泽东在审阅《新华社记者论时局：内战危险空前严重》的评论稿时加写的文字。国民参政会，见本卷第217页注〔3〕。

关于批评美国对华政策的电报

（一九四五年七月三十日）

徐、张[1]：

（一）美大使馆前曾劝告我们不要批评蒋介石，这一点现在他们不说了，却来劝告我们不要批评赫尔利[2]。美国报纸经常批评外国元首，去年曾激烈批评蒋介石，为什么中国人不能批评赫尔利？赫尔利曾经批评中共，把中共和军阀并列，并且是当作整个党来批评的，为什么中共不能批评他？我们的批评是将美国政府与美国人民分开，又将美国政府中决定对华政策的人物与其他人员分开，又将美国政府一部分错误政策与其他正确政策分开。只要美国政府的现行扶蒋反共政策有一天能改变，我们就将停止批评这个政策，否则是不可能停止的。以上意见，请向有关方面给予解释。

（二）给美共福斯特电[3]，除在《新华日报》发表（可去掉国民党三字）外，请翻成英文用快邮发寄美共。

毛　泽　东

午三十

根据手稿刊印。

注　释

〔1〕徐，指徐冰（一九〇三——一九七二），河北南宫人；张，指张明，即刘少文（一九〇五——一九八七），河南信阳人。他们均是中共中央南方局工作委员会负责人。

〔2〕赫尔利，当时任美国驻中国大使。

〔3〕即《给福斯特同志的电报》（《毛泽东选集》第3卷，人民出版社1991年版，第1117页）。

准备应付
必然到来的内战局面

（一九四五年八月四日）

郑、李、陈[1]：

午马电未支收阅。你们已估计到将来问题是很对的。

（一）估计日寇明冬可能失败，还有一年时间供你们作准备工作，你们必须在这时间内准备一切，对付必然要到来的内战局面，方不至临事张皇，遭受挫折。

（二）日寇失败、内战爆发后，你们现有平原地区必难完全保持，现在就应考虑在桐柏山、大别山、鄂西、鄂南、鄂东、襄北扩展根据地问题，此项任务甚为困难，但必须精心设计，预为筹划。你们应有几个根据地，其中鄂东、鄂南、鄂西、襄北，可就现根据地逐步发展之，大别、桐柏两处，现亦有相当基础，将来可集中主力夺取其一部或大部，作为主要根据地，而以其他各处为卫星。目前极力发展豫南力量，迅速与王、戴[2]打成一片，甚为必要。是否可将师部及区党委移至豫南，请加考虑。

（三）加强群众工作，加强民兵，加强军训，加强财经工作及准备干部，此五项，望在扩大会上根据自己经验加以总结。此五项中，有几项是你们不甚擅长的，应加强调。军队不只是打仗一项任务，还有做群众工作及从事生产自给两项任务。这个问题，你们必须着重解决。军队的官兵关系与军民关系，亦须于军训中很好解决。不是缺少做地方工作干部问题，而是军队帮助地方做群众工作一项任务强调不足之故，对此加以强调，转变军队作风，地方工作干部就会多起来。

（四）一切自力更生，不靠任何外援，准备精神的与实力的条件对付将来内战危险，应是你们今后工作的出发点。

中　央

未支

根据毛泽东手稿刊印。

注　释

〔1〕郑，指郑位三，当时任中共鄂豫皖边区委员会书记、新四军第五师政治委员。李，指李先念，当时任新四军第五师师长、鄂豫皖湘赣军区司令员兼政治委员。陈，指陈少敏，当时任中共鄂豫皖边区委员会副书记。

〔2〕王，指王树声，戴，指戴季英，当时分别任河南军区司令员、政治委员。

关于日本投降后党的任务[1]

（一九四五年八月十一日）

一、苏联参战后，日本已宣布投降[2]。国民党积极准备向我解放区收复失地，夺取抗日胜利的果实。这一争夺战，将是极猛烈的。

二、在此情况下，我党任务分为两阶段：

（甲）目前阶段，应集中主要力量迫使敌伪向我投降，不投降者，按具体情况发动进攻，逐一消灭之，猛力扩大解放区，占领一切可能与必须占领的大小城市与交通要道，夺取武器与资源，并放手武装基本群众，不应稍有犹豫。为此目的，各地应将我军大部迅速集中，脱离分散游击状态，分甲、乙、丙三等，组织成团或旅或师，变成超地方性的正规兵团，集中行动，以便在解决敌伪时保证我军取得胜利。解决敌伪后，主力应迅速集结整训，提高战斗力，准备用于制止内战方面。但各地均应保留必要数量之地方兵团与游击队，放手提拔地方干部带兵，用以保卫地方，民兵枪支必须保留，决不可一切皆集中。在此阶段内，陕甘宁、晋绥、太岳、河南、湖北、皖中、浙西、湘粤等地应有必要兵力防御国民党进攻，其余均用于解决敌伪。某些有特殊情况的地方，中央已另发个别指示。

（乙）将来阶段，国民党可能向我大举进攻，我党应准备调动兵力，对付内战，其数量与规模依情况决定。一部分地区如江南、豫、鄂、晋、绥〔3〕等地，第一阶段之时间可能甚短，对此应有充分估计。

三、迅速加强城市工作，特别加强我党可能夺取与必须夺取的那些城市的工作。派大批有能力的干部到这些城市里去，迅速学会管理城市中财政、金融、经济工作，利用一切可能利用的人参加城市工作，解决维持城市秩序，坚决镇压反动派的反抗，但不可轻易杀人。兵力使用与干部使用应有重心，否则将一事无成。

四、掌握政策，任何行动不要脱离群众。扩兵是必要的，但决不可超过人民财力负担的限度。收集物资也是必要的，但决不可只顾军队，不顾人民，尤不可损害人民利益。攻破据点、占领城市应有统一的指挥与严格的纪律。迅速训练干部，迅速加强军队政治工作。

五、我军人力资源是民兵，保卫乡村也是民兵，必须迅速扩大民兵组织。

六、今冬明春，必须在一万万人民中，放手发动减租（已经减好的照旧）。在一切新解放区一律减租，放手发动与组织群众，建立地方党、地方政府与提拔地方干部，以便迅速确立我党在基本群众中的基础，迅速巩固一切新解放区。但是，绝对不可损害中农利益（中农也是基本群众）；富农除封建剥削部分实行减租外，不应加以打击；地主须使之可以过活，没收分配土地是过早的。某些地区已经分配者不再变动，但对地主必须设法救济，对富农必须设法拉拢，对中农受损害者必须补偿损失。这些方面如不注意，将破裂农村统一战线，使我党陷于孤立，有利于国民党。

七、国共谈判将以国际国内新动向为基础考虑其恢复，延安对美国与国民党的批评暂时将取和缓态度。但各地对蒋介石绝对不应存在任何幻想，必须在人民中揭破其欺骗，对蒋介石发动内战的危险应有必要的精神准备，但目前阶段主要注意力应集中于解决敌伪，勇敢、坚决、彻底地夺取最大的胜利，不可分散注意力。同时对美国被难人员仍应救护，对美军登陆仍应准备作双方有利的配合，对美国人民及政府中的民主分子必须表示好意，但斯科比〔4〕危险的可能性尚未过去。

八、望各地本此方针，参酌地方情况，考虑执行之。

根据中央档案馆保存的抄件刊印。

注　　释

〔1〕这是毛泽东为中共中央起草的党内指示。

〔2〕一九四五年八月十日，日本外务省通过中立国瑞士、瑞典政府将日本接受《波茨坦公告》的照会转交对日作战的中、美、英、苏四国政府，要求投降。八月十四日，日本政府照会美、英、苏、中四国政府，表示接受《波茨坦公告》。八月十五日，日本裕仁天皇以广播《终战诏书》的形式，向公众宣布无条件投降。

〔3〕绥，指绥远，即绥远省，一九五四年撤销，原辖区划归内蒙古自治区。

〔4〕斯科比，见本卷第 353 页注〔19〕。